盛况 杨仕平 ◎主编

高校课程思政教学设计案例精选

化学化工类

上海教育出版社
SHANGHAI EDUCATIONAL PUBLISHING HOUSE

主　编：盛　况　杨仕平
副主编：肖海波
编委会（按姓氏笔画排序）：
文　颖　杨仕平　肖海波
郎万中　贾能勤　盛　况

序

人无德不立，育人的根本在于立德。中华民族历来有崇德重德、尚德倡德的传统，选人要德才兼备，用人要以德为先，那育人就要追求“止于至善”。每个时代都很重视对学生的培养，因为青年学生代表着国家的未来、民族的希望。如何对青年学生进行立德树人教育，这是教育自身的根本问题和永恒主题，也是新时代党和国家对教育提出的新要求，是一个关系到人的全面发展和国家长治久安的重大命题。

把价值塑造、知识传授和能力培养三者融为一体的课程思政模式，就是要完整、准确、全面地理解知识，发挥知识的育人价值，实现育人与育才的有机统一。原来的专业课可能偏重讲授知识的原理和传承，重点帮助青年学生获得专业知识，而现在的专业课还倡导要讲清楚知识的价值和意义，借助知识来帮助青年学生建立起自身与他人、与自然、与社会、与国家、与世界的联系，进而内化为青年学生的精神涵养、价值追求、思维习惯和处事方式等。青年学生富有朝气、富有梦想，价值追求更加多样，个性特点也极为鲜明，将知识的“真”与“善”进行统一的教学也符合他们的认知规律和学习规律，反映了教育教学理念的迭代更新。当然，这也对教师的教学提出了新的挑战，要求教师对知识体系的理解更为深刻，这样才能科学合理地拓展课程的广度和深度，让课程更有温度；要求教师对知识元素的呈现更为艺术，这样才能让知识“活”起来，进而让青年学生深度认同，不断践行知识所蕴含的价值理念。

上海师范大学深入学习贯彻习近平总书记关于教育的重要论述、全国教育大会精神和全国高校思想政治工作会议精神，秉持“价值引领、知识传授、能力培养”三位一体的教育教学理念，实施课程思政教育教学改革，并取得明显成效，入选了上海市课程思政教育教学改革首批整体试点高校。上海师范大学化学与材料科学学院十分重视课程思政建设，以党员教授为主体编撰化学化工类课程思政教学设计案例集，这是一件极有意义的事情：一方面提高了学院教师的课程思政意识和能力，打通了原本专业教育和思政教育的隔阂；另一方面，也是先行先试，为全国化学化工类课程思政建设积累经验，有助于提高国家需要的全面发展的创新型拔尖人才的培养质量。

化学化工类课程具有独特的育人价值。比如引入生态文明思想，就是引导青年学生尊重自然规律，强调人与自然的和谐发展，更好地理解国家碳达峰碳中和战略；比如讲解科学家身上的爱国情怀和奉献精神，中国“稀土之父”徐光宪放弃留在美国的优厚待遇和科研前景，服从国家需要，四次改变科研方向，研发稀土回流串级萃取，使我国稀土分离技术走在世界前列；比如对首例以中国科学家命名的有机化学反应——黄鸣龙还原法的介绍，黄鸣龙老师身上闪耀着求真务实、勇于创新的科学精神；另外，还有精益求精工匠精神的教育，坚守科学伦理精神的教育，等等。这些思政教育元素并不是可有可无，而是对一个人成长成才非常重要，如果一个人没有刻苦学习、学成报国的使命感和责任感，没有将个人的成长与国家的命运、民族的复兴结合起来，那他的路也走不远，也难以成为拔尖人才、栋梁之才。课程思政教育就是要让青年学生感受信仰力量，涵养精神品格，做有理想、敢担当、能吃苦、肯奋斗的时代新人，坚持四个面向，不断向科学技术的深度和广度进军，为中国特色社会主义现代化事业奋斗终身。

我也把我的理解作了阐述，是为序。

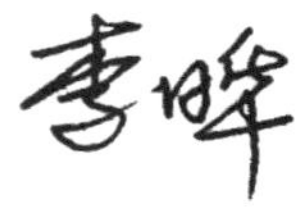

上海师范大学副校长，教授，博士生导师

目录

做心中有光、不懈追光的人

——光谱分析导论

杨海峰

▶ **课程名称**　仪器分析

▶ **课程性质**　专业必修课程

▶ **专　　业**　化学(师范)

▶ **授课对象**　化学师范专业"世承班"三年级学生

▶ **教师简介**　杨海峰,上海师范大学化学与材料科学学院教授、博士生导师;主要从事拉曼光谱应用研究;主讲课程有"现代分析科学""现代传感技术""仪器分析""环境化学"等;获得上海市教学成果二等奖,主持国家自然科学基金面上项目三项,在中外学术期刊上发表学术论文近 200 篇,参编《分析化学》《分析化学实验》教材,撰写《科学编年史》词条,获上海市教卫系统优秀共产党员和宝钢优秀教师称号。

▶ **课程简介**　"仪器分析"是上海师范大学化学与材料科学学院为化学师范专业"世承班"三年级本科生开设的专业必修课程,入选上海市重点课程,所用教材是由上海市本科教育高地项目资助、科学出版社出版的 21 世纪高等院校系列教材《分析化学》。

仪器分析是利用大型或特殊的仪器设备,测量分析与物质物理或化学性质相关的参数及其变化，可获取物质的化学组成、成分含量及化学结构等信息，有灵敏度高、低浓度分析时准确度较高、选择性高、微区或痕量样分析、有些技术可实现无损检测或遥测、分析快速和自动化程度高的特点，在生命科学、材料科学、医学、工业制造和环境监测与控制领域有重要的应用。

本课程涉及的方法有：气相色谱法、高效液相色谱法、电化学分析法、原子发射光谱法、原子吸收光谱法、紫外—可见光谱法、红外光谱、拉曼光谱、质谱分析法、核磁共振波谱法等。通过本课程的学习，化学师范本科专业学生可全面了解仪器的发展、基本原理、装置结构、功能与性能、定量定性分析特点和仪器分析应用实例等，提升自身实验和创新能力，提高研究能力；若日后从教学工作，可指导基础教育学段的学生开展创新课题研究活动。

《光谱分析导论》中介绍的光谱分析仪器，是仪器分析大家族中的重要组成部分，在其发展历程中，出现过一批包括牛顿、爱因斯坦、基尔霍夫等在内的顶尖科学家，讲述他们发现问题的好奇心，分析问题的逻辑思辨能力，解决问题的探索力、创新力和百折不挠的探索精神，可以提高学生科学认知、科学素养与能力。与科学家个体成长经历、家国情怀的同频共振，将引导学生树立新时代大学生的世界观、人生观和价值观。光谱仪器设备价格昂贵、利润高，系统较复杂，技术含金量大。目前，高端仪器市场基本被海外公司垄断，从零部件到整机制造技术环环都是“卡脖子”，通过介绍中国民族分析仪器工业奋斗史和现状，激励学生知难后勇、奋发学习、图强拼搏，实现中国民族分析仪器振兴的强国梦。

▶ 课程蕴含的思政元素分析 “仪器分析”课程中讲授的仪器分析方法许多获得过诺贝尔物理或化学奖，凝聚着人类智慧结晶，是探索自然未知的利器，基于仪器分析方法的研究和进展，关乎生命健康与医疗、新药研发、环境保护、食品安全和工业“智造”的产品质量控制、新材料研发和芯片研制。党的十九大提出新时代我国社会主要矛盾已转化为人民日益增长的美好生活需要和不平衡不充分的发展之间的矛盾。人民对美好生活的向往就是我们的奋斗目标。2020 年 9 月 11 日下午，习近平总书记在北京主持召开科学家座谈会并发表重要讲话，就“十四五”时期我国科技事业发展听取意见。他强调，我国经济社会发展和民生改善比过去任何时候都更加需要科学技术解决方案，都更加需要增强创新这个第一动力。希望广大科学家和科技工作者肩负起历史责任，坚持面向世界科技前沿、面向经济主战场、面向国家重大需求、面向人民生命健康，不断向科学技术广度和深度进军。1991 年，国际纯粹与应用化学联合会（International Union of Pure and Applied Chemistry，IUPAC）国际分析科学会主席仁本荣次（Eiji. Niki）教授说，21 世纪是光明还是黑暗取决于人类在能源与资源科学、信息科学、生命科学与环境科学四大领域的进步，而取得这些进步的关键主要依赖分析科学。仪器分析是分析科学最重要的分支。对于大学阶段学习的学生，习近平总书记寄语，“恰同学少年，风华正茂”，有老师指点，有同学切磋，有浩瀚的书籍引路，可以心无旁骛求知问学。此时不努力，更待何时？要勤于学习、敏于求知，注重把所学知识内化于心，形成自己的见解，既要专攻博览，又要关心国家、关心人民、关心世界，学会担当社会责任。作为未来的科技工作者，大学生应该学好、弄通仪器分析的基本理论、操作和应用实践方面的知识，学习也要心怀“四个面向”，为建成中国特色社会主义强国、生态文明和人民的美好生活奉献自己的青春。

高端分析仪器制造和应用在第四次乃至下一次工业革命中将继续扮演重要角色，是关键技术领域突破重要的支撑技术。中国仪器仪表协会秘书长闫增序说：“分析仪器是贸易逆差‘大户’，2010 年进口 31.88 亿美元，出口只有 7.09 亿美元，逆差数额达 24.79 亿美元，占全行业（仪器仪表行业）逆差的 17%。而且，进口仪器基本垄断了高端产品市场，并向中低端产品扩张。”闫增序有些无奈地说：“这就是我国分析仪器行业面临的现状。”分析仪器制造体现包括工业设计、机械制造、工程美学与性能优化等整体创新能力。毋庸置疑，仪器部件和装置的制造体现了国家装备技术能力与工业现代化水平，目前分析仪器及其相关试剂是比芯片制造更严重的“卡脖子”技术领域。

本课程聚焦仪器分析相关技术原理、仪器结构、分析方法和应用等领域的热点问题，从分析仪器的角度，帮助学生了解相关技术的发展史，以及如何从仪器性能和特点出发，提升发现问题、分析问题和解决问题的能力；帮助学生了解世界和我国分析仪器行业的现状，使学生“苟日新，日日新，又日新”，既是追梦者，也是圆梦人。

▶ 教案设计

一、教学目标

（一）知识目标

1. 基于发展史的讲解与阐述

回归技术发展的原点，介绍科学问题导向的仪器分析原理的发现历程，分析仪器的创新过程以及提供的技术解决方案。分析科学家、科学事件和新分析仪器出现之间的因果关系，提出分析仪器创新五要素——需求、智力、环境、模式和制造，揭示为什么科学技术是第一生产力。

2. 分析仪器结构与性能的类比关系

比如，课程涉及的光谱仪器分为吸收、发射、荧光和散射等类型，通过原理类比讲述，帮助学生掌握相关光谱仪器的结构和性能特点，以及提供的光谱信息能达成什么样的定性和定量分析目标。

3. 仪器分析案例讲解

化学学科有三大任务，保障人类的生存、延长人的寿命和改善人的生活。学科发展的出发点是以人为本。但目前人类面临环境生态、粮食与食品安全、健康与医疗和公共安全等领域的严峻问题，分析仪器的进步是很好的解决手段之一。通过具体案例讲解，帮助学生了解技术与应用的互动发展关系。

4. 国内外分析仪器发展现状比较介绍

在国内县级食品和口岸海关检测机构中，装备主要是分析仪器，约占80％～90％。主要仪器为气相色谱仪、液相色谱仪、气相色谱—质谱联用仪、液相色谱—质谱联用仪、原子荧光光谱分析仪、原子吸收光谱仪、紫外分光光度计等产品。这些检测机构装备的光谱仪器都是国际上的知名仪器制造厂家的品牌，仅有原子荧光光谱仪是国产的。

（二）能力目标

1. 了解仪器分析发展现状；

2. 掌握分析仪器的原理和实际操作技能；

3. 能将仪器分析技术应用于人类健康、医学诊断、食品安全和环境生态保护等领域中，为人民的美好生活贡献能力。

（三）价值目标

1. 培养学生专业兴趣跟科技与教育报国之心相统一

为加强学生对仪器分析知识与技能学习重要性的认识，在课堂上以仪器分析发展史、仪器分析解决社会生活和工业生产中的问题为案例作为讲解重要内容，提升师范生学习的兴趣；以目前国内分析仪器行业发展的现状，来激励学生的进取心和奋斗精神，为实现高端分析仪器国产化之梦而学习；从师范生作为未来基础教育创新教育师资的目标出发，学生们要学好仪器分析，从教后才能指导中小学生开展创新活动和创新评价。

2. 系统学习仪器分析的基本原理和仪器结构与掌握操作方法相统一

本课程学习涉及多学科领域知识的融会贯通，对于仪器的原理、仪器结构和部件与性能、样品制备和仪器操作作详细的讲解，重点突出原理与应用、结构与性质之间的必然联系，为下一阶段的实际操作打下扎实的基础。

3. 精通仪器分析结果的剖析与提升解决实际问题能力统一

仪器分析的起因在于解决实际问题，分析仪器并获得信息解析是本课的重点也是难点。通过科学思维方式的训练，掌握各仪器分析方法的特点，从系统分析的角度，理解获得的分析对象信息间互相印证和支撑，从而培养学生发现问题、分析问题和创新解决问题的综合素养。

二、教学内容分析

（一）教学内容

1. 仪器分析技术的兴起；

2. 光谱仪器的类型与原理；

3. 光谱仪器的结构、性能和基本操作；

4. 光谱分析在各领域的应用范例；

5. 当前分析仪器发展现状和未来。

（二）教学重点

1. 仪器分析技术发展的历程；

2. 分析仪器的基本原理、性能与基本操作；

3. 分析仪器信号的解析；

4. 光谱仪器的应用与美好生活的关系；

5. 国产分析仪器“卡脖子”问题。

（三）教学难点

1. 分析仪器的基本原理、结构和性能；

2. 光谱仪器性能特点以及如何提供解决实际问题的技术方案；

3. 制约国产光谱分析仪器制造现代化的成因分析。

（四）教学中的思政结合点

	知识点	课程思政	方法
光与光谱	什么是光？光谱的发现；光谱仪器发现与创新故事。	习近平总书记说，中国青年是有伟大创造力的青年！无论过去、现在还是未来，中国青年始终是实现中华民族伟大复兴的先锋力量！通过介绍牛顿、基尔霍夫等在该领域的贡献以及生平，以他们对科学事业的热爱，不畏艰难、勇于探索、勇攀科学高峰的创新精神，来帮助学生树立正确的世界观、人生观和价值观，使得学生了解什么是创新思维，如何培养创新能力。	光和光谱原理介绍的视频。光是电磁辐射，波粒二相性，爱因斯坦方程，牛顿发现光的本质是光谱组成，中国古代的小孔成像实验，夫朗和费定律，基尔霍夫光学定律和原子光谱仪器装置的发明，铷和铯两种元素的发现。
光谱分析技术分类和特点	光谱分析方法与仪器；光谱分析方法的特点。	北京大学黄昆教授1951年回国，首创了“黄—朱模型”，在声子无辐射跃迁理论领域做出重大贡献；1977年，吴国祯毅然从台湾回到大陆，成了一名“教书匠”，毕生研究拉曼散射虚能态。	黄昆先生的介绍视频。光谱分析是基于光和物质的作用和变化，吸收光谱原理，发射光谱原理，荧光光谱原理，散射光谱原理及其相关光谱仪器结构，光谱分析方法的特点。

（续表）

	知识点	课程思政	方法
光谱分析应用案例	光谱分析在科学研究、食品安全、公共卫生健康、环境生态保护中的应用案例分析。	介绍刘忠范和张锦两位院士的生平和用光谱分析技术开展石墨烯研究的故事，激发学生的创新兴趣，了解创新途径，树立科研报国的抱负。通过对各种社会事件的反思，了解那些挺身而出解决问题的科学家故事，帮助学生树立正确的价值观。	讲述石墨烯研究、食品安全事件、公共卫生事件和环境污染事件，了解光谱分析在解决相关问题中的贡献。
光谱分析仪器发展的现状和应用展望	国内外光谱仪器发展的现状；制约国内光谱仪器现代化的因素；光谱仪器的应用展望。	利用新闻报道和技术发展咨询报告，介绍分析仪器及其相关试剂是比芯片制造更严重的“卡脖子”技术领域。习近平总书记说，当代中国青年要敢于做先锋，而不是做过客、当看客，让创新成为青春远航的动力，让创业成为青春搏击的能量，让青春年华在为国家、为人民的奉献中焕发出绚丽光彩。通过课程教学，激励学生好好学习，提升创新思维，形成创新能力，作为未来化学教师去传递梦想、去圆仪器制造的强国梦，做心中有光，不懈追光的人。	国内外主要光谱仪器制造厂家的介绍，国内光谱分析仪器发展的瓶颈问题分析，光谱分析在未来美好生活中扮演的角色

三、教学过程

（一）课程导引

2019 年底，新冠肺炎疫情突发，在以习近平同志为核心的党中央坚强领导下，我国建立了中央统一指挥、统一协调、统一调度，各地方各方面各负其责、协调配合，集中统一、上下协同、运行高效的指挥体系，医生、护士、解放军、公安民警、社区志愿者成为逆行者，大爱无疆，全国人民同心协力，共克时艰。同学们应该是亲历者，都响应党中央的号召，做张文宏医生称赞的宅家宅校学习的抗疫战士。

历史总是惊人地相似。1665 年，英国伦敦发生大鼠疫，仅仅两个月。死亡人数就达到了高峰，每周约有 7 000 人死于疫情。比较著名的事件是，伦敦附近的小镇艾亚姆的居民采取了封镇措施，断绝一切与外界的往来，成功阻止了瘟疫向伦敦以北地区的传播，代价是四分之三的小镇居民死于这场瘟疫，可歌可泣。当时也有一位剑桥大学三一学院的学生，成功逃回家乡伍德斯特堡，和同学们一样，成为人类历史上宅村停课不停学的伟大的抗疫战士。这位学生的名字叫艾萨克・牛顿。

也和大家一样，牛顿居村抗疫期间，不用上线听网课，更没有刷手机的可能，除了睡觉，每天在村子里溜达健身(当时英国人肯定不戴口罩)，不小心被苹果砸了头，悟出了万有引力，为天文学的发展奠定了基础；在母亲的农场里，他躺在草地上看蓝天白云，悟出了流数术算法，奠定微积分的基本概念，但当时他只默默地记在自己的小本本上，告诉了几个朋友，后来与莱布尼兹吵架时，才公之于世；同样是无聊，他取出了上大学时买的三棱镜，拉上了窗帘，留下很细的一条缝，然后牛顿把三棱镜放到光线的入口处，光折射到对面的墙上，上下排列红、橙、黄、绿、蓝、青和深紫。为了逗妹妹玩，牛顿动三棱镜，墙上的彩带就跟着舞动，牛顿还用拉丁文鬼影的单词“spectre”来命名看到的壮观景象。大家知道，现在光谱的英文单词就是 spectrum，牛顿奠定了光谱学的基础，但他真不看中发表文章，关于光的本质的实验论文到 1672 年才发表在英国皇家学会《哲学学报》，这是牛顿第一篇公开发表的论文。

（二）光的特性、光谱分析方法和特点

光是波粒二象性，是电磁波，同时也具有粒子性。光电磁场由磁场和电场组成，根据光子的能量方程 $E=h\gamma$，h 是普朗克常数，光的频率 $\gamma=c/\lambda$，其中 c 是光速，λ 是波长。1905 年，爱因斯坦提出了光子假设，成功解释了 1887 年由赫兹发现的光电效应现象，在 1921 年获得诺贝尔物理奖。光电效应的原理也是光谱分析仪器中光电检测器的基本原理(图 1-1)。

中国古代光学研究有着丰硕的成果，从《墨经》《考工记》《列子》《礼记》《淮南子》《博物志》《梦溪笔谈》一直到清朝的《镜镜詅痴》等书籍对光学现象和光学实验有着详细的记载。《墨经》中提及小孔成像的例子：在一间黑暗的

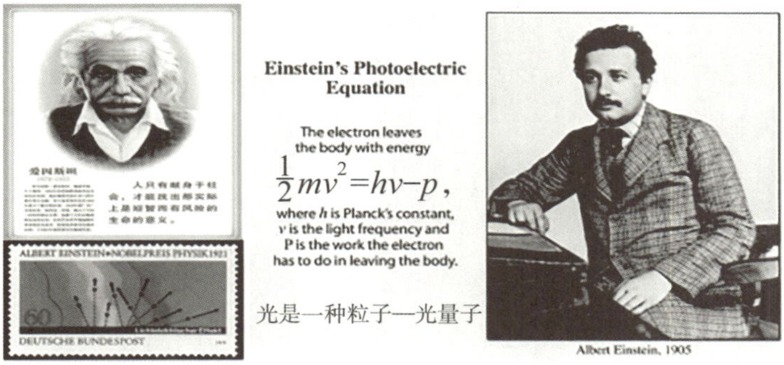

图 1-1　爱因斯坦的光电效应理论

小屋朝阳的墙上开一个小孔，人对着小孔站在屋外，屋里相对的墙上就出现了一个倒立的人影。小孔成像的现象表明了光的直线传播，光谱仪器中的反射镜和转角镜就是按照该原理设计，用来改变光传播方向的装置。

1802 年，沃尔斯敦就注意到太阳光谱中存在暗线。1814 年，德国光学家夫琅和费制成了第一台分光镜，它不仅有一个狭缝、一块棱镜，而且在棱镜前装上了准直透镜，使来自狭缝的光变成平行光，在棱镜后则装上了一架小望远镜以及精确测量光线偏折角度的装置。夫琅和费点燃了油灯和蜡烛，让灯光通过狭缝，进入分光镜。他发现在暗黑的背景上，有着一条条像狭缝形状的明亮的谱线，这种光谱就是现在所称的明线光谱。夫琅和费想到把太阳光引进来观测，发现太阳的光谱和灯光的光谱截然不同，那里不是一条条的明线光谱，而是在红、橙、黄、绿、青、蓝、紫的连续彩带上有无数条暗线(图 1-2)，共有 500 多条暗线，并从红到紫，依次用 A、B、C、D 等字母来命名那些最醒目的暗线。夫琅和费还发现，在灯光和烛光中出现一对黄色明线的位置上，在太阳光谱中则恰恰出现了一对醒目的暗线，夫琅和费把这对黄线称为 D 线。

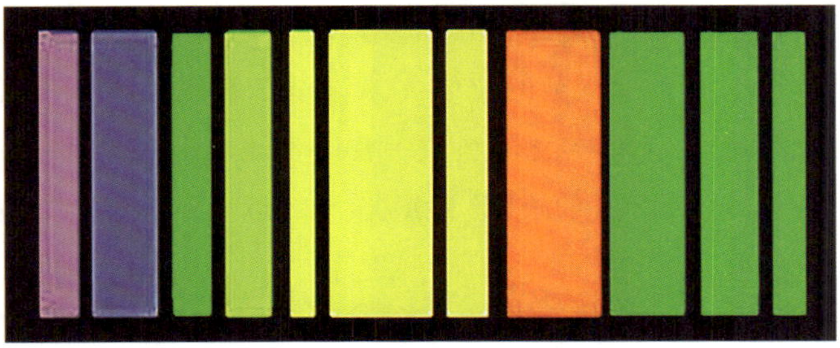

图 1-2　夫琅和费发现太阳光谱中存在暗线(史称夫琅和费定律)

1858年秋到1859年夏，德国化学家本生发明了一种煤气灯（称本生灯），这种煤气灯的火焰几乎没有颜色，而且其温度可高达两千多度，他把含有钠、钾、锂、锶、钡等不同元素的物质放在火焰上燃烧，火焰立即产生了各种不同的颜色。本生想，也许从此以后他可以根据火焰的颜色来判别不同的元素了。可是，当他把几种元素按不同比例混合再放在火焰上烧时，含量较多元素的颜色十分醒目，含量较少元素的颜色却不见了。看来，光凭颜色还无法作为判别元素的依据。本生把火焰实验中所遇到的困难讲给基尔霍夫听。基尔霍夫对夫琅和费关于太阳光谱的实验了解得很清楚，甚至在他的实验室里还保存有夫琅和费亲手磨制的石英三棱镜。基尔霍夫听了本生的问题，想起了夫琅和费的实验，于是他向本生提出了一个建议：不要观察燃烧物的火焰颜色，而应该观察它的光谱。他俩合作进行了新的实验，基尔霍夫在他的实验室中用狭缝、小望远镜和那个由夫琅和费磨成的石英三棱镜装配成一台分光镜，并把它带到了本生的实验室。这是人类的第一台真正意义上的光谱分析仪器，至今发射光谱的基本结构也大致如此。实验时，本生把含有钠、钾、锂、锶、钡等不同元素的物质放在本生灯上燃烧，基尔霍夫则用分光镜对准火焰观测其光谱。他们发现这种情况就像许多人合影在同一张照片上，每个人是谁依然可以分得一清二楚。就这样，基尔霍夫和本生找到了一种根据光谱来判别化学元素的方法——光谱分析术。

1859年，基尔霍夫提出了著名的基尔霍夫三定律：第一，白炽固体或高压白炽气体产生连续光谱，其范围从红光到紫光；第二，低压发光气体和蒸气光谱是一些分离的明线，而且每种元素都具有一组独特的光谱线；第三，能够发出某一特定光谱的物体对这条谱线有强烈的吸收能力。这三条定律为天体物理学奠定了理论基础。运用这三条定律，基尔霍夫把太阳光谱中的暗线解释为：这是太阳本身发出的连续光谱被太阳大气吸收的结果，每一条暗线都对应太阳大气中的一个特定的化学元素。基尔霍夫把太阳光谱和实验室光谱进行比较后确认，天体的化学组成中有许多地球上常见的化学元素。如太阳光谱的黄色波段处有一暗的双重谱线，与地球上钠蒸气发射的光谱中的双亮黄线位置相同，故可以证明太阳上必定存在钠。由基尔霍夫开创的光谱分析方法，对鉴别化学物质有着巨大的意义，通过光谱分析，基尔霍夫和本生发现了铯（1860年）和铷（1861年），其他科学家用该技术也发现了铊（1862

年)、镓(1863 年)和铟(1875 年)。

光谱分析方法的基础是物质的运动与光的作用。以分子为例,在三维空间,通常运动方式有原子核的运动、分子键的振动、分子键的转动、热运动和电子运动。如前所述,光的产生也是来自太阳中的物质运动,比如原子核在高温下发出 γ 射线、α射线,内层电子产生 X 射线,外层电子运动产生紫外与可见光。因此,紫外和可见光可以分析分子的电子运动,分子的振动和转动与红外光谱有关,光的散射过程也能反应分子振动能级的变化。

光与物质作用后,光可以发射、反射、吸收、干涉、衍射、散射等,也有光致发光现象(如荧光、磷光)。仪器分析课上第七章到第十章的内容就是学习光谱分析技术,涉及原子发射光谱、原子吸收光谱、紫外光谱、红外光谱和拉曼光谱。光谱能级图、分析方法分类与各种光谱仪器见图 1-3。

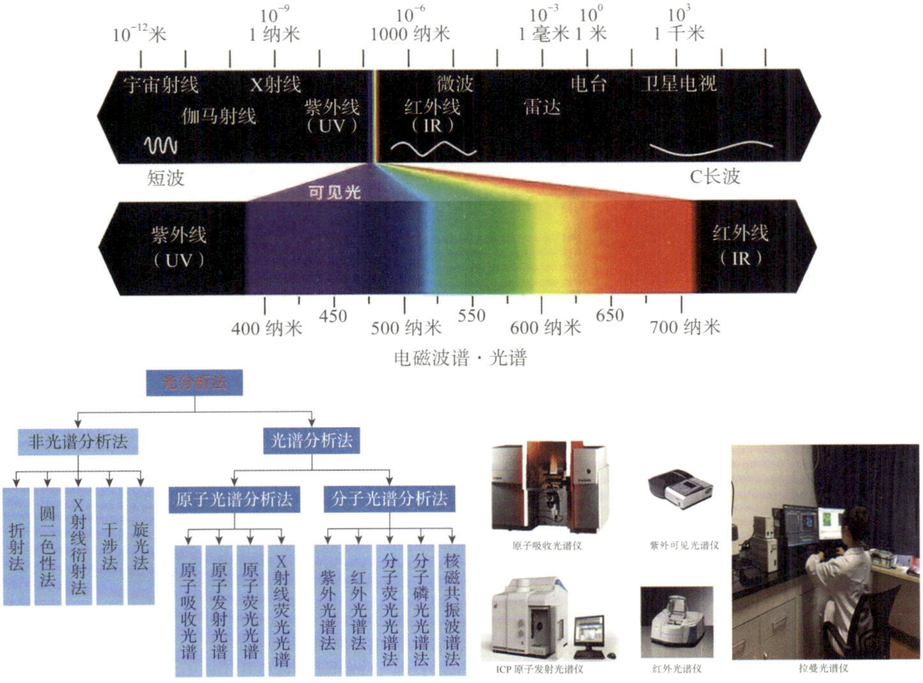

图 1-3 光谱、光谱分析方法及其本课程中介绍的各种光谱分析仪器

光谱分析方法就是通过装置,研究原子或分子与光的相互作用后的变化,了解物质性质的方法,可进行定性和定量分析。发射、吸收和荧光光谱仪

器光路见图 1－4。基于仪器的光谱分析方法特点是：(1)光谱特征性强，选择性高；(2)可以同时很灵敏检测多种原子或分子；(3)有些光谱分析可实现无损分析，比如紫外、红外、拉曼、太赫兹等技术。光谱分析在太空探索、探矿、材料研发和产品质量控制、临床快速检验、药物研究、癌症相关的金属组学和环境监测等领域有广泛应用。

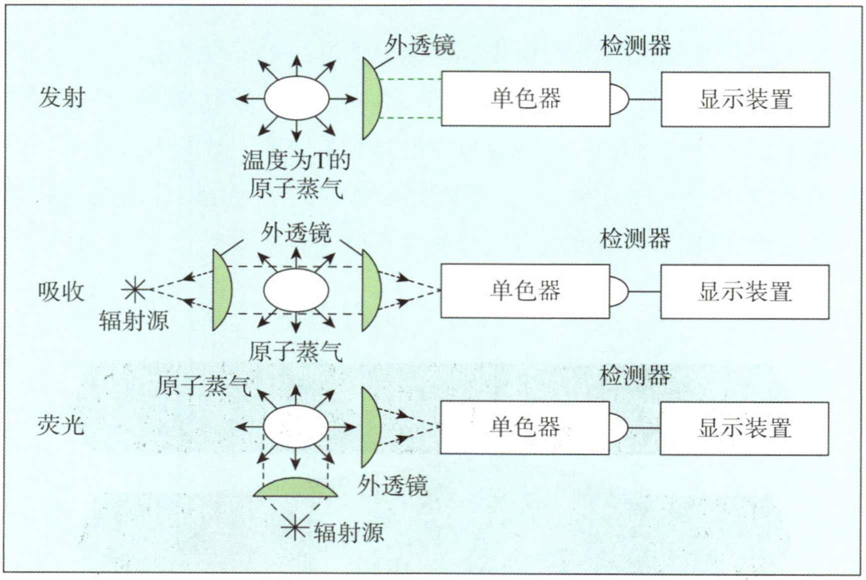

图 1－4　发射、吸收和荧光光谱仪器光路示意图

我国科学家在光谱分析领域也做出了杰出的贡献，北京大学黄昆教授是其中的先驱人物。黄昆在西南联大物理系读研究生时，与杨振宁、张守廉同住一间宿舍，三人被称为物理系的三剑客。后来，黄昆成为英国布列斯托大学莫特教授(1977 年诺贝尔物理奖得主)的研究生，完成了题为“稀固溶体的 X 光漫散射”论文，大胆提出了关于杂质和缺陷 X 光的散射理论模型。20 年后，德国科学家在实验室中证实了黄昆的理论预言，国际学术界随即将这种 X 光漫散射现象命名为“黄漫散射”。完成博士论文后，黄昆受到爱丁堡大学玻恩教授的赏识，被邀合著《晶格动力学理论》一书。从“黄漫散射”到“黄方程”，黄昆又提出“声子极化激元”概念，后与后来成为他妻子的里斯(A. Rhys，中文名李爱扶)共同提出“黄—里斯理论”。1951 年黄昆毅然回国，从“黄—里斯因子”到“玻恩和黄”，以至“黄—朱模型”，黄昆利用散射技术在固

体物理学发展史上建树颇丰（图 1－5）。2000 年，在北京大学召开的第 17 届国际拉曼学大会上，全球相关领域科学家庆祝黄昆教授 80 华诞。2001 年黄昆获得国家最高科学技术奖。除了研究，黄昆更关注人才培养，他编著教材，认真上课，桃李满天下，弟子中有甘子钊、秦国刚、夏建白等院士。

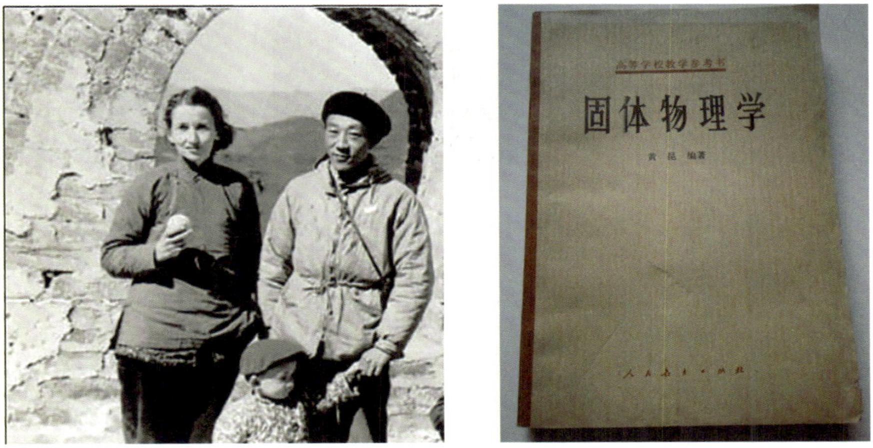

图 1－5　黄昆和夫人里斯以及他编著的《固体物理学》教材

吴国祯教授，台北人，毕业于新竹清华大学化学系、美国俄克拉荷马（Oklahoma）大学化学系。在美国的校园里，他开始接触到马列著作、毛泽东选集、中国共产党党史和新中国史等书籍。“视野一下开阔了不少，对社会主义新中国有了新的认识和好感，一种回归的念头开始在内心中萌发。”1977 年 6 月，博士毕业后，吴国祯毅然来到祖国大陆工作。对于自己当时的选择，直到现在吴国祯依然没有怀疑过。他动情地说：“现在回头看，祖国一天比一天好，变化太惊人了。能够参与这么一个动人的过程，值得珍惜。”学生时代，学化学的他阅读了大量物理方面的图书，使他可以通过物理视角看待化学课题。吴国祯教授一直从事拉曼散射激发态研究，这是至今尚未被完全认识和破解的科学难题。他秉承清华“自强不息，厚德载物”的校训，将毕生的精力投身其中，百折不挠，取得可喜的进展。他研究和发现了拉曼峰强所蕴含的物理图象和意义，即从拉曼峰强的角度来理解拉曼谱图背后的物理、化学过程和图象（图 1－6）。他曾获得中国科学院自然科学二等奖。

图 1-6　吴国祯以及他编著的《拉曼谱学》

（三）光谱分析应用案例介绍

1. 石墨烯创新研究与拉曼光谱

石墨烯(Graphene)是一种以 sp^2 杂化连接的碳原子紧密堆积成单层二维蜂窝状晶格结构的新材料，英国曼彻斯特大学物理学家安德烈・盖姆和康斯坦丁・诺沃肖洛夫在做电镜实验时，用胶带机械剥离石墨过程中偶然发现，共同获得 2010 年诺贝尔物理学奖。石墨烯具有优异的光学、电学、力学特性，在材料学、微纳加工、能源、生物医学和药物传递等方面具有重要的应用前景，被认为是一种革命性的未来材料。北京大学的刘忠范院士被媒体称为石墨烯"工匠"，他本科毕业于长春工业大学化学工程系，师从国际著名光电化学家、日本东京大学藤岛昭先生，在日本学习期间获得了日本政府奖学金并在 *Nature* 杂志上发表研究论文。刘忠范在北京大学化学系的教授蔡生民的邀请下回到祖国，来到北京大学工作。他说，科学没有国界，但科学家一定要有祖国，他属于中国这个地方，这里有他的梦想、他的青春、他的师友，他的父老乡亲……当年的刘忠范人称"拼命三郎"，每天最早进楼的是他，最晚一个走出实验室的还是他。由于总是工作到深夜，楼门早已关闭，因此经常翻越化学楼的铁门，"因此练就了一副好身手"，他自嘲道。他的口号是"一天 26 小时工作制"。"责任是通向伟大的代价"，这是刘忠范院士信奉的出自丘吉尔的一句名言。他利用拉曼光谱技术研究石墨烯，发展石墨烯制备和应用产业新技术，取得了令世界瞩目的进展(图 1-7)。刘忠范科研团队的张锦，发展了利用石墨烯增强拉曼散射信号(GERS)技术，2019 年当选为中国科学院院士。张锦院士说，研究碳材料，就是要潜心把这一件事情做到极致，让我国在纳米碳材料核心技术上掌握“卡脖子”技术，这是身为科研人员的使命（图 1－8）。

图 1－7　刘忠范院士和他的石墨烯强国梦

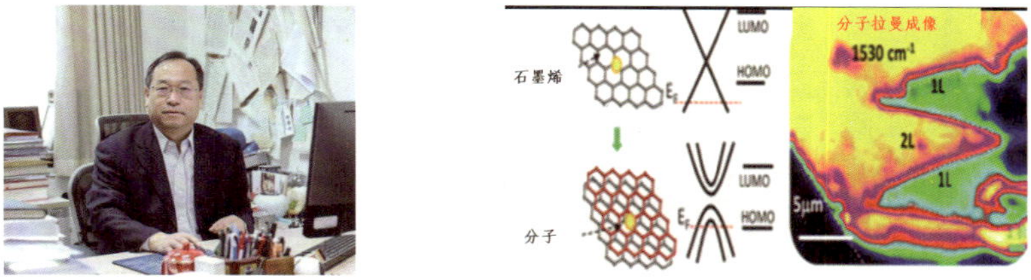

图 1－8　张锦院士和他的石墨烯增强拉曼技术(GERS)

2. 三聚氰胺奶粉事件与光谱分析

2008 年，中国奶制品污染事件是社会影响恶劣的一起食品安全事件。很多食用三鹿集团生产的奶粉的婴儿被发现患有肾结石，随后在其奶粉中发现化工原料三聚氰胺。

三鹿奶粉事件后中国国家质检总局对国内的乳制品厂家生产的婴幼儿奶粉进行了三聚氰胺检验，报告严峻，包括伊利、蒙牛、光明、圣元及雅士利在内的多个厂家的奶粉都检出三聚氰胺。但牛奶中三聚氰胺的检测方法是色谱—质谱技术，耗时且仪器成本高。因此，中国国家质检总局在全国范围内征集快速检测方法。中国质检院的邹明强研究员，响应国家所需，着手开展三聚氰胺专用检测便携拉曼光谱仪及表面增强试剂研制。基于多年来积累的经验，勤于实验，终于发现了增敏试剂的新合成途径，找到解决方案，该方法可检出三聚氰胺含量最大限量达1 ppm（即 1 毫克/公斤），大大小于国家标准最大限量 2.5 ppm。之后，邹明强团队还实现了三聚氰胺专用检测仪的国产化，开发了液相纳米表面增强试剂，可提高检测灵敏度 10 万倍以上，比当时美国密苏里大学报道的类似方法高三个数量级以上。该技术在蒙牛、伊利等乳业，及北京、辽宁、山西、宁夏等检验检疫技术机构进行了示范应用，并成功在西藏全区质监系统得以应用，在极端环境下，仪器性能稳定。研究小组和国家食品安全检测中心合作，开发了更稳定的拉曼增强试剂，并制备了拉曼检测奶制品中三聚氰胺试纸，便于商品化和携带，有较好的检测三聚氰胺灵敏度(1.26 ppm)，满足国家标准规定的要求，并大大提高了分析可靠性(图 1－9)。有兴趣的同学可以去学校图书馆网页上下载你们王卉师姐发表的论文“Raman probing trace melamine in milk by a functionalized test paper”(*Sensors and Actuators B* 193(2014),630－636)进行阅读，了解相关具体方法步骤。

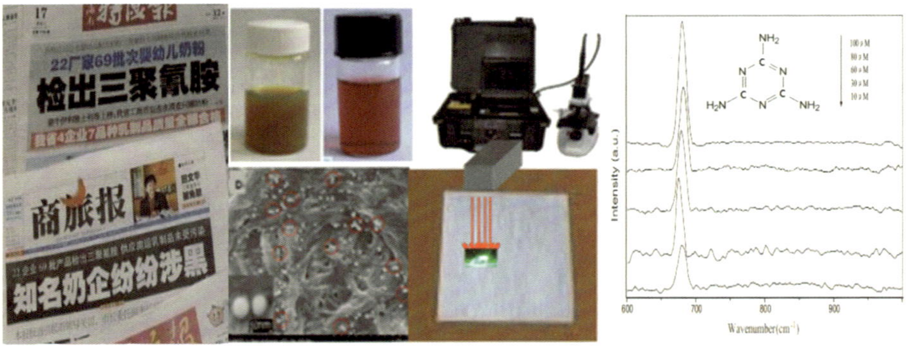

图 1－9　研究小组开发的基于小型拉曼光谱仪检测牛奶中三聚氰胺的试纸

3. 兴奋剂检测

公平、公正、平等、自由的体育竞技精神离不开技术，离不开科学家的共享，同时科学家也如同运动员一样，对于兴奋剂的准确检测一直在向“更快、更高、更强”的目标努力。1984 年，中国获得了第十一届亚运会的举办权，作为东道主的中国面临着许多亟待解决的问题。例如，兴奋剂检测能力从 0 到 1 的突破。国际奥委会医学委员会监考官曾说，中国兴奋剂检测中心是他遇到的出结果最快的实验室，这个“最快”的背后蕴含了太多人的卓绝努力与无私奉献，其中就有着我国著名分析化学家、中国科学院院士周同惠。1986 年末，中国兴奋剂检测中心正式成立，时任中国医学科学院药物研究所分析室主任的周同惠勇担重任，要在 3 年内完善中国兴奋剂检测体系，并通过国际奥委会的兴奋剂检测能力考核。长期从事分析化学研究的周同惠深知其中困难，检测中心要对100多种兴奋剂进行化验，这就需要收集人体服用各种兴奋剂后产生的尿样。尿样中兴奋剂检测考核的难度不亚于在50米长、25米宽、2米深的泳池内放入一勺糖，然后取样化验出糖的种类和含量。他组织人员攻坚克难，将科学严谨求实的作风发挥到极致，解决了一个又一个棘手难题。一位国际奥委会医学委员会的德国专家考察后，认为中国要在3年时间内走完许多发达国家十几年的路，几乎是不可想象的。1989年初，中国兴奋剂检测中心建立了100余种兴奋剂及其代谢物的完整监测与查验数据库，标志着我国在兴奋剂检测领域中取得了巨大突破。而国际奥委会授予中国兴奋剂检测中心国际检测资格，这是国际奥委会授予的，当时世界上第20个、亚洲第3个、第三世界国家第一个具有国际检测资料的兴奋剂检测实验室，该实验室圆满完成了第十一届亚运会兴奋剂检测任务。实验室当时用的兴奋剂检测方法是色谱—质谱联用技术，获得国家科技进步一等奖和国家体委科技进步特等奖。1991年，周同惠当选中国科学院院士（图1-10）。

图1-10 周同惠院士和中国兴奋剂检测中心

在运动兴奋剂分析中，药物识别（特异性）及其在低浓度水平下的检测（敏感性）都至关重要。因此，表面增强拉曼散射技术（SERS）可利用等离激元增强，满足现场痕量兴奋剂分析要求，有望成为一种在运动兴奋剂测试中使用的有效分析方法。举例如下，R-aminoglutethimide（AGI）是具有很高药理学意义的化合物，是一种芳香酶抑制剂，用于绝经后妇女的乳腺癌治疗，但被列入《世界反兴奋剂机构禁用清单》。西班牙的一个课题组利用SERS，用几种金属纳米颗粒和三角形银等离激元纳米颗粒对AGI的吸附和检测进行了比较研究，等离激元的SERS传感器除了用于AGI的检测，（β）2-肾上腺素能激动剂（βAA）药物克仑特罗、沙丁胺醇、特布他林、皮质醇（类固醇激素）、雌二醇（蛋白同化剂）等兴奋剂标记物同样可以进行高灵敏度的检测。

4. 光谱仪器的发展现状和研究展望

光谱仪被广泛应用于生命科学、食品安全、医药生物、化学化工、环境保护、农业、宝石鉴定等领域。光谱仪被称为科研和生产的“眼睛”，一直以来都得到了仪器行业的重视，尤其是在创新驱动政策的推动下，这些年中国在科技、制造方面奋起直追，在短短几十年之内，走完了国外发达工业国家数百年的历程，已经逐步迈入全球科技水平、制造技术强国之列。但是必须要看到，虽然我们在如探月工程、北斗导航、超级计算机等科学工程技术方面取得了令全球瞩目的成就，但是我们在基础科学研究领域方面的短板仍然很严重，还需要全力以赴地追赶。而其中最严峻的问题在于，目前我们进行科学研究的实验室中使用的高端科研仪器和实验设备几乎被国际巨头垄断。2018 年全球科研仪器前 20 名榜单上，有 8 家是美国公司，7 家来自欧洲，5 家公司位于日本。中国企业没有入选。其实目前，中国科学仪器生产厂家有 1 000 多家，但是数量虽然多，可大部分产值都低于 1 000 万元；分析仪器厂家达 200 多家，产值上亿元的却不多。而且性能、质量似乎一直是国产仪器的一个“硬伤”，稳定性不够，干扰项太多，使用年限较短，维修概率大。这些都对需要实验设备稳定可靠的科研实验室影响很大。因此在科研仪器上我们面临非常严重的卡脖子困境，一旦国外供应商停止供货或者停止维护服务，那我们面临的不单单是没有国产替代产品的问题，甚至有可能是国内科学研究全面停滞的问题。

目前，包括质谱、色谱、光谱、电镜等在内的几乎所有高端仪器都被国外垄断。高端科研仪器的自主研制水平是一个国家自主创新能力的重要标志，习近平总书记说：“我们是一个大国，在科技创新上要有自己的东西。”“只有把核心技术掌握在自己手中，才能真正掌握竞争和发展的主动权。”习近平总书记曾打过一个生动的比方，供应链的“命门”掌握在别人手里，那就好比在别人的墙基上砌房子，再大再漂亮也可能经不起风雨，甚至会不堪一击。而解决这些“命门”和“卡脖子”问题，关键就要靠科技创新。而科技创新的关键是要有一大批有家国情怀、良好学科知识储备和创新科研训练的人才，以及培养创新人才的教师队伍。

2019 年 COVID－19 疫情中，检测新冠病毒技术主要有 PCR 基因测序

(图 1-11)和基于免疫金显色层析试条(图 1-12)等方法,提高了诊断的时效性和有效性。前者是 PCR 扩增结合荧光标记的光谱技术,检测灵敏度和准确率较高;后者利用抗体和金胶变色,借助可见光谱技术(或肉眼观察),可实现快速筛选性检测。

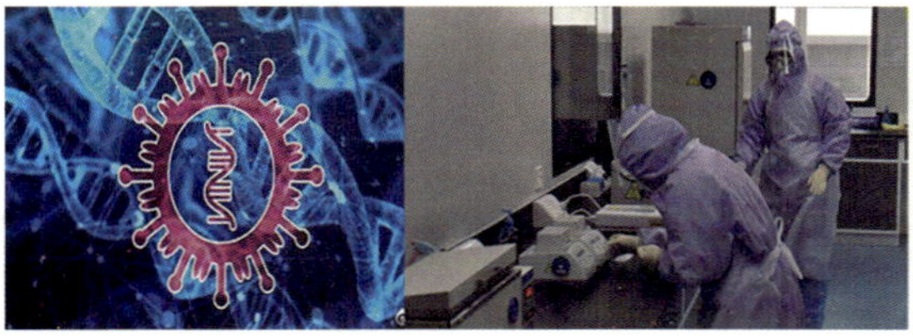

图 1-11　病毒 PCR 基因测序

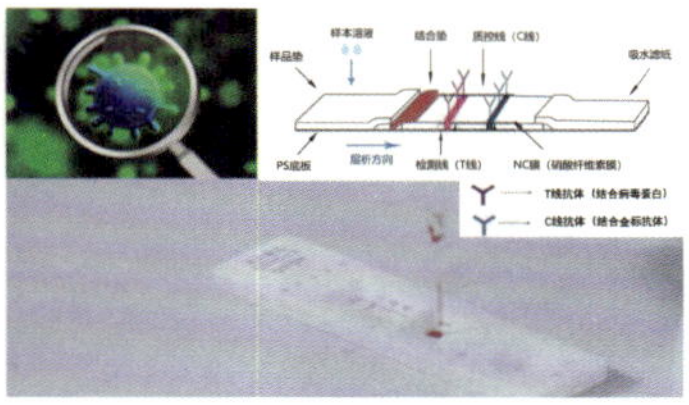

图 1-12　免疫金显色层析试条测新冠病毒

同学们,你们作为中坚力量的中国新时代已经到来,科学技术在你们的推动下将会继续突飞猛进发展,同学们要学好光谱分析,做心中有光、不懈追光的人。我个人比较看好小型化光谱仪器(由智能手机控制的光谱模块或光谱笔或植入式光谱芯片),未来将逐渐出现并普及更多的便携仪器或基于光纤的柔性光谱仪器,有望开展构建快速分析解决方案的研究,实现在家庭中即时检测(POCT,Point of Care Test),实现癌症早期诊断、珠宝鉴定、亚健康分析和生活环境质量自评价等应用(图 1-13)。

图 1-13　手机激光拉曼用于 POCT 测唾液中的葡萄糖(作血糖水平检测)

四、课外思考题

1. 请举三个在食品安全中光谱分析仪器应用的例子。

2. 光谱技术的优缺点有哪些？缺点如何改进？

3. 去学校实验中心了解三台仪器的厂家和价格。

五、教学评价

1. 课后作业、教学内容过程评价，占终评成绩的 20%。

2. 课堂问答、过程评价学生多学科知识的理解和交叉融合运用能力，占终评成绩 10%。

3. 论文撰写、光谱仪器技术在生态文明建设中的应用综述、评价运用学科知识解决实际问题能力，占终评成绩 10%。

4. 期末考试，占终评成绩 60%。

手性无处不在，精准合成创造美好生活

——立体化学概述

邓清海

▶ **课程名称**　有机化学

▶ **课程性质**　专业主干课程

▶ **专　　业**　化学（师范）

▶ **授课对象**　化学（师范）专业二年级学生

▶ **教师简介**　邓清海，上海师范大学化学与材料科学学院教授、博士生导师；主要从事金属有机化学和不对称催化方面的研究；主讲课程有"有机化学""有机化学实验"等；多次获得上海市市级人才称号，先后主持多项国家自然科学基金项目和上海市的科研项目，在国内外有影响的学术期刊上发表论文30余篇。

▶ **课程简介**　"有机化学"是上海师范大学化学与材料科学学院为化学（师范）专业二年级本科生开设的专业主干课程，所用教材是由上海师范大学等五校合编、高等教育出版社出版的"十二五"普通高等教育本科国家级规划系列教材《有机化学》（李景宁主编，第六版）。

"有机化学"是化学专业的四大化学基础课之一，是化学教育专业的主干课程。通过本课程的学习，使学生了解有机化学的研究领域，掌握有机化合物的结构、性质、应用，以及研究这些结构与性质的基本理论和方法。在学习过程中，重点培养学生分析与解决问题的能力，拓宽学生的知识视野，培养学生的科学素养。学生经学习该课程后，为今后学习和深化与有机化学有关的知识和相关后续课程打下扎实的基础，能胜任高中有机化学的教学任务，能较好地适应精细化工、有机化学、医药和农药等方面的研究机构和企业的工作要求。

课程内容主要包括：各类有机化合物的命名，包括普通命名法、系统命名法和 IUPAC 命名法等；各类有机化合物的构造，顺反异构，对映异构以及开链烷烃和环己烷等的构象；各类有机物的物理性质和光谱特性；各类有机物的化学反应；亲核取代反应、亲电取代反应、亲核加成反应、亲电加成反应、游离基取代反应和一些重要的缩合反应的反应历程和影响因素；各类有机物的制备方法；各类有机化合物的重要代表物的性质及用途；分子重排反应和周环反应等。

通过本课程学习，学生在已学过的无机化学和分析化学的基础上，可以学习和掌握有机化学的基本原理、基本知识和基本技能，培养严谨的科学态度、分析问题和解决问题的能力，为学习后续课程和将来从事化学教学和应用化学等领域的各项工作打下基础。具体的课程目标包括：掌握有机化学的基本概念、基本理论、基本方法以及有机化合物的基本性质和基本反应等；掌握各类有机化合物的结构特点、命名、典型的化学性质及鉴别与制备方法；掌握有代表性的有机物的性质及应用；熟悉有机化学结构基本理论，并能利用所学知识认识有机物的结构与性质的关系，理解反应的原理和反应的选择性；掌握构象异构、顺反异构、对映异构现象产生的原因、表示方法及对化合物性质的影响；了解紫外光谱、红外光谱、核磁共振的基本原理，具备简单的解谱能力；掌握课程的逻辑框架，得到一般科学方法的进一步训练和逻辑思维能力的培养，增强提出问题、结合具体条件分析问题和运用理论解决问题的能力，为学习后续课程和将来从事化学教学和应用化学等领域的各项工作打下基础。

▶ 课程蕴含的思政元素分析　有机化学的相关专业知识是随着有机化学学科的发展逐步完善的。即使在学科体系已建立的今天，该学科仍然在不断发展和完善的进程中，相关前沿的科研报道不时更新和改变人们对该学科知识点的认识。在教学的过程中，教师可以将专业知识讲授与思想政治教育有机地结合起来，比如从有机化学发展史、著名化学家的故事、典型的有机反应（人名反应）、有机化合物的结构与性质、生产及生活中的相关事件等方面出发，发掘其蕴含的思想政治元素，运用恰当的教学方法、手段和载体，将课程思政落到实处，从而培养学生的辩证思维、创新意识、科学精神和家国情怀，提高学生的团结协作精神、社会责任感、安全和环保意识，塑造学生健全高尚的人格。通过发掘和讲授跟有机化学专业知识相关的思政元素，潜移默化地引导和教育广大化学师范专业的本科生，在提升学生专业素养的基础上，不断增强师范学生教书育人的使命感和责任感，为国家培养优秀的化学教育工作者奠定坚实的基础。

▶ 教案设计

一、教学目标

（一）知识目标

1. 了解自然界的手性现象；

2. 了解立体化学的发展历程；

3. 掌握手性的相关概念；

4. 了解不对称催化的重要应用和代表性成果。

（二）能力目标

要求学生运用所学知识判断物体和分子结构式是否具有手性，能够理解和讲述立体化学发展过程中重要的实验及其原理，能够了解不对称催化的著名科学家及代表性成果。

（三）价值目标

1. 正确认识“立体化学”的价值，树立良好的职业观；

2. 正确看待学科发展过程中的成败得失，树立正确的科学史观；

3. 培养严谨求实、竭力探索的科学精神；

4. 客观看待我国不对称领域的长足发展和国际地位，增强民族自信心、自豪感和责任担当。

二、教学内容分析

（一）教学内容

1. 手性现象简介；

2. 立体化学的发展历程；

3. 基本概念——手性的定义、旋光性、旋光度、比旋光度、对映异构体的表示方法；

4. 不对称催化基本概念及重要应用；

5. 拓展内容——不对称催化的发展历程，我国在该领域的著名科学家及代表性成果；

6. 自由探讨——不对称催化领域的最新研究成果及发展展望。

（二）教学重点

1. 手性现象及立体化学的发展历程；

2. 不对称催化的基本概念及相关应用；

3. 不对称催化领域的代表性成果。

（三）教学难点

1. 立体化学中的相关概念；

2. 手性化合物的判断方法；

3. 最新研究成果探讨。

（四）对于重点和难点内容的教学对策

1. 对手性现象及立体化学发展史的讲解与阐述

通过比对左手和右手的不同、准备日常所见的手性实物（手套、螺丝等），让学生了解无处不在但以前经常忽视的手性现象。通过讲解巴斯德经典的分离酒石酸晶体实验，让学生了解立体化学的发展史，培养学生仔细观察、善于思考的专业素养。

2. 对手性重要概念的讲解

通过搭建手性化合物，借助镜子等工具让学生理解立体化学中的重要概念。

3. 不对称催化案例讲解

通过讲解不对称催化领域的诺贝尔化学奖的相关成果以及“反应停”医药事故的悲剧，让学生充分认识到不对称催化的重要性，树立“化学是中心科学”理念，培养正确、理性的职业观。

4. 代表性成果及最新前沿研究探讨

通过指导学生查询和阅读相关文献，了解我国在不对称催化领域的代表性成果及最新研究报道，提高学生对学科发展的整体认识，增加学生的民族自信心和责任担当。

（五）教学中的思政结合点

本节课主要选取有机化学领域中重要的学科分支——手性化学展开课程思政教学探讨。“立体化学概述”隶属“有机化学”课程“对映异构”，是相对独立于该课程其他章节但又非常重要的知识点。目前，立体化学及相应的不对称催化是有机化学领域重点研究的前沿学科分支，其相关应用涵盖生命科学、医药、精细化工、功能材料、农业等众多行业。可以说，立体化学不仅与人们的日常生活息息相关，也将在精准医疗、绿色化工、尖端材料等新兴行业中发挥举足轻重的作用。而针对本科教学而言，立体化学的发展和相关的知识点处处蕴含着思政元素，在讲授的过程中无痕嵌入课程思政。教师在教授学生专业知识的同时，可以在思想层面润物细无声地引导和教育学生。该课程蕴含的思政元素主要包括如下几个方面：

专业知识点	思政元素	方法
自然界的手性现象	树立化学是中心学科信念，增强学生的学习兴趣、学习动力和荣誉感。	“手性”是自然界很普遍的现象，大到天体如银河系，小到生命中十分重要的氨基酸分子，“手性”都无处不在。学生在了解“手性”概念的同时也认识到其存在和应用的广泛性，在寻找生活中“手性”现象的过程中，树立化学是中心学科信念。通过适当的讲授和引导，可增加学生的学习兴趣，加强学生毕业后投身化学教育或化学行业的荣誉感和归属感。
立体化学的学科发展过程	了解立体化学的发展过程，树立正确的科学史观，培养学生严谨求实、竭力探索的科学精神。	“手性”现象虽然无处不在，但人们对“手性”的认识是从无到有、从现象到本质、从理解到创造的过程。通过对立体化学学科发展脉络的介绍、对重要发现和典型事例的讲解，让学生充分了解学科的发展过程，树立正确的科学史观，培养学生严谨求实、竭力探索的科学精神。

（续表）

专业知识点	思政元素	方法
不对称催化领域的典型反应和前沿进展	讲授中国科学家在不对称催化领域的重要贡献，激发学生的家国情怀，增强学生的民族自信心和自豪感。	我国经过近几十年来持续的发展，在科技领域已取得了长足的进步。在有机化学领域经历几代科学家持续努力和艰苦工作，与国际前沿研究相比基本实现了从追赶到并跑的跨越；其中，我国科学家在不对称催化领域做出了一系列引领国际前沿的研究成果。通过对这些科学家及他们的成果的介绍，让学生了解我国该领域在国际上所处的位置，激发学生的家国情怀，增强学生的民族自信心和自豪感。

三、教学对象分析

上海师范大学承担着为国家基础教育培养具有崇高理想信念、高尚道德情操和扎实学识的师资队伍的艰巨任务和崇高使命，每年向上海乃至全国各地教育系统输送一大批高素质人才。当前，高校大学生的综合素质整体较高，而且思维活跃、充满自信、接受能力强。他们所处的年龄正是系统性学习专业知识和技能的黄金时期，也是良好世界观、人生观和价值观成熟成型的关键阶段。但由于长期以来媒体对化学行业的错误宣传、社会对化学行业的误解和片面认识，人们对化学行业存在很深的偏见，甚至将环境污染、生产事故、医药和食品安全事件错误地归因于化学行业。这些偏见和错误认识在很大程度上影响着化学专业学生的学习热情，甚至影响学生毕业后的职业规划。而“有机化学”课程，被称为四大化学基础课程之一，是化学专业重要的专业主干课程。根据专业培养计划和课程设置的要求，“有机化学”课程一般安排在学生完成“无机化学”课程学习之后，在本科二年级分两学期讲授，同时配备“有机化学实验”同步讲授，以加强学生对理论知识的理解，做到学以致用。有机化学是一门理论和实验结合密切的学科，既要求学生掌握系统的理论知识，又要求学生记忆和理解大量的化学结构式、化合物性质、以人名反应为代表的化学反应、化学反应类型及反应机理，更要求学生学以致用，掌握扎实的实验技能。由于本课程开设时间在大量通识课已上完、正式系统进入专业学习的大二学习阶段。因此，“有机化学”课程任课老师除了让学生了解本学科在人们的日常生活中乃至国民经济中的重要作用，建立全面、客观的专业认知，教育和培养学生扎实的专业学识、严谨求实的科学精神外，也应该在授课时引导学生树立崇高的理想信念和高尚的道德情操，增强学生的家国情怀和责任担当。

四、教学手段与方法

基于学科特点以及学生个性化特点及培养目标分析，本课程主要采用如下手段与方法实现教学目标：

1. 培养学生专业兴趣与加强职业信念、责任担当相结合

在课堂上通过展示相关实物、模型和图片的方式，加强学生对手性现象的了解，让学生认识到“手性”无处不在，与人们日常生活息息相关；在课堂上通过讲解“反应停”事件等事例，让学生了解不对称催化的重要性，提升学生的学习动力，建立对有机化学专业正确的认识。

2. 扎实、系统学习专业知识与培养求真务实、不断探索的科学精神相结合

立体化学中的专业知识具有概念性强、比较抽象的特点，同时也具有严谨的逻辑关系；这些专业知识的丰富和发展也很好地印证着科学发现和探索的普遍道理。在课堂上讲解专业知识的同时，穿插着讲一些相关的科学家故事、重要发现的代表事件，并设计实验还原科学家发现的过程，让学生在扎实学好专业知识的同时，深刻体会科学探索之路的艰辛和科学家的探索精神。

3. “讲好中国故事”与灵活的课题教学相结合

不对称催化领域的研究成果深刻影响着我们的日常生活，我国科学家在这方面也取得了令人瞩目的成就。教师在积极讲授相关知识的同时，也组织学生收集相关信息，查阅和讨论最新文献，让学生在加深对专业知识理解的同时加强对学科前沿和发展方向的把握，增强民族自信心和责任担当。

五、教学过程

（一）课堂引入

人或物体都有左右之分。大家经常会用左手、左脚或右手、右脚做事情。有些人善用右边，有人则偏爱左边。由于大多数人常常使用右手，比如写字、用筷子、使用工具、打球等，相应地社会上提供的设施大都便于右利手的人使

用，而不利于左利手的人使用。人们一旦需要换一只手做同样的事情就会觉得别扭，甚至无法完成。尽管大家可能都碰到过这样的情况，却没有意识到其中蕴含着一个普遍却又深刻的科学现象。鼠标、剪刀、手套有左右手之分；螺杆和螺帽的螺纹要匹配才能相互旋转，经常是顺时针旋是旋紧、逆时针旋是旋松。除了人造物，自然界也有这样的现象。比如海螺的螺旋是朝一个方向旋的，藤类植物朝不同方向螺旋往上长会长成相似但却不一样的景观；花瓣的旋转方向、发旋乃至台风云图都是有特定方向的。而实际上，小到蕴含遗传物质的DNA、大到银河系的空间分布都是朝一定方向旋转的。这种无处不在的现象其实在很早以前就被科学家所发现和研究。法国科学家巴斯德这样总结和预测：宇宙是非对称的，如果把构成太阳系的全部物体置于一面跟随着它们的镜子面前，镜子中的影像不能和实体重合……生命由非对称作用所主宰。我能预见，所有生物物种在其结构上、在其外部形态上，究其本源都是宇宙非对称性的产物。

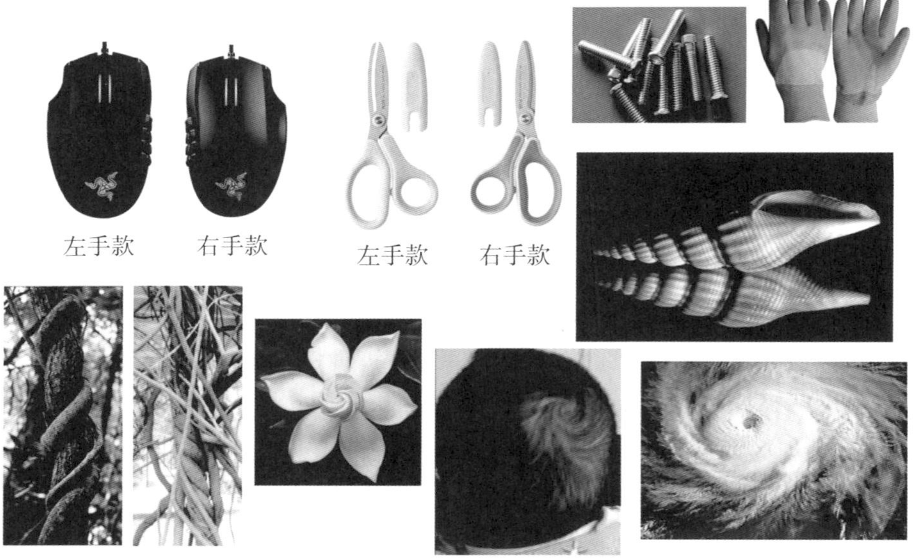

图2-1 “手性”在自然界的存在例证

通过对上述常见、直观的现象的介绍和讲解，激发学生的学习兴趣，引导他们探索现象背后的本质，并鼓励学生尝试总结和描述这一定义，经过师生互动和讨论后，正式跟学生介绍“手性”的概念：手性是三维物体的基本属性；

如果一个物体不能与其镜像重合,该物体就称为手性物体(图 2-2)。随后,引导学生列举尽可能多的物体,对照定义,判断它们是不是手性物体。

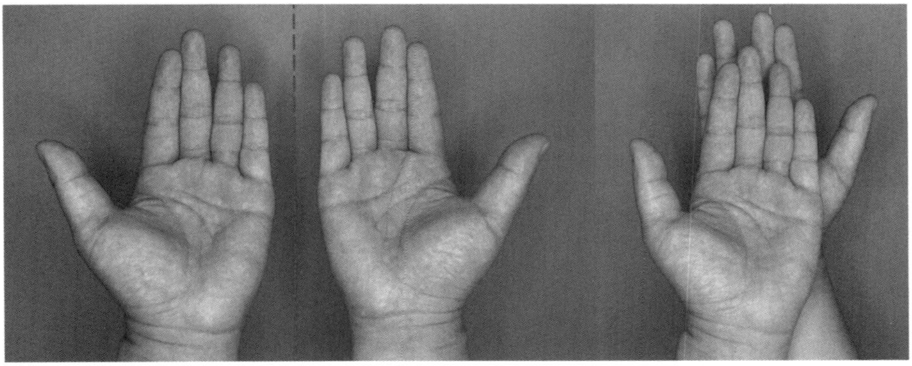

左手　镜子　右手　互为镜像但不能重合

手是手性的——左手与右手互为镜像，但不能重合

图 2-2　手性的定义

这一内容的讲解通常能激发学生的热烈讨论,学生在接受新概念的同时,能很好地举一反三,运用所学知识去分析问题。在尝试总结和描述定义的过程中,较好地体验了科学探索的快乐,增加了学生的学习兴趣和学习动力。

（二）立体化学的创立过程

在自然界,我们能经常看到与自己镜像不能重合的三维物体,即所谓的手性物体。那么这些物体是不是只是宏观上外形不同,而微观上即分子层面上其实组成是一样的呢？除了外形有所不同外,还有什么性质是不同的呢？还有"手性"这一概念是如何发现和发展至今的呢？科学发现通常就是"无心插柳柳成荫"。科学家开始没有意识到"手性"的问题,也没有针对性去找手性化合物性质的不同之处。光是人们早期就注意到的物理现象,在充分研究光的性质后人们发现普通光在垂直于传播方向会有一个振动面,如果选用一个特殊的光栅(偏振片,如 Nicol 棱晶,这种光栅只允许某个振动方向的光透过)过滤,就会得到平面偏振光。在获得平面偏振光并研究其性质时,科学家发现了一个奇怪的现象,就是大多数物质的溶液不会改变平面偏振光的振动方向,但有些化合物的溶液就会使平面偏振光的振动方向发生改变。科学家把这种性质称为物质的旋光性,把能使平面偏振光发生旋转的物质称为旋光性物质或光学活性物质，并规定了让偏振光向右旋（+）为右旋体（dextrorotatory），让偏振光向左旋（—）为左旋体（levorotatory）。旋光性物质使偏振光振动平面旋转的角度称为旋光度，通常用 α 表示。随后，将排除了其他影响因素，只与物质的结构有关的旋光度称为比旋光度。至此，科学家也只是发现了光学活性物质以及它们特殊的旋转偏振光的物理性质，这一特殊性质的物理本质并不清楚，更没有跟“手性”这一概念有任何关联。

实现突破的是法国科学家路易斯·巴斯德（Louis Pasteur，1822—1895）。巴斯德是著名微生物学家、化学家。1847 年，刚获得博士学位的巴斯德成为巴黎高等师范学院的一名青年教师，担任实验室助手，主要从事化学结晶体形态和结构的研究。当时法国葡萄酒酿造十分盛行。人们发现酒桶底部的酒石结晶酸化后形成的酒石酸有旋光性质，而从这种结晶的母液中偶然制备出了另一种酒石酸却没有旋光现象。而两种物质除了旋光性不同以外，组成与化学性质完全一样，这成了当时化学界的不解之谜。这个现象引起了巴斯德的浓厚兴趣，他用相应的铵钠盐作为研究对象，试图破解这个谜题。1848 年，26 岁的巴斯德在用显微镜观测酒石酸铵钠盐时发现了一个奇特现象：酒石酸铵钠盐的结晶都是不对称的。他提出，构成消旋的铵钠盐晶体的两种酒石酸铵钠盐分子是互为镜像的，正像这两种晶体本身一样。巴斯德的这个发现证实了旋光异构现象，对立体化学的发展产生了深远影响。

尽管有了如此巨大的进步，但仍然不能解释两种酒石酸铵钠盐分子在结构上有什么不同而造成旋光方向相反但其他化学性质相同。直到 1874 年，荷兰物理化学家雅可比·亨利克·范特霍夫（Jacobus Henricus Van't Hoff，1852—1911）经过严谨思考，大胆提出了碳的四面体模型，并认为这是分子非对称性和旋光的起因，认为物质的光学活性现象是分子非对称性的象征。正是碳的四面体立体模型的提出，很好地解释了手性异构体相互之间的差别，标志着立体化学这一学科分支的创立。范特霍夫也因此获得了第一届诺贝尔化学奖。

立体化学的创立过程是科学发现和科研创新的范例。这一内容的讲解通常能激发学生的热烈讨论，学生在接受新概念的同时，能很好地举一反三，运用所学知识去分析问题。在尝试总结和描述定义的过程中，学生亦可体验探索科学的快乐，增加了学习兴趣和学习动力。

（三）立体化学的重要应用——不对称催化

1. 不对称催化的重要性

现在我们知道，一个手性化合物有一个跟它互为镜像的异构体，就像我们的左手和右手。

这两个异构体除了前面所说的旋光方向相反之外，还有什么性质会不一样呢？在一般的条件下，它们的性质一般会一样，但在特殊的环境下，如果在手性的环境中，它们就会表现出不同。当然，人们一开始并没有这样的认识，而是经历了一个惨痛的教训，这就是在医药发展史上很著名的“反应停”事件。

20 世纪 50 年代，西方国家发明了一种叫“反应停”的药。这个药可以缓解孕妇怀孕早期比如恶心、呕吐等妊娠不良反应，治疗效果很好。但这个药上市不久之后就发现有大量畸形儿出现，这些畸形儿四肢发育不全，手臂和腿很短，被称为“海豹肢”，这些可怜的小孩也被称为“海豹宝宝”。科学家研究发现，反应停的有效成分沙利度胺其实是一个手性分子，它包含有两种手性异构体。进一步研究发现，沙利度胺只有一种异构体（R 构型）对治疗妊娠反应有效，另外一种异构体（S 构型）其实有毒害作用，可造成胎儿畸形。而制药时并没有把这两种异构体分开，孕妇吃下去之后在缓解妊娠反应的同时，也会造成胎儿畸形。澳大利亚的尼克·胡哲（Nick Vujicic），他就是一位“海豹宝宝”。他并没有自暴自弃，而是活得比普通人更加精彩。同学们有兴趣可以去看看他的事迹，从中汲取力量。

通过这一事件，科学家才认识到我们人体在细胞层面就是一个手性环境，药物的手性异构体会起完全不一样的作用。此后，凡是药物有手性异构体，都要研究异构体的病理、毒理数据。也因为这一事件，人们更加认识到合成手性化合物的重要意义。用一般的合成方法只能得到一对异构体，怎么才能选择性地得到一种手性异构体？科学家的思路是为反应提供一个手性的催化环境，即制备手性催化剂实现不对称催化。正因为在不对称催化方面的杰出贡献，2001 年诺贝尔化学奖颁给了诺尔斯、野依良治、夏普莱斯三位科学家。值得一提的是，夏普莱斯教授现在是上海有机所的兼职教授，每年都会来上海亲自指导学生。

2. 中国科学家在手性催化剂研制方面的代表性成果

我国科学家在不对称催化领域，特别是高效手性催化剂的设计与应用方面取得了突出的成就。我们在课堂上简单介绍三位有代表性的科学家和他们的成果。

第一位是四川大学的冯小明院士。冯老师针对不对称合成中发展新型优势手性催化剂、新反应和新策略等核心问题，进行了系统深入的研究。他以廉价易得的氨基酸为原料，设计合成多种新型手性配体和催化剂，获得了具有原创性和特色的优势手性催化剂，其中手性双氮氧化合物被称为“冯氏配体”面向全世界销售，实现了60多类重要不对称反应。如第一例不对称催化α-取代重氮酯与醛的反应，被国外人名反应专著冠名为Roskamp-Feng反应，为一些重要生理活性手性化合物的合成提供了有效方法。

南开大学的周其林院士提出了“刚性骨架提高催化剂手性诱导能力和稳定性”的设计思想，发现了一类全新结构的刚性手性螺环骨架，基于这一刚性骨架结构设计合成了系列手性螺环催化剂。手性螺环催化剂在许多不对称合成反应中都表现出了优异的催化活性和对映选择性，并在手性药物工业生产上得到了实际应用。拓展了不对称催化领域。通过发展手性螺环催化剂，使多个不对称催化反应由不可能变成可能。通过增加催化剂骨架刚性和稳定性，显著提高了手性催化剂的催化效率，特别是超高效的手性螺环铱催化剂在酮的不对称催化反应中的转化数达到450万，成为迄今为止最高效的手性分子催化剂，也超越了大多数酶。

上海交通大学的丁奎岭院士长期致力手性配体的设计、高效合成以及在不对称催化反应中的应用研究。他设计并实现了光学活性环己烷稠合螺二氢茚骨架的高效、催化不对称合成，并在此基础上发展了相应的系列螺环骨架手性双膦配体SKP。该配体的合成方法简单高效，可以数十克的规模在实验室方便制备。目前，SKP系列配体已在多种金属催化的众多不对称反应中表现出优秀的催化活性和立体选择性，在国际上获得了广泛的应用，成为科研成果“既上书架，又上货架”的典型代表。

立体化学的相关知识是有机化学这门课程中的重点和难点。而其中的不对称催化与我们的生活息息相关，并取得了长足的发展。我们发现手性无处不在，像不对称催化这样的精准合成为人类创造了美好生活。青年学生现在正处于中国特色社会主义的新时代，青年学生是实现中华民族伟大复兴和第二个百年奋斗目标的中坚力量。科学发展无止境，中国的科技水平和创新能力将在青年学生的推动下，继续突飞猛进发展。希望青年学生们既学好专业知识，又树立崇高理想，培养良好的道德情操；将来无论在哪个工作岗位上，都能很好地贡献自己的力量。

六、课外思考题

1. 请分别举出现实生活中三个手性物体和非手性物体。

2. 查阅资料，找出手性化合物对人们生活的贡献或影响。

3. 查阅近期发表在期刊上的有关不对称催化的专业文献（优先考虑中国科学家发表的文章），并讨论其中的创新点。

七、教学评价

除了常规的随堂测试、课后作业等评价手段外，本章节教学评价更加侧重对学生的过程性评价，主要包括：

1. 课前，要求学生寻找日常生活中的手性元素、手性对我们生活的影响等趣味性知识，并在教师讲授知识前交流讨论。教师根据学生的参与度进行记录，纳入平时成绩考核。

2. 课堂中，教师对学生的课程参与度、回答问题的准确性等方面进行记录，计入平时成绩。

3. 课后，给学生布置适当的发散性学习任务，比如运用文献课学到的方法，检索不对称催化领域的最新进展，查找某类常见手性药物的合成路线及路线优化历程等。教师根据学生提交的作业，予以针对性的指导，鼓励学生改进内容和持续关注相关研究进展。

整体来说，通过对学生学习的过程性评价，全面了解学生对专业知识的理解程度，掌握课程思政对学生培养的综合效果。在培养学生综合素养的同时，也为教师不断改进教学方式、提高教学本领提供参考依据。

爱国敬业 科学精神

——多电子原子的能级和核外电子排布教学中蕴含的课程思政

吴惠霞

▶ **课程名称** 无机化学

▶ **课程性质** 专业主干课程

▶ **专　　业** 化学(师范)

▶ **授课对象** 化学(师范)专业一年级学生

▶ **教师简介** 吴惠霞,上海师范大学化学与材料科学学院教授;主要从事纳米复合材料的制备及应用研究;主讲课程有“无机化学”“高等无机化学”等;获得上海市教学成果奖二等奖、上海市自然科学奖三等奖、上海市研究生优秀学位论文指导教师奖等多项奖项,在*Adv. Funct. Mater.*、*Biomaterials*、*Carbon* 等学术期刊上发表论文 60 余篇,获授权专利十多项。

▶ **课程简介** “无机化学”是上海师范大学化学与材料科学学院化学(师范)专业本科生第一门重要的基础必修课程(学位课)。本课程的主要内容包括化学反应原理、物质结构基础和元素化学三大模块。要求学生掌握化学反应基本原理、近代物质结构理论的基础知识以及重要元素及其化合物的主要性质等。通过本课程学习,学生在已学过的高中化学基础上,可以学习和掌握无机化学的基本原理、基本知识和基本技能,培养严谨的科学态度和分析问题、解决问题的能力，为学习后续课程以及将来从事化学教学和应用化学等领域的各项工作打下扎实的基础。具体的课程目标包括：

1. 掌握化学热力学和动力学、化学平衡、氧化还原、元素周期律、近代物质结构理论等基本原理的基础知识，掌握重要元素、离子、化合物的主要性质、鉴定、结构、用途等，打下坚实的无机化学基础；

2. 培养学生对一般无机化学问题进行理论分析和计算的能力，使学生在科学思维能力上得到训练和提高，培养学生的自主学习能力和创新意识；

3. 通过课堂和课外活动，锻炼学生的沟通、合作能力。

▶ 课程蕴含的思政元素分析

1. 讲述科学家先进事迹，厚植爱国主义情怀

“科学无国界，但科学家有自己的祖国。”爱国主义是中华民族的灵魂，是社会主义核心价值观的重要组成部分。习近平总书记指出，具有强烈的爱国情怀是对我国科技人员第一位的要求。在无机化学教学中，结合相关知识点适时讲述我国科学家投身民族振兴的先进事迹，让学生学习我国科学家无私奉献、报效祖国的崇高精神，增强民族自豪感和民族自信心，潜移默化地增强学生的爱国主义精神。例如，在讲解 Pauling 近似能级图时，引入我国著名化学家徐光宪先生提出的“$n+0.7l$”规则，同时介绍徐先生的重要学术成就和奉献祖国的光辉历程；在讲解碱金属氢氧化物时，介绍我国杰出化学家侯德榜先生，侯先生通过自己的刻苦努力，创造了“侯氏制碱法”，从而在世界的制碱业中占有一席之位，成为近代化学工业的奠基人之一。

2. 挖掘科学研究实例，培养学生科学精神

科学精神是科学的灵魂，是以求实和创新为核心诉求，是引领和推动科学研究不断创新的正能量。科学精神也是中华民族精神的重要组成部分，其内涵既包括锲而不舍的执着与坚持，也包括继承与创新。化学是一门自然科学，我国的化学发展需要一批又一批孜孜不倦、精益求精的科学工作者，如何培养学生坚韧不拔的科学精神尤为重要。教师在教学过程中可以将国内外优秀化学家的感人事迹和奋斗历程穿插在各个知识点中，用这些科学家身上所具备的艰苦奋斗精神和科学求真的品质感染和熏陶学生。在讲到原子结构或理想气体时，可以介绍近代原子理论的提出者和气体分压定律的创立者

道尔顿。道尔顿热爱科学，把毕生精力都献给科学事业，而且他在生活穷困的条件下还能坚持从事科学研究，并取得巨大的成就。再比如在学习元素周期表时，可以介绍法国科学家居里夫人。居里夫人与丈夫皮埃尔·居里在极其困难的条件下，对沥青铀矿进行分离和分析，终于成功发现两种新元素钋和镭。科学精神的内涵是十分丰富的，我们除了注重艰苦奋斗精神的教育，更要重视批判质疑精神的培养，因为批判质疑是科学精神的精髓，是科学研究和科学创新的原动力。例如，在讨论酸碱理论时，可以介绍阿仑尼乌斯(Arrhenius)电离理论提出的历程，说明该理论就是大胆猜测和小心论证的结果。在讲解核外电子排布时，可以引导学生自行发现不符合构造原理的元素并尝试解释。目前元素周期表第七周期已经填满，第八周期元素如果被发现，它们的核外电子还是按照原来的基本规则填充吗？诸如这些问题，可以引导学生自主查找资料，积极思考和参与讨论，这有利于培养他们的科学探索和创新精神。

3. 展示我国化学工业前沿领域，增强学生理想信念

新中国成立以来，我国化学工业经历了从无到有、从小到大、从弱到强的艰辛历程，目前在很多重要的前沿领域已取得了举世瞩目的成就，充分证明了中国特色社会主义道路的正确性。在教学过程中，结合相关理论或知识点，介绍我国化学工业的发展历程，展示重要前沿领域，教育学生树立正确的价值观，增强学生对我国化学工业的自信心，引导学生坚定对中国特色社会主义事业的道路自信、理论自信、制度自信和文化自信。例如，在讲解催化剂时，介绍我国自主研发的新型催化剂打破了西方的垄断，形成具有我国自主知识产权的生产技术。在卤族元素的教学过程中，介绍我国氯碱工业的发展现状和取得成就。在讨论铁、钴、镍元素及其化合物时，引入超导材料，讲述2008年铁基超导发现后我国科学家一直走在铁基高温超导研究的最前沿，不断取得重要成果。通过无缝对接相关知识点，介绍近年来我国在世界科技舞台留下的一系列浓墨重彩的中国印记，润物细无声地增强学生理想信念。

4. 重视生态文明教育，树立绿色发展理念

习近平总书记十分重视生态环境保护。党的十八大以来，习近平总书记一直强调要“算大账、算长远账、算整体账、算综合账”。他明确指出“绝不能

以牺牲生态环境为代价换取经济的一时发展”，多次提出“绿水青山就是金山银山”。习近平总书记的这些话语生动形象地表达了我们党和政府大力推进生态文明建设的鲜明态度和坚定决心。我们要积极响应党中央的号召，以“绿水青山就是金山银山”的发展理念和习近平生态文明思想经典论述为切入点，将绿色化学的理念渗入到具体的知识点教学中，增强学生的环境保护意识和生态文明理念。教学过程中穿插环境保护与污染防治的典型事例，可以使学生深刻认识环境污染的严重后果和环境保护的重要性。例如，在讲授“氧化还原反应”中的电化学电池时，可引入关于废旧电池的处理、新型环保型电池的开发等相关内容。讲授“氧族元素与氮族元素”的内容时，可介绍酸雨的形成过程及其危害，也可以介绍光化学烟雾污染公害事件，引导学生在将来的科学研究或化工生产中避免排放这些污染物。讲授过渡金属元素性质时，可以举例说明汞、镉、铅等重金属如果对环境造成污染，会对人类的健康和生命安全产生严重的危害。

▶ 教案设计

一、教学目标

（一）知识目标

1. 掌握 Pauling 近似能级图，了解屏蔽效应和钻穿效应；

2. 掌握基态原子的核外电子排布原则；

3. 掌握原子序数 1～88 号元素基态原子的核外电子排布。

（二）能力目标

要求学生能够根据 Pauling 近似能级图和基态原子的核外电子排布原则，参考构造原理图，推出多电子基态原子的核外电子排布式，并且能理解核外电子排布的规律性。

（三）价值目标

1. 培养大学生唯物主义思想和科学的思辨方法，增加对科学的信仰和真理的追求；

2. 激发大学生的爱国热情，增强学生的民族自尊心、自信心和自豪感。

二、教学内容分析

（一）教学内容

1. 多电子原子轨道能级；

2. 核外电子的排布。

（二）教学重点

1. Pauling 近似能级图；

2. 多电子基态原子的核外电子排布。

（三）教学难点

1. 理解多电子原子的能级分裂和能级交错现象；

2. 多电子基态原子的核外电子填充和核外电子排布式。

（四）教学中的思政结合点

专业知识点	思政元素	方法
Pauling 近似能级图	介绍我国著名化学家徐光宪先生的先进事迹，弘扬爱国敬业精神。	结合徐光宪的 $n+0.7l$ 规则这一知识点，通过短视频和图片介绍徐光宪先生。
基态原子的核外电子排布	探究精神和科学思维。	采用多媒体课件结合板书讲解核外电子排布与构造原理，通过适时提问和讨论等方式，引导学生积极思考和练习，培养他们的探究精神和科学思维；鼓励学生根据所学知识点对第八周期元素核外电子排布进行预测，进一步激发学生的科学探究意识。
	批判质疑精神和辩证思维。	鼓励学生自主查找资料，结合课堂探讨违背“构造原理”的特例，加深对知识点的理解，培养批判质疑精神和辩证思维。

三、教学对象分析

“无机化学”课程是化学（师范）专业的第一门重要专业基础课程，贯穿了大学一年级两个学期。大学一年级是完成从中学到大学转折的重要时期，这个时期大学生思想可塑性大，易受各种思潮的影响。抓好这一时期的教育引导工作，特别是思想政治教育，能帮助他们树立正确的世界观、人生观和价值观，会使学生终身受益。2016 年 12 月，习近平总书记在全国高校思想政治工作会议上指出，高校立身之本在于立德树人。要坚持把立德树人作为中心环节，把思想政治工作贯穿教育教学全过程，实现全程育人、全方位育人。高校在充分发挥思想政治理论课育人主渠道作用的同时，专业课教学的育人作用也要充分发挥。在专业课授课的同时，应该挖掘课程中所蕴含的思政元素，将思政理念有机地渗透到课程教学中，使学生在掌握专业知识和理论的同时提高思想政治素质，实现立德树人润物无声。无机化学是化学专业开设的第一门基础专业课程，蕴含着丰富的思想政治教育元素，可以发挥辅助思想政治教育功能。

四、教学手段与方法

1. 多媒体与板书教学有机结合。图文并茂的多媒体课件直观易懂，清晰醒目，能激发学生学习的兴趣。在讲解过程中适当使用板书，能够促进学生对知识点的理解和灵活运用；

2. 教学过程中穿插启发式提问和课堂讨论，提高学生课堂教学参与度，鼓励学生勤思考，调动学生的学习积极性，挖掘他们的潜能。

五、教学过程

（一） 多电子原子轨道能级

导入：用薛定谔方程可精确解出氢原子或类氢原子电子的轨道能量，但是对于多电子原子系统，其轨道能量用薛定谔方程难以得到精确的解。那么多电子原子轨道能量如何求得？

教学主要内容：

1. Pauling 近似能级图

（1） Pauling 近似能级图

多电子原子轨道只能用光谱实验的数据，经过理论分析得到。

多媒体课件展示 Pauling 近似能级图（图 3－1），引导学生仔细观察近似能级图。

提问：近似能级图分为哪几个能级组？为什么不是同一个电子层的轨道

放在一个能级组？通过提问引入了能级分裂和能级交错。

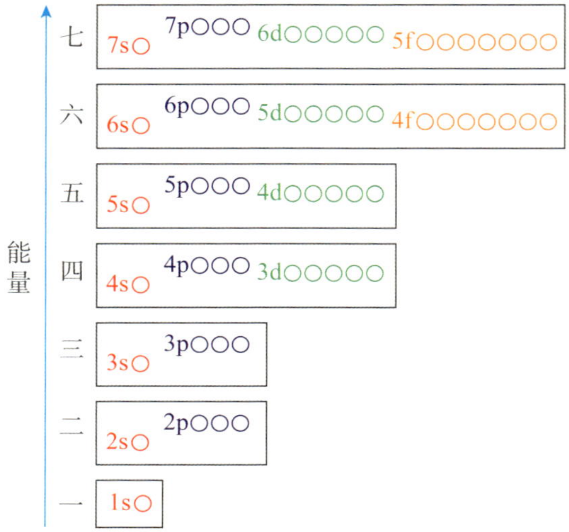

图 3-1　Pauling 近似能级图

（2）徐光宪 $n+0.7l$ 规则

多媒体课件展示徐光宪 $n+0.7l$ 规则，并结合板书举例计算轨道能级，帮助学生理解近似能级图。

例如：第四能级组

	$4s<3d<4p$			
$n+0.7l$	4.0	4.4	4.7	
	第六能级组			
	$6s<4f<5d<6p$			
$n+7l$	6.0	6.1	6.4	6.7

课程思政　介绍我国著名化学家徐光宪先生的先进事迹。徐先生是我国著名的化学家，他在量子化学、化学键理论、配位化学、萃取化学、稀土化学等多个研究领域做出了卓越贡献。徐先生说"留学是为了报效祖国"，他在新中国成立后毅然和夫人高小霞先生回国报效。徐先生还说"我属于'举重若重'的一类人"，他挚爱一生的教书和科研，是一切的"重中之重"。

借用徐先生常说的一句话“未来需要你们年轻人负担起来”来增强学生的使命感。

图 3-2　徐光宪先生和夫人高小霞先生

2. Cotton 原子轨道能级图

多媒体课件展示 Cotton 原子轨道能级图（图 3-3）。

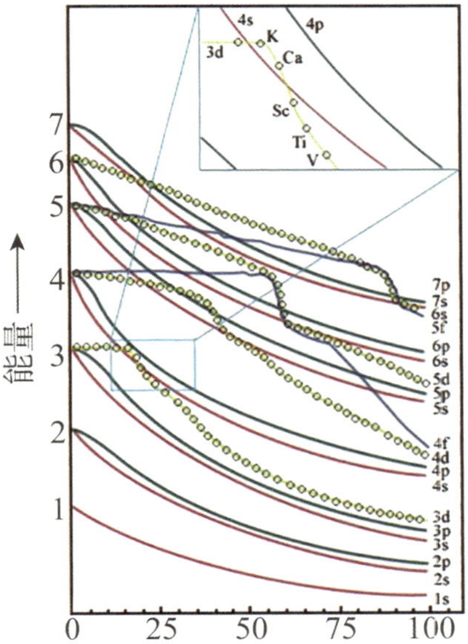

图 3-3　Cotton 原子轨道能级图

提问：Cotton 原子轨道能级图有哪些特点？

讨论 Pauling 近似能级图和 Cotton 原子轨道能级图的区别。

3. 屏蔽效应

以 He 离子(仅含一个电子)和中性氦原子(仅含两个电子,最简单的多电子原子)为例,引入屏蔽效应概念,引导学生理解屏蔽效应(图 3 - 4)。展示多电子原子的轨道能级公式,介绍有效核电荷和屏蔽常数。

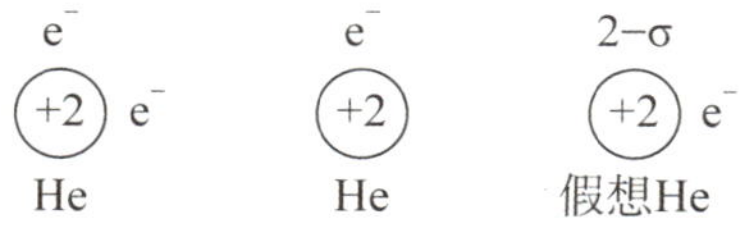

图 3 - 4　屏蔽效应

结合板书,举例计算有效核电荷。并引导学生通过计算来验证近似能级图和解释能级分裂和能级交错。

4. 钻穿效应

以钠原子轨道的径向分布(多媒体课件展示)为例,引入钻穿效应概念(图 3 - 5)。不急于给出答案,通过提问和讨论方式,引导学生利用钻穿效应解释能级分裂和能级交错。

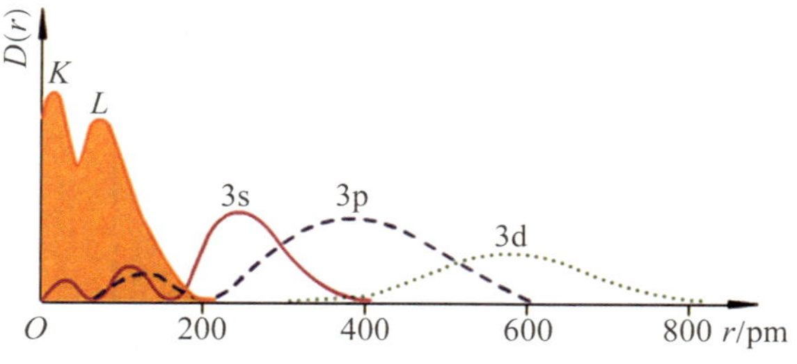

图 3 - 5　钻穿效应

讨论屏蔽效应和钻穿效应各有何特点和优势?如何用屏蔽效应和钻穿效应合理解释能级分裂和能级交错?

5. 小结和布置作业

对这节课的主要内容即多电子原子的能级进行总结,强调轨道能级是核外电子排布的基础。作业安排:

(1) 检索原子轨道能级相关理论发展历史资料,加深对原子轨道的能级分裂和能级交错以及屏蔽效应和钻穿效应的理解。

(2) 完成课后相关作业。

（二）核外电子的排布

导入：前一节讨论了多电子原子轨道能级，那么基态多电子原子的核外电子是如何填充在各个原子轨道上的？

教学主要内容：

1. 基态原子的核外电子排布原则

以提问方式回顾学生中学期间学过的基态原子的核外电子排布规则。

多媒体课件分别展示和举例讲解三个排布原则：能量最低原理、Pauling 不相容原理和 Hund 规则。

举例进行课堂讨论，加深学生对三个排布原则的理解。

（1）能量最低原理：电子在原子轨道中的排布，要尽可能使整个原子系统能量最低。

（2）Pauli 不相容原理：同一原子轨道中最多容纳两个自旋方式相反的电子。

（3）Hund 规则：在 n 和 l 都相同的轨道上分布的电子，将尽可能分占 m 值不同的轨道，且自旋平行。

2. 基态原子的核外电子排布

用原子轨道图示法举例讨论原子序数 30 以内基态原子的核外电子填充顺序，引导学生根据原子的电子排布图写出核外电子排布式（图 3－6）。讲解核外电子排布式的表示方法和书写注意事项。

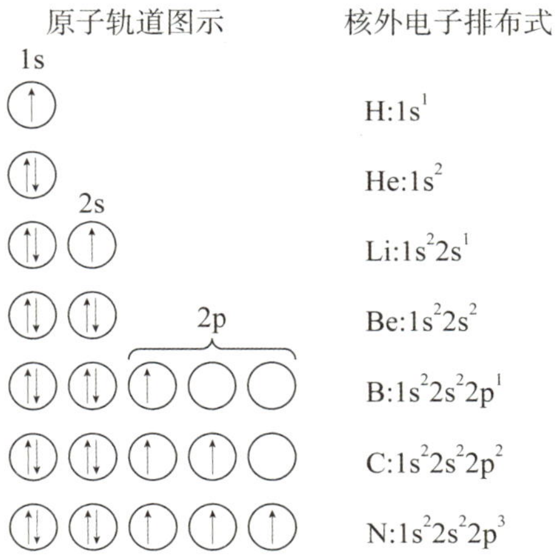

图 3－6　原子轨道图示与核外电子排布式

N：$1s^2 2s^2 2p^3$ 或[He]$2s^2 2p^3$；

$Z=24$，Cr：$1s^2 2s^2 2p^6 3s^2 3p^6 3d^5 4s^1$ 或[Ar]$3d^5 4s^1$；

$Z=29$，Cu：[Ar]$3d^{10} 4s^1$。

[He]、[Ar]——原子芯。

半满、全满规则
- 半满：p^3，d^5，f^7；
- 全满：p^6，d^{10}；f^{14}；
- 全空：p^0，d^0，f^0。

提问：原子序数大的元素的基态原子核外电子如何填充？由此讨论构造原理和用多媒体课件展示构造原理图（图 3－7）。引导学生参考构造原理图写出原子序数大的元素的基态原子核外电子排布式和价电子排布式。

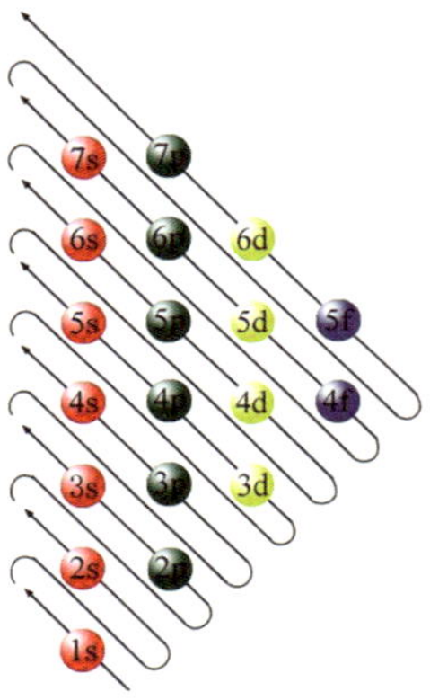

图 3－7　构造原理图

$Z=11$，Na：$1s^2 2s^2 2p^6 3s^1$ 或[Ne]$3s^1$；

$Z=20$，Ca：$1s^2 2s^2 2p^6 3s^2 3p^6 4s^2$ 或[Ar]$4s^2$；

$Z=49$，In：[Kr]$4d^{10} 5s^2 5p^1$；

$Z=57$，La：[Xe]$5d^1 6s^2$。

课堂练习：给出几个原子序数，要求学生正确写出基态原子核外电子排布式和价电子排布式。

注意：根据构造原理写好电子的填充顺序后，要按照电子层和亚层的顺序写出核外电子排布式。

引导学生观察元素周期表，找出不符合构造原理图的元素，猜测原子核外的电子排布违背“构造原理”的可能原因。

目前元素周期表第七周期已经填满，第八周期元素如果被发现，它们的核外电子还是按照原来的基本规则填充吗？引导学生查找资料，思考这个问题。

课程思政　通过课堂讲解和讨论核外电子排布与构造原理，引导学生积极思考和练习，培养学生探究精神和科学思维。通过探讨违背构造原理的特例，培养学生的批判质疑精神和辩证思维。通过对第八周期元素核外电子排布的预测，进一步激发学生的科学探究意识。

3. 小结和布置作业

对这节课主要讨论的基态原子的核外电子排布进行总结，强调三个排布原则和核外电子排布式的书写。作业安排：

（1）完成课后相关作业。

（2）检索基态原子核外电子填充相关理论发展的历史资料，查找违背构造原理的特例的可能原因，加深对这节课的理解。

六、教学效果分析

多电子原子的轨道能级比较抽象，比单电子的氢原子轨道能级要复杂得多。在介绍近似能级图时引入徐光宪先生提出的 $n+0.7l$ 规则，能够帮助学生理解近似能级图。在讨论核外电子排布时引入构造原理图，能够方便学生加深对核外电子排布的理解和掌握核外电子排布式的书写。在教学中穿插提问和讨论，优化课堂教学结构，可以让学生积极思考，而不是被动地接受，有利于让学生取得良好的学习效果。只有经过思考，才能加深印象，更好地理解所学的知识。同时也教育学生，学习知识既要知其然，也要知其所以然。在课堂讲解和讨论过程中，结合相关知识点，有意识地培养学生科学探究精神和辩证思维。适时介绍徐光宪先生的先进事迹和伟大贡献，勉励学生努力学好专业本领，为社会主义祖国的发展添砖加瓦，为实现中华民族伟大复兴的中国梦而努力奋斗。

科学之花　芳香袭人

——在芳香烃教学中培养科学素养的实践探索

肖海波

▶ **课程名称**　有机化学

▶ **课程性质**　专业主干课程

▶ **专　　业**　化学(师范)

▶ **授课对象**　化学(师范)专业二年级学生

▶ **教师简介**　肖海波,上海师范大学化学与材料科学学院副教授、硕士生导师;主要从事有机光电功能材料的设计合成及性能研究;主讲课程有"有机化学""有机化学实验""有机合成化学(研究生课程)"等;多次获得上海市教学成果奖、上海师范大学教学成果奖、上海师范大学优秀教学奖,获上海师范大学优秀教育工作者、本科生优秀毕业论文指导教师、先进工作者、党员先锋岗、记大功等荣誉;以唯一通讯作者身份在 *Org. Lett.*、*J. Mater. Chem. C*、*Sens. Actuators B-Chem.*等 SCI 期刊上发表论文 30 余篇,获授权专利 8 项。

▶ **课程简介**　"有机化学"是化学专业的四大化学基础课程,是化学教育专业的主干课程。

课程内容主要包括:各类有机化合物的命名,包括普通命名法、系统命名法和 IUPAC 命名法等;各类有机化合物的构造,包括顺反异构、对映异构,以及开链烷烃和环己烷等的构象；各类有机物的物理性质和光谱特性（主要是紫外光谱、IR和^{1}HNMR）；各类有机物的化学反应，包括亲核取代反应、亲电取代反应，亲核加成反应、亲电加成反应，游离基取代反应和一些重要的缩合反应的反应历程和影响因素；各类有机物的制备方法；各类有机化合物的重要代表物的性质及用途；分子重排反应和周环反应等。

通过本课程学习，学生可以了解有机化学的研究领域，掌握有机化合物的结构、性质、应用，以及研究这些结构与性质的基本理论和方法。在教学过程中，重点培养学生分析解决问题的能力，拓宽学生的知识视野，培养学生的科学素养。

该课程的学习，为今后学习和深化与有机化学有关的知识和相关后续课程打下扎实的基础；能胜任高中有机化学的教学任务；能较好地适应精细化工、有机化学、医药和农药等方面的研究机构和企业的工作要求。

▶ 课程蕴含的思政元素分析　本课程试图将有机化学的教学与思想政治教育有机地结合起来。有机化合物的来源、结构、性质、制备及应用，处处体现着现象与本质、内因与外因、量变到质变、具体问题具体分析、对立统一等辩证唯物主义思想；著名化学家的故事、有机化学发展史、经典的人名反应等能够激发学生的爱国情怀，有利于培养学生的科学奉献精神和创新意识；在有机合成设计、重要（或常见）有机化合物等教学中，不断渗透绿色化学、环保意识和生态文明观；理论联系实际，介绍有机化学及有机化合物在生产、生活中的运用及各种典型事件……努力发掘有机化学课程中蕴含的思想政治元素，并融入教案和课堂教学的各个环节，运用各种教学方法、手段和载体，把思政教育落到实处，从而培养学生的创新意识，团结协作、科学奉献精神，辩证唯物主义的哲学思想，健康、安全和环保意识，树立社会责任感，塑造健全高尚的人格。

▶ 教案设计

一、教学目标

（一）知识目标

1. 掌握芳香烃（简称芳烃）及其衍生物的命名；

2. 理解苯环的结构特征；

3. 掌握苯及其同系物的化学性质；

4. 了解苯环上亲电取代反应历程，能熟练应用取代基定位规律；

5. 了解芳烃的制备和来源。

（二）能力目标

1. 能够运用所学的有机化学理论理解苯的结构与性质的关系；

2. 能够写出芳烃发生亲电取代反应的机理；

3. 能熟练应用取代基定位规律进行有机合成设计；

4. 能够设计简单苯系化合物的鉴别和检验方法。

（三）价值目标

1. 了解科学探究的常用思路和方法；

2. 培养探究和创新精神；

3. 运用辩证唯物主义观点（比如内因与外因、现象与本质的辩证关系等）分析问题、解决问题。

二、教学内容分析

（一）教学内容

1. 苯的结构；

2. 芳烃的异构现象和命名；

3. 单环芳烃的性质；

4. 苯环的亲电取代定位效应；

5. 多环芳烃；

6. 非苯系芳烃；

7. 几种重要的单环芳烃。

（二）教学重点

1. 亲电取代反应；

2. 取代基的定位效应。

（三）教学难点

1. 对芳香性的理解；

2. 对取代基的定位效应的判断和应用。

（四）教学中的思政结合点

专业知识点	思政元素	方法
苯结构的确定	科学探究的常用思路和方法。	学生讲解法。课前布置学生查找有关资料，制作PPT；课堂上由学生介绍苯结构的确定历程；教师总结苯结构确定经过初建模型—评价模型—修正模型—确认模型四个阶段。
苯结构表达的符号	发现自然的奥秘是循序渐进的、逐步深入的。	案例法。介绍历史上科学家们提出的各种有关苯结构的假设；目前文献和书刊中常见的苯的表达式及它们的优缺点。
苯的分子轨道理论	培养学生举一反三、知识迁移以及自主学习、自我发现知识的能力。	讲解法、讨论法。要求学生根据前面学过的1,3-丁二烯的 π 电子分子轨道图形推导出苯的6个 π 分子轨道图形。
休克尔规则	现象取决于本质或结构决定性质；培养学生自主学习、解决问题的能力。	讲解法、讨论法。教材中只介绍了休克尔规则，而没有对该规则给出解释。引导学生利用分子轨道理论来解释休克尔规则。
苯及同系物的沸点、熔点	结构对性质的影响（现象取决于本质）。	举例法、归纳总结法。苯及同系物的沸点、熔点随着相对分子质量的增加及结构的规整性而呈现一定的变化规律。
苯的卤代反应历程	运用辩证唯物主义观点分析问题：现象取决于本质或结构决定性质；使学生得到一般科学方法的进一步训练和逻辑思维能力的培养，增强学生结合具体条件分析问题和运用理论解决问题的能力。	讨论法。比较烯烃卤代、苯卤代反应的历程；比较苯卤代的两种可能产物5,6-二溴-1,3-环己二烯（氢化热约226 kJ）和溴苯（氢化热约208 kJ）的稳定性。根据以上两点推导出苯易发生亲电取代，而不易发生亲电加成反应的结论。
烷基苯的卤代	运用辩证唯物主义观点分析问题：外因的影响。	举例法。甲苯与氯反应，在氯化铁催化下，生成邻氯甲苯和对氯甲苯；在光照或加热条件下，生成苄基氯。

（续表）

专业知识点	思政元素	方法
亲电取代反应定位规则	化学反应都是向着最稳定的方向进行；定位规律的认识，使学生更好地运用唯物主义科学世界观解决问题。	举例法、讨论法。定位规律的应用，比如预测反应产物：当苯环上已有两个取代基时，第三个取代基应进入什么位置？举例讲解、讨论。
付-克烷基化反应	培养学生解决问题、自主学习及自我发现知识的能力。	举例法、讨论法、自主学习法。在介绍付-克烷基化反应中烷基化试剂也可是烯烃或醇等知识点后创设问题情境，引导学生将所学知识运用到实际的科研实践中；以教师的科研课题为例，如何解释这一意外结果？引导学生运用付-克烷基化及硝化反应的机理对实验过程中的意外结果进行合理解释、阐述。布置课后学习任务：运用文献课学到的方法，检索老师已发表的相关科研论文，从论文中找到老师给予的解释，并把其中关于机理描述的英文段落翻译成中文。

三、教学过程

（一）苯的结构

1. 苯的发现及结构的确定（学生讲解为主，教师进行小结）

课前：布置学生自行查找有关“苯的发现及结构确定”的文献资料。鼓励学生主动报名在课堂上利用 PPT 形式讲解（课前老师指导讲解的学生完善、修改 PPT）。

（1）苯的发现

19 世纪初，英国科学家法拉第从生产煤气的原料中蒸馏得到苯，发现含碳量为 92.3%，称为“氢的重碳化合物”。

（2）提出问题

法国科学家日拉尔确定了苯的相对分子量为 78，根据碳、氢含量以及相对分子量，计算出苯的分子式为 C_6H_6。苯的分子结构是怎样的呢？

（3）结构猜想，初建模型

可能是含有多个不饱和键的链状化合物，比如 1,2,4,5-己四烯，2,4-己二炔等。

（4）收集证据1（设计实验方案）

它不与高锰酸钾水溶液或溴水反应，与冷的浓硫酸也不反应。

（5）分析推理，评价模型

苯分子中没有典型的碳碳双键、叁键等不饱和键。

（6）收集证据2（键长角度）

1860年左右，科学发现苯在铁粉存在下与液溴发生取代反应，并且苯的一溴取代物只有一种结构；

1865年，凯库勒提出闭合链的形式是确定苯分子结构的关键；

1935年，科学家詹斯经X射线衍射法，证实苯分子是平面正六边形，并测得了苯分子中的碳碳键的键长，发现苯分子中的碳碳键的键长介于典型的碳碳双键与碳碳单键之间。

分析推理：苯分子中的碳碳键是特殊的共价键。

（7）收集证据3（能量角度）

比较环已烯、环已二烯、苯的氢化热数据，分析推理：苯分子中不存在典型的碳碳双键，而是一种介于单键和双键之间的独特的键。

（8）收集证据4（谱图角度）

在红外谱图上无典型双键吸收峰。

（9）基于证据2、3、4，修正模型

苯：平面正六边形结构，键角120°，6个碳碳键完全相同，是介于碳碳单键和双键之间的特殊的共价键。

（10）再识结构，确认模型

2013年，加州大学化学家Fischer在*Science*杂志上发表了低聚-（亚苯基-1，2-亚乙炔基）的原子力显微镜照片，看到了苯环的平面正六边形的结构。

课程思政　苯的结构的确定经历了初建模型—评价模型—修正模型—确认模型四个阶段。这也是科学探究的常用思路和方法。

2. 苯结构表达的符号

苯结构表达的符号已讨论了140多年,但仍没满意结果。

科学家们提出了各种有关苯结构的假设。其中比较有代表性的如下:

凯库勒式
1865年

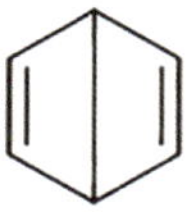

双环结构式
杜瓦(Dewar)
1866年

对位键结构式
克劳斯(Claus)
1869年

棱形结构
拉顿保格
(Ladenburg)
1869年

向心结构式
阿姆斯特朗
(Armstrong)
1887年

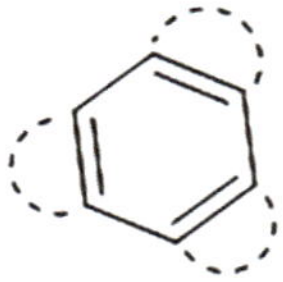

余价结构式
悌勒(Thiele)
1899年

目前文献和书刊中常见的苯的表达式有价键式和离域式两种,如下:

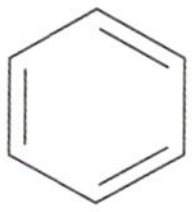

价键式

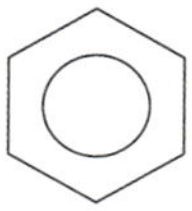

离域式

提问:你愿意选用哪一种符号?它们各有什么优缺点?

价键式的优点是能精确计算π电子数。不足之处是不能解释苯分子内既然有双键,为什么一般情况下不发生加成反应,不能解释苯的邻位二元取代物为什么只有一种等。

离域式的优点是圆圈强调了π电子的离域和电子云的均匀分布,很好地说明了碳碳键长的均等性和苯环的完全对称性。缺点是不能精确计算π电子数。

课程思政　发现自然的奥秘是循序渐进、逐步深入的。一个看似简单的苯分子,它的结构至今我们还不能比较完美地去表达。只有不断学习,不断超越自我,才能破解大自然的奥秘,更好地解决人类面临的挑战。

3. 苯分子结构的价键观点

按照杂化轨道理论，苯分子中六个碳原子均以 sp^2 杂化轨道成键，6 个 p 轨道组成了大 π 键（图 4-1）。

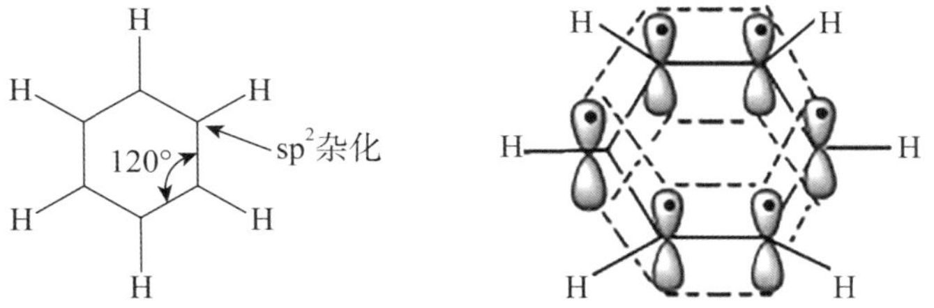

图 4-1　大 π 键

共轭效应的结果：

（1）键长完全平均化，六个 C—C 键等长（0.140 nm），比正常 C—C 单键（0.154 nm）短，比正常C═C双键（0.134 nm）长。

（2）体系能量降低，其氢化热（208.5 $kJ \cdot mol^{-1}$）比环己烯氢化热的三倍低得多（$3 \times 119.3 - 208.5 = 149.4$ $kJ \cdot mol^{-1}$），这 149.4 $kJ \cdot mol^{-1}$ 即为苯的共轭能。

4. 分子轨道理论对苯分子结构的解释及休克尔规则

提问：试写出 1，3-丁二烯的 π 电子分子轨道图形。

然后，要求学生在此基础上，推导出苯的 6 个 π 分子轨道图形（图 4-2）。

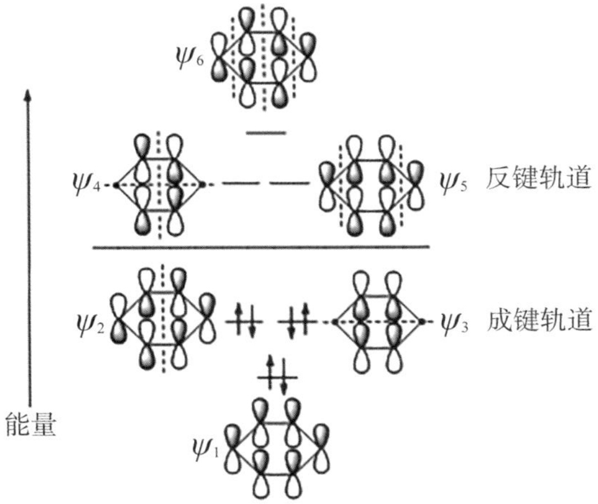

图 4-2　苯的六个 π 分子轨道图形

> 课程思政　培养学生举一反三、知识迁移以及自主学习、自我发现知识的能力。

苯分子中的三个成键轨道被电子填满，共有六个电子，如同惰性气体那样，它们的稳定性都归因于有满层的分子或原子轨道。苯环中的六电子模式，又叫芳香六隅体，使苯具有特殊的性质，即芳香性。

一百多年前，凯库勒就预见到，除了苯外，可能存在其他具有芳香性的环状共轭多烯烃。为了解决这个问题，化学家们做了许多努力，但用共价键理论没有很好地解决这个问题。

1931 年，休克尔（E. Huckel）用简单的分子轨道计算了单环多烯烃的 π 电子能级，从而提出了一个判断芳香性体系的规则，称为休克尔规则。

单环多烯烃要有芳香性，必须满足三个条件：

（1） 成环原子共平面或接近于平面，平面扭转不大于 0.1 nm。

（2） 环状闭合共轭体系。

（3） 环上 π 电子数为 $4n+2$（$n=0$、1、2、3…）。

符合上述三个条件的环状化合物，就有芳香性，这就是休克尔规则。不含苯环，π 电子数为 $4n+2$ 的环状多烯烃，具有芳香性，我们称它们为非苯系芳烃。例如：、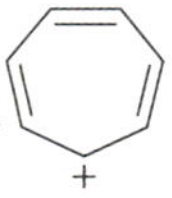、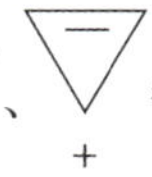等均具有芳香性。

为什么单环共轭多烯烃分子的 π 电子数为 $4n+2$ 时具有芳香性呢？

单环共轭多烯烃或其离子的分子轨道特点是：处于最低能级的分子轨道只有一个，然后能量依次升高的成键轨道和反键轨道或非键轨道则是成对出现的，每一对都是能量相同的简并轨道。对于能量最高的反键轨道，当 p 轨道为单数时，有两个简并的能量最高的反键轨道；当 p 轨道为双数时，则只有一个能量最高的反键轨道。休克尔指出，π 电子对填入上述能级图式时，只有当电子对的总数是奇数（π 电子总数 $=4n+2$，$n=0$、1、2、3…）时，才产生闭壳结构（所有的电子都是成对的）；如果 π 电子对的总数是偶数（π 电子总数 $=4n$，$n=0$、1、2、3…），则最后一对电子将是每一个电子各进入一个简并轨道，自旋平行。图 4－3 分别表示 $4n+2$ 和 $4n$ 个 π 电子的能级填充情况($n=1$)。

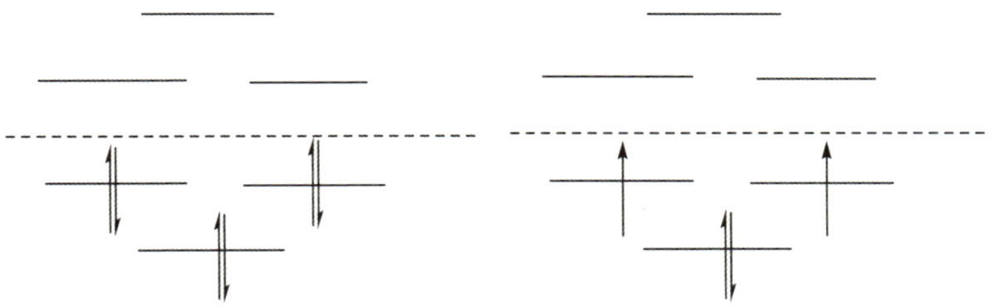

图 4-3　$4n+2$ 和 $4n$ 个 π 电子的能级填充情况

因为开壳分子通常是高度活泼的，所以 $4n$ 个 π 电子的环在化学上不稳定。

课程思政　π 电子数为 $4n+2$ 的来源在于一个闭合体系的成键轨道数常为奇数(即 $2n+1$)，只有当成键轨道都填满了电子(即满足 $4n+2$)，分子才是一个稳定状态，由此可见结构对性质的影响(现象取决于本质)。

(二) 芳烃的异构现象和命名(以学生课堂自学为主，约 5 分钟)

1. 异构现象(略)

(1) 一取代苯的异构。

(2) 二、三取代苯的位置异构。

2. 命名(略)

(1) 一取代苯的命名。

(2) 二取代苯的命名。

(3) 多取代苯的命名。

(4) 芳基的概念。

芳烃分子去掉一个氢原子所剩下的基团称为芳基(Aryl)，用 Ar 表示。重要的芳基有：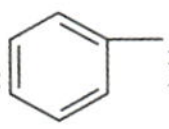苯基，用 Ph 或 Φ 表示；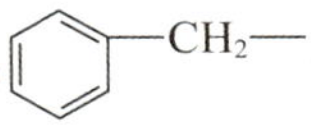苄基(苯甲基)，用 Bz 表示。

(三) 单环芳烃的物理性质

单环芳烃大多为无色液体，相对密度比同碳数的脂肪烃和脂环烃大，为

0.86～0.93，不溶于水，易溶于石油醚、醇、醚等有机溶剂，易燃，燃烧时火焰带有较浓的黑烟，具有一定的毒性，长期吸入它们的蒸气会损坏造血器官和神经系统，因此使用时要切实采取防护措施。

苯及同系物中每增加一个 CH_2 单元，沸点平均升高约 25℃，如苯、甲苯、乙苯、正丙苯和正丁苯的沸点分别为 80.1℃、110.6℃、130℃、159.2℃ 和 183℃。含相同碳数的各种异构体的沸点很接近，如连、偏、均三甲苯的沸点分别为 175℃、168℃、165℃。在同分异构体中，结构对称的异构体具有较高的熔点，如邻、间、对二甲苯的熔点分别为－25℃、－48℃、13℃，可用低温结晶的方法将对二甲苯分离出来。

课程思政　苯及同系物的沸点、熔点随着相对分子质量的增加及结构的规整性而呈现一定的变化规律。由此可见结构对性质的影响(现象取决于本质)。

(四) 单环芳烃的化学性质

苯环含 π 键，本该发生加成反应，却易发生亲电取代反应。

1. 亲电取代反应

(1) 卤代

烯烃的卤代历程(复习)：

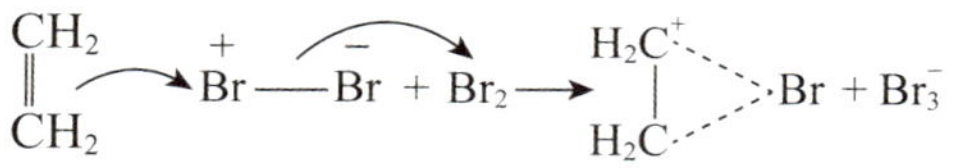

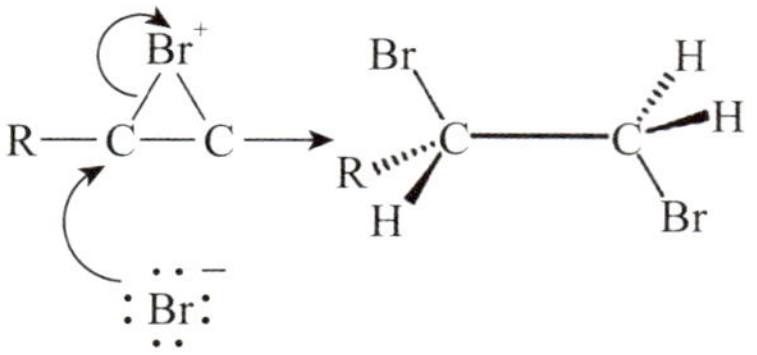

芳烃的卤代历程：

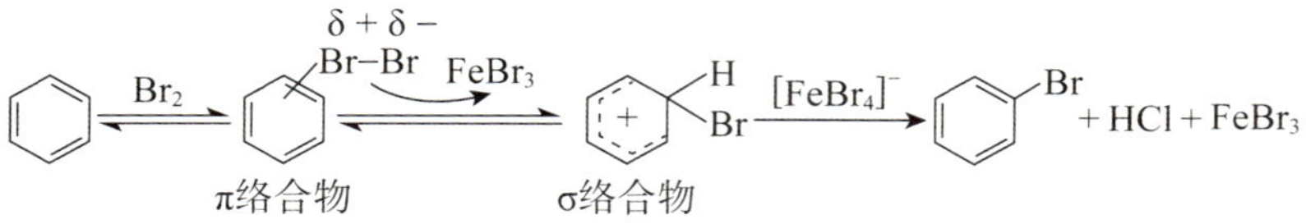

提问：σ络合物为什么不加入一个溴生成 5,6 -二溴- 1,3 -己二烯？

比较 5,6 -二溴- 1,3 -己二烯（氢化热约 226 kJ）和溴苯（氢化热约 208 kJ）的稳定性，由此可知σ络合物通过去氢而恢复大π键，得到更稳定的溴苯产物，而不易发生亲电加成反应。

课程思政　苯和烯烃都有π电子，但苯环中存在一个大π键，导致两者的化学性质不一样，由此可见结构决定性质。

烷基苯的卤代：

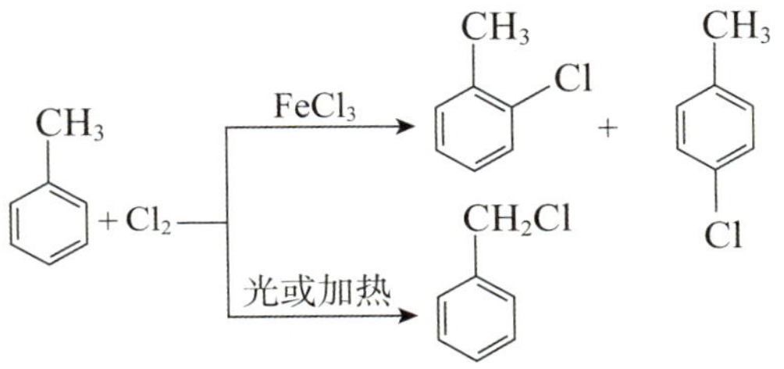

反应条件不同，产物也不同。因两者反应历程不同，光照卤代为自由基历程，而前者为离子型取代反应。

课程思政　有机反应中反应条件的重要性（外因的影响）。

芳烃的亲电取代反应包括还包括硝化（nitration）、磺化（sulfonation）以及付-克（Friedel-Crafts）反应等，它们的反应机理可以表示如下：

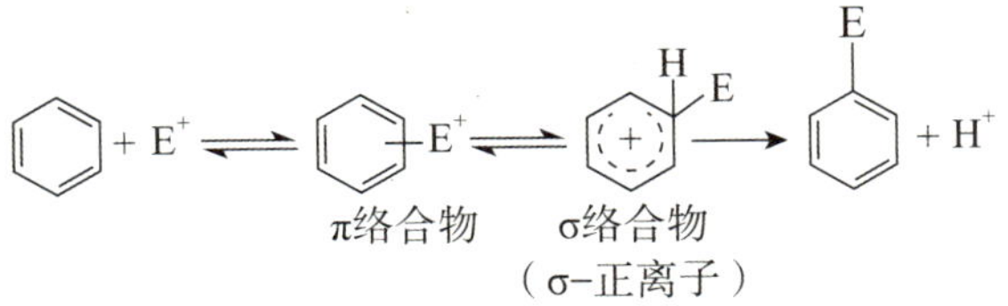

E^+表示亲电试剂。

（2）硝化

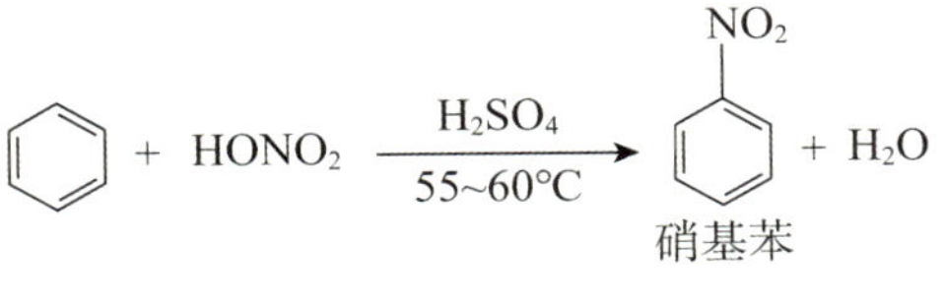

浓 H_2SO_4 的作用促使 NO_2^+ 离子(硝基正离子)的生成。

(3) 磺化

苯与 98%的浓硫酸在 75～80℃的温度下发生反应,苯环上的氢原子被磺酸基取代生成苯磺酸。

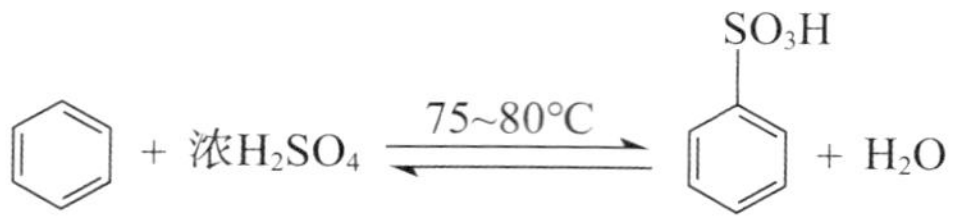

磺化反应是一个可逆反应,因为反应中生成的水能使浓硫酸稀释,使磺化速率减小,水解速率增大。因此,常用发烟硫酸在 30～35℃进行磺化反应。

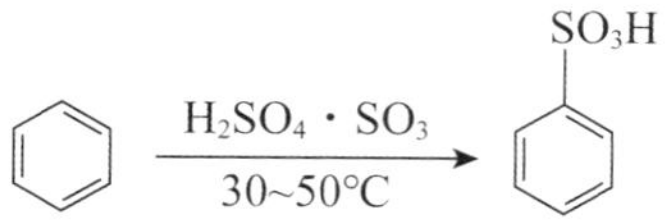

在发烟硫酸中存在 SO_3,在浓硫酸(约 97%)中也存在一定浓度的存在 SO_3,SO_3 是强的路易斯酸,它是很好的亲电试剂,磺化反应每步反应都是可逆的。反应过程如下:

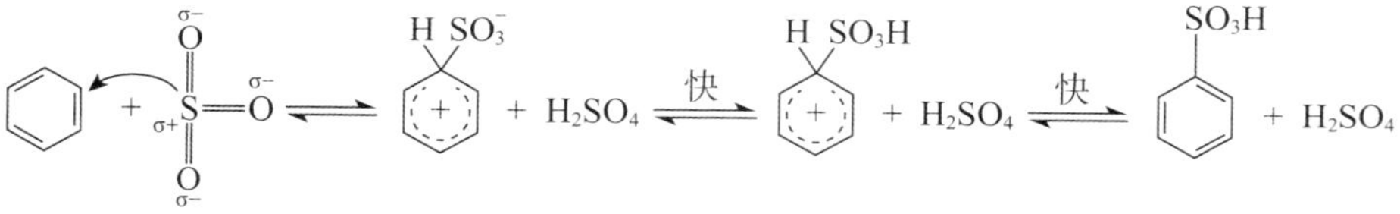

(4) Friedel - Crafts 反应

1877 年法国化学家付瑞德和美国化学家克拉夫茨发现了制备烷基苯和芳酮的反应,简称为付-克反应。前者叫付-克(F - C)烷基化反应,后者叫付-克酰基化反应。

F - C 烷基化反应:

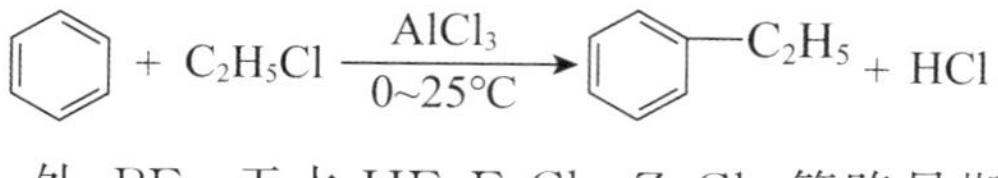

除无水 $AlCl_3$ 外,BF_3、无水 HF、$FeCl_3$、$ZnCl_2$ 等路易斯酸都可用作催化剂。$AlCl_3$ 首先与卤代烃(可看作弱的路易斯碱)生成酸碱络合物,然后解离成碳正离子。缺电子的碳正离子是一个亲电试剂,进攻苯环发生亲电取代反应。

$$CH_3CH_2Cl + AlCl_3 \rightleftharpoons [CH_3\overset{\delta^+}{C}H_2 \cdots Cl \cdots \overset{\delta^-}{AlCl_3}] \rightleftharpoons CH_3\overset{+}{C}H_2 + AlCl_4^-$$

此反应中应注意：

① 当引入的烷基为三个碳以上时，引入的烷基会发生碳链异构现象。

例如：

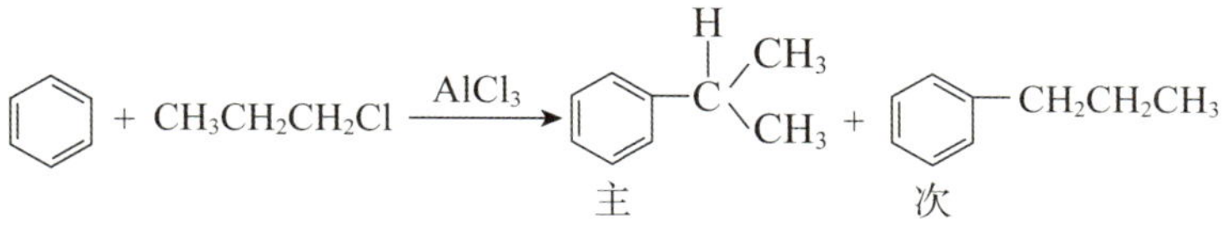

之所以发生异构现象是因为反应中的活性中间体碳正离子发生重排，产生更稳定的碳正离子后，再进攻苯环形成产物。

② 烷基化反应不易停留在一元阶段，通常在反应中有多烷基苯生成。

③ 苯环上已有—NO_2、—SO_3H、—COOH、—COR 等强吸电子基时，降低了苯环上的电子云密度，烷基化反应不再发生。

④ 烷基化试剂也可是烯烃或醇。

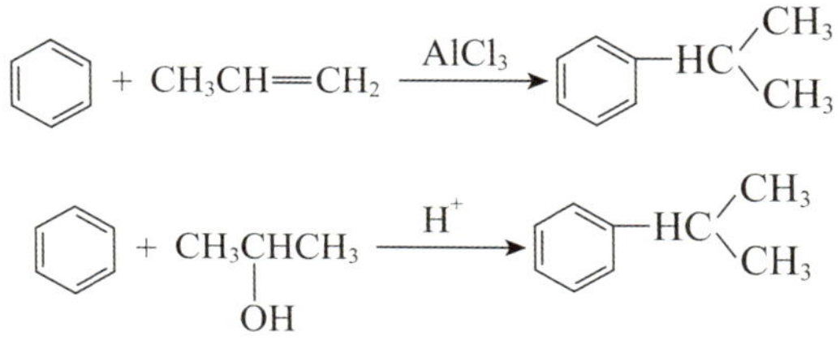

烷基化反应在科研上的应用实例 1：

一位同学需要用叔丁醇、联苯制备 4,4′-二叔丁基联苯，他的设计路线如下：

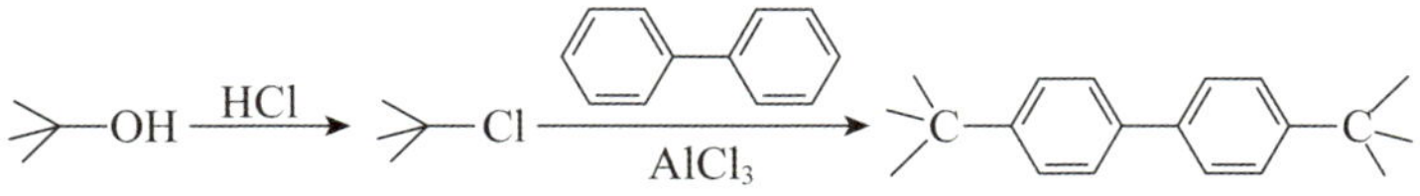

请你帮他改进一下。

课程思政　引导学生将所学知识运用到实际的科研实践中。

烷基化反应在科研上的应用实例 2：

在科研工作中，我们为了构造新的有机光电材料，本来打算对 2,7-二叔丁基螺二芴进行硝化反应，希望得到 2′,7′-二硝基-2,7-二叔丁基螺二芴，却意外地发现，得到了 2-硝基-7-叔丁基螺二芴(反应如下)，这个意外发现获得了授权专利，并导致了后面一系列新型材料的诞生。

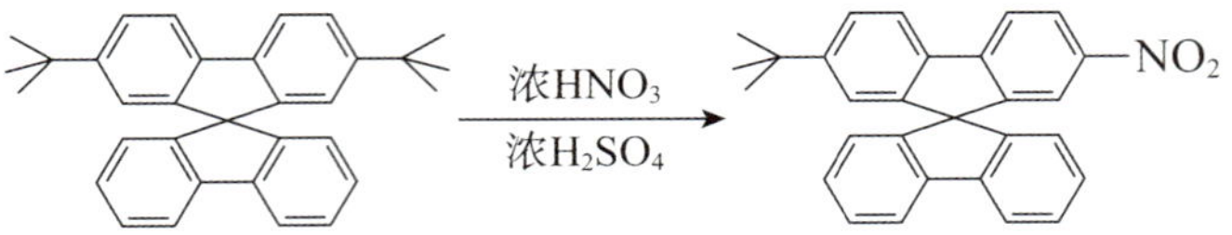

提问：尝试着运用刚学过的 F－C 烷基化及硝化反应机理对这个意外的实验结果给予一个合理的解释、阐述。引导学生讨论。

布置课后学习任务：运用文献课学到的方法，检索老师课题组已发表的科研论文，从论文中找到对此实验结果的解释，并把其中关于机理描述的英文段落翻译成中文（强调机理解释可以不止一种，能合理解释事实即可）。

> 课程思政　结合我们的科研工作提出问题引起学生浓厚的兴趣。布置课后学习任务，培养学生解决问题及自主学习的能力。

F－C 酰基化反应：

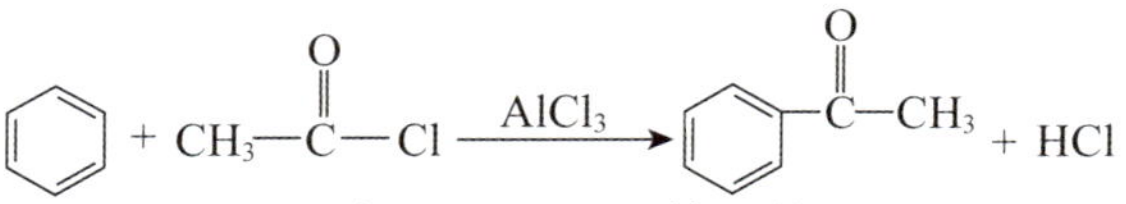

乙酰氯　　　苯乙酮

97%

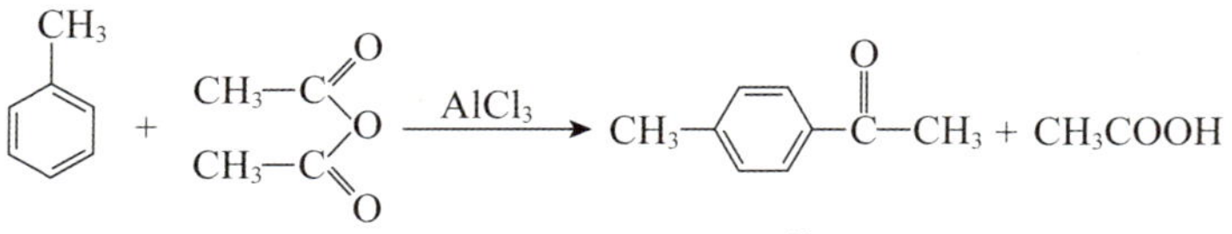

乙酸酐　　　对甲基苯乙酮

80%

酰基化反应的特点：产物纯、产量高（因酰基不发生异构化，也不发生多元取代）。

酰基化反应中亲电试剂为缺电子的酰基正离子：

$$\mathrm{R{-}\overset{\overset{\Large O}{\|}}{C}{-}Cl} + AlCl_3 \rightleftharpoons \left[\mathrm{R{-}\underset{\delta^+}{\overset{\overset{\Large O}{\|}}{C}}} \cdots Cl \cdots \underset{\delta^-}{AlCl_3}\right] \longrightarrow \mathrm{R{-}\overset{\overset{\Large O}{\|}}{C}{+}} + AlCl_4^-$$

因酰基不发生异构化，也不发生多元取代，反应的产物纯、产量高。利用这一特点,可以制备含有3个或3个以上碳原子的直链烷基苯,首先发生酰基化反应,然后将羰基还原成烷基。

2. 加成反应(讲授为主,略)

苯环易发生取代反应而难发生加成反应,但并不是绝对的,在特定条件下,也能发生某些加成反应,比如氢化、氯化反应,介绍 Birch 还原反应。

3. 氧化反应

(1) 苯环氧化

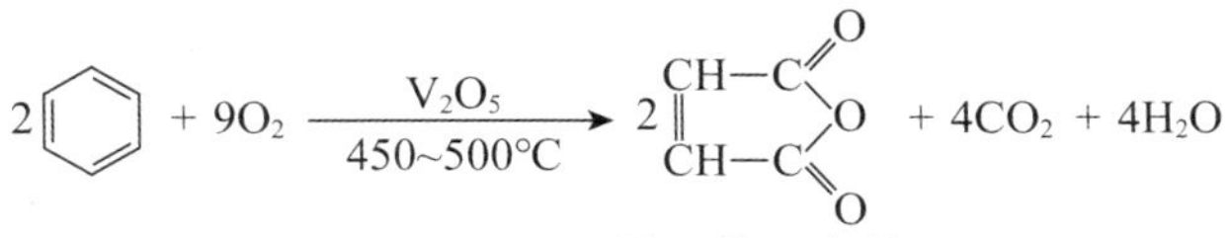

顺丁稀二酸酐

(2) 烷基苯的氧化(侧链氧化)

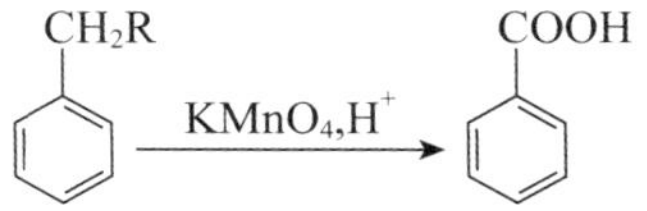

苯环较稳定,不易氧化,故用该法可将苯和烷基苯区别开来。无论烷基侧链的长短,其氧化产物通常都是苯甲酸。没有 α-H 的烷基苯很难被氧化。

(五) 苯环的亲电取代反应定位规则

1. 两类定位基

由前面的反应可见,当一取代苯(C_6H_5Z)通过亲电取代反应引入第二个取代基时,它所进入的位置,受第一个取代基 Z 的指令,由 Z 决定第二个取代基进入的位置。

(1) 第一类定位基(即邻对位定位基)

$—O^- > —N(CH_3)_2 > —NH_2 > —OH > —OCH_3 > —NHCOCH_3 > —OCOCH_3 > —CH_3 > —Cl > —Br > —I$、$—C_6H_5$ 等,这些定位基一般使苯环活化,但卤素例外。

提问:该类定位基的结构特点?

(2) 第二类定位基(即间位定位基)

$—N^+(CH_3)_3 > —NO_2 > —CN > —SO_3H > —CHO > —COOH > —COOR > —CONH_2$ 等。

这类定位基能使苯环钝化。其结构特点是什么？

2. 定位规律的理论解释（讲授为主）

运用共振论分别对第一类定位基（即邻对位定位基）和第二类定位基（即间位定位基）的定位效应给予解释。

3. 影响定位效应的空间因素（讲授为主）

（1）芳环上原有基团的空间效应：芳环上原有基团的体积增大，对位产物增多。

（2）新引入基团的空间效应：对位产物随新引入基团体积的增大而增多。

4. 定位规律的应用

预测反应产物：当苯环上已有两个取代基时，第三个取代基应进入什么位置呢？

引导学生通过讨论，进行总结归纳。一般有以下规律：

（1）活化基团的作用超过钝化基团。如果苯环上原有的两个取代基属于同一类定位基时，第三个取代基进入的位置主要由定位效应强的定位基决定。

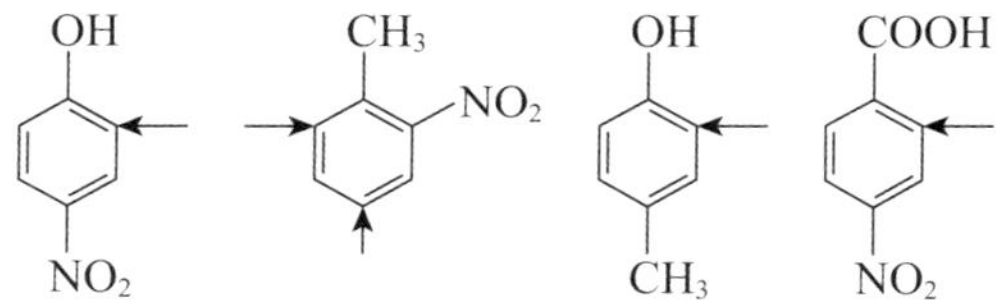

（2）取代基的作用具有加和性。

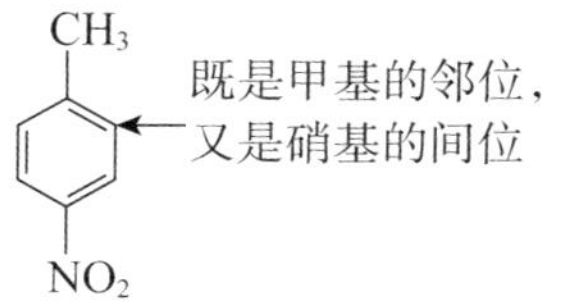

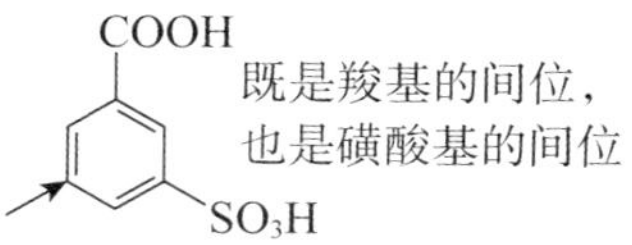

（3）第三取代基一般不进入 1,3 -取代苯的 2 位。

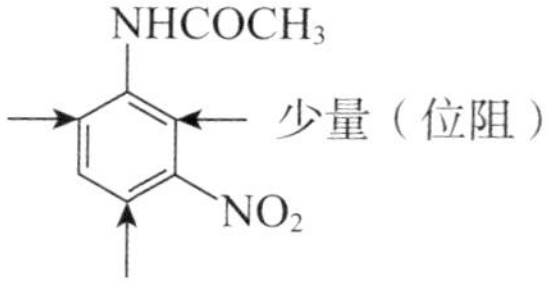

定位规则应用举例：

① 由苯合成对硝基氯苯，必须先氯代，后硝化，再分离纯化产物。

② 由苯为主要原料合成 5 -溴- 3 -磺酸基苯甲酸：

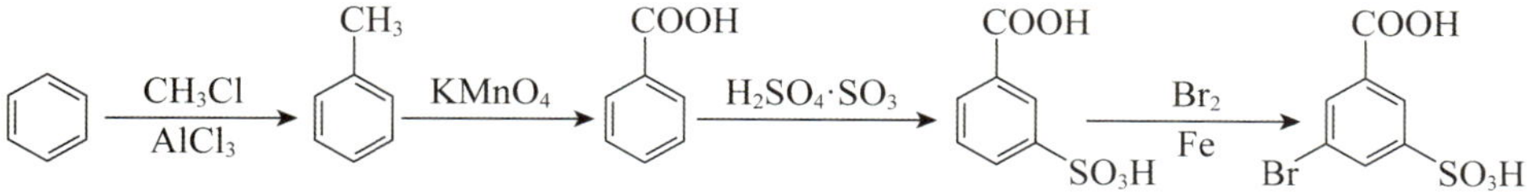

课程思政　化学反应都是向着最稳定的方向进行，对定位规律的认识，使学生更好地运用唯物主义世界观解决问题。

（六）非苯系芳烃

1. 具有芳香性的离子（略）

（1）戊二烯负离子；

（2）环庚三烯正离子；

（3）环辛四烯双负离子。

2. 薁

薁有明显的极性，其中五元环是负性的，七元环是正性的，可表示如下：

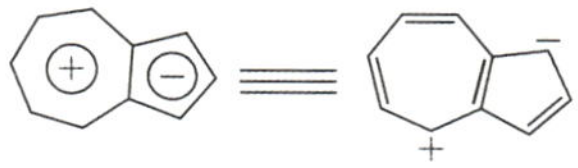

薁有明显的芳香性，表现在能起亲电取代反应上。

例如，薁能起酰基化反应，取代基进入 1,3 位：

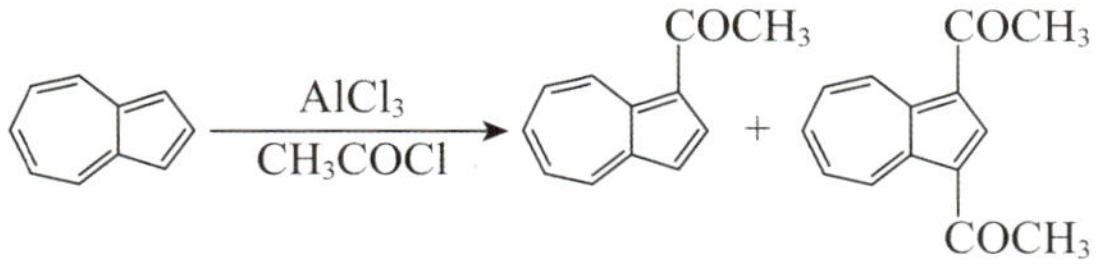

薁的衍生物如 1,4 -二甲基- 7 -异丙基薁存在于香精中，若含有万分之一时，就显蓝色，它又叫愈创蓝油烃，是治疗烧伤、烫伤和冻疮的药物。

3. 轮烯

具有交替的单双键的多烯烃，通称为轮烯。轮烯的分子式为$(CH)_x$，$x \geqslant 10$。命名是将碳原子数放在方括号中，称为某轮烯。例如，$x=10$ 的叫[10]轮烯。

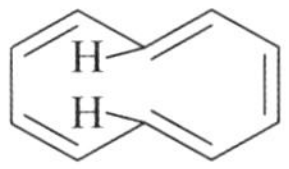

[10]轮烯

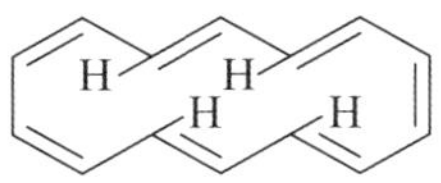

[14]轮烯

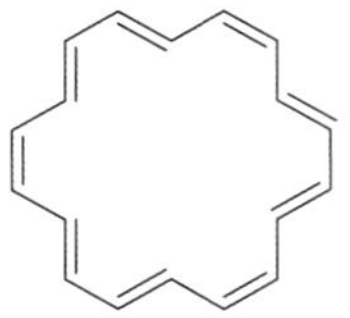

[18]轮烯

轮烯有否芳香性，决定于下列条件：

（1） π 电子数符合 $4n+2$ 规则；

（2） 碳环共平面（平面扭转不大于 0.1 nm）；

（3） 轮内氢原子间没有或很少有空间排斥作用。

4. 杂环化合物（略）

（七） 多环芳烃

1. 联苯

联苯分子中含有两个直接相连的苯基，其碳原子的编号方法如下：

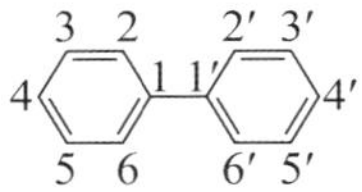

联苯中每个苯环都保持了苯的结构特性，连接两个苯环的单键可以自由旋转，但当 2，2′，6，6′四个氢原子都被相当大的基团取代时，单键的旋转受阻，可能产生对映体。

2. 萘

萘存在于煤焦油中，为白色的片状晶体，熔点 80.6℃，沸点 218℃，能挥发并易于升华，不溶于水而溶于有机溶剂，有特殊的难闻气味。萘有防虫作用，是重要的化工原料。

（1） 萘的结构

萘的分子式为 $C_{10}H_8$，是由两个苯环共用两个相邻的碳原子稠合而成的。X 射线分析证明，萘分子中的键长没有完全平均化，两环共平面，其中，键长和碳原子编号如下：

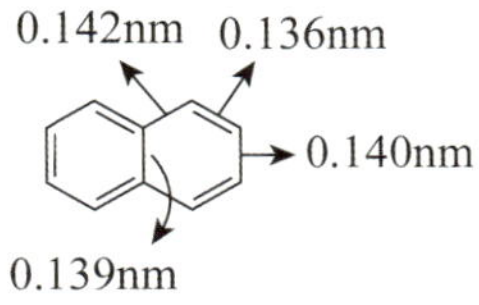

(a) 萘分子中的键长

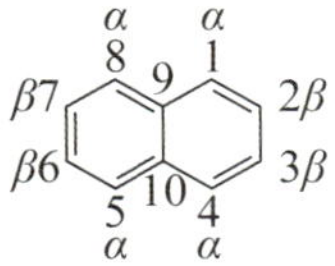

(b) 萘分子中碳原子的编号

在萘分子中 1、4、5、8 位是等同的，称为 α-位；2、3、6、7 位是等同，称为 β-位。

(2) 萘的反应和用途(略)

① 加成反应

萘比苯易加成，在不同的条件下，可发生部分或全部加氢。

② 氧化反应

萘比苯易氧化。

③ 取代反应

萘与混酸在常温下就可以发生硝化反应，产物几乎全是 α-硝基萘。

磺化反应的产物与反应温度有关。低温时多为 α-萘磺酸，较高温度时则主要是 β-萘磺酸，α-萘磺酸在硫酸里加热到 165℃时，大多数转化为 β-异构体。

四、课外思考题

1. 自行查找有关“苯的发现及结构确定”的文献资料并制作成 PPT。

2. 检索查阅已发表的有关螺二芴衍生物上叔丁基被硝基取代的科研论文，并把其中关于反应机理描述的英文段落翻译成中文。

五、教学评价

本课教学评价除了常规的课后作业和测试等终结性评价手段外，侧重对学生的过程性评价，主要包括：

1. 课前任务，如查阅“苯的发现及结构确定”等文献，根据学生提交上来的 PPT 予以打分，计入平时成绩；

2. 对学生的课程参与度、回答问题的积极性(如回答问题的次数等)等相应内容进行记录，纳入平时成绩考核；

3. 布置课后学习任务，如运用文献课学到的方法，检索已发表的科研论文，并把其中关于反应机理描述的英文段落翻译成中文，纳入平时成绩考核。

如何解决地球之渴

——在太阳能海水淡化教学中培养科学素养的实践探索

张蝶青

▶ **课程名称** 功能材料

▶ **课程性质** 专业课程

▶ **专　　业** 化学

▶ **授课对象** 化学专业研究生一年级学生

▶ **教师简介** 张蝶青，上海师范大学化学与材料科学学院教授、博士生导师；主要从事光（电）化学 NO_x 去除、环境催化及海水淡化研究。主讲课程有“功能材料”“物理化学实验”等；国家自然科学优秀青年基金获得者，曾入选上海市青年拔尖人才、曙光计划、启明星计划等；在 *Nat. Commun.*、*J. Am. Chem. Soc. Angew. Chem. Int. Ed.*、*Environ. Sci. Technol.*等学术刊物上发表高水平论文 80 余篇；入选 2020 年上海市教育系统“三八红旗手”。

▶ **课程简介** 功能材料是指通过光、电、磁、热、化学、生化等作用后具有特定功能的材料。功能材料的研究及制备是当今世界各国新材料研究发展的重点和热点，在环保、农业、化工和医疗等领域都发挥着重要作用。

本课程是一门面向高校化学专业研究生开设的专业课程，课程主要包括材料科学基础、材料现代研究方法、功能陶瓷材料、功能材料器件及设计、环境与能源材料等内容。在课程讲解过程中，我们结合化学专业的特点及后续课程的需要，有针对性地介绍相关功能材料的设计和制备，并分析阐明其反应机理等。我们将课程学习与思政相结合，培养学生掌握物理和化学多学科综合知识，激发学生敢于创新、勇攀高峰的科学精神，引导学生树立科研报国之志，激发学生的爱国主义情怀，坚定学生的报国志向。

▶ 课程蕴含的思政元素分析

1. 绿色化学，可持续发展观和生态文明观

科学技术的发展在给人们带来便利的同时，也给生态环境带来了前所未有的改变，使得环境问题成为当今世界面临的巨大挑战。为了更好地应对挑战，21 世纪工业的全球化更加注重材料的绿色环保、知识产权价值和与商业战略的关系。随着科技的不断进步，我国材料产业开始着手调整产业结构，加大绿色环保材料的开发与应用，在实现高性能化、多功能化和智能化的同时也降低了生产成本，提高了资源利用率，使得节能减排成为材料产业发展的突出特色。短流程、低污染、低能耗、绿色化生产制造，节约资源以及材料回收循环再利用，是新材料产业满足经济社会可持续发展的必然选择。习近平总书记强调，生态文明建设是关系中华民族永续发展的根本大计。我国自然资源总量丰富，但作为人口大国，我国人均耕地、淡水和矿产等资源占有量不足，面对资源、环境和人口的巨大压力，走生态文明建设和可持续发展道路是我们的必然选择。建设青山绿水的美丽中国，生态环境材料及相关产业的发展日益受到关注。

作为化学专业学生，树立不断创新和绿色环保意识尤为重要。因此，在“功能材料”这门课程的学习过程中，需要采取科学的渗透策略，利用学科优势将生活实际案例与教学课程相结合，不断让学生提高对绿色化学的认识，并能在未来的科研道路上勇于设计、探索，开发出绿色清洁的功能材料，利用科技的力量来保护我们赖以生存的家园。

2. 世界观、人生观、价值观

随着我国教育事业的不断发展和完善，各个大学开设了各色各样的专业供学生选择。随着专业的数量越来越多，大部分学生对各专业都不是很了解，主要是听别人怎么说，社会怎么看，更甚者听信谣传把化学看作亮红

灯学科，在没有亲自体验和深入了解的情况下轻易下结论。我们通过“功能材料”这门课程让大家了解到新型功能材料不仅能改善人们的生活，还能为我国的航天、航空、军事等领域贡献自己的力量，对推动人类社会发展进步起重要作用。作为一名有担当、有责任感的社会主义接班人，我们应该积极响应国家号召，把自己的命运同社会进步、国家发展和人类文明紧密联系在一起，树立正确的世界观、人生观、价值观，为社会发展和人类进步贡献自己的力量。

3. 创新观

“生活从不眷顾因循守旧、满足现状者，从不等待不思进取、坐享其成者，而是将更多机遇留给善于和勇于创新的人们。青年是社会上最富活力、最具创造性的群体，理应走在创新创造前列。”习近平总书记同时强调，当今世界，谁牵住了科技创新这个“牛鼻子”，谁走好了科技创新这步先手棋，谁就能占领先机，赢得优势。化学是以大量实验为基础的充满实验性和创新性的一门重要的自然科学。在技术技能迅猛发展的当今社会，创造力是推动生产、促进科学发明的重要力量。因此，在“功能材料”课程教学过程中，要注重对学生创造力的开发，培养学生发散性思维能力，调动学生在课堂上提出质疑的积极性，鼓励学生多角度思考问题，不盲从教师和课本，勇于分享自己独特、新颖的见解，促进学生科学探究与创新意识的养成。

▶ 教案设计

一、教学目标

（一）知识学习

1. 掌握海水淡化的概念；

2. 太阳能海水淡化的原理；

3. 认识太阳能海水淡化常用材料。

（二）能力培养

1. 掌握海水淡化的方法；

2. 掌握太阳能海水淡化转化率的计算方法；

3. 掌握太阳能海水淡化蒸发效率的计算方法。

（三）价值目标

1. 建设生态文明是关系人民福祉、关乎民族未来的大计，是实现中国梦的重要内容。

2. 生活中的废弃物加工处理后也可以变废为宝，有的可应用于太阳能海水淡化、清洁水的生产。这说明事物是普遍联系的，天才的构想来自生活和大自然，要有一双善于发现的眼睛。

3. 海不辞水，故能成其大。正如实验收集的清洁水质量随着时间积累而不断增加，说明只有不拒绝点滴的水，才能浩瀚无边。伟大的事业需要吸纳尽可能多的力量，美好的未来需要拓展更务实的合作领域。启发学生在日常的学习和生活中，戒骄戒躁，踏踏实实，一步一个脚印，积少成多，才能走得更稳更远。

4. 习近平总书记强调："南水北调工程功在当代，利在千秋。"南水北调工程是新中国成立以来投资额最大，涉及面最广的战略性工程，体现了中国共产党始终把人民需要放在第一位的人民至上的思想。通过学习南水北调工程中南水北调人在工程建设方面的艰苦奋斗、创新求精的工匠精神，可以培养学生追求卓越的科学态度，激发学生敢于创新、勇攀高峰的科学精神。

二、教学内容分析

（一）教学内容

1. 通过搭建物理模型，介绍海水淡化的机理；

2. 通过提出问题、分析问题、解决问题的教学模式，让学生明白金针菇根部结构的优势和从哪些方面优化材料。

（二）教学重点

1. 海水淡化的概念；

2. 海水淡化的方法。

（三）教学难点

1. 材料的制备；

2. 材料的优化。

（四）教学中的思政结合点

专业知识点	思政元素	方法
仿生材料的介绍	发现自然的奥秘，以及自然对科研创新的启发。	采用引导启发式教学，培养学生从自然界和生活中获取科研灵感的能力。
海水污染现状	科学探究的常用思路和方法。	采用抢答的形式，调动学生积极性，活跃课堂氛围。学生调查海水污染相关知识，教师总结：海水污染的主要物质，及海水淡化的迫切性。
海水淡化的基本原理	运用辩证唯物主义观点分析问题：现象取决于本质；使学生得到一般科学方法的进一步训练和逻辑思维能力的培养，增强学生结合具体条件分析问题和运用理论解决问题的能力。	讨论法。海水淡化的研究背景，意义及重要性；介绍历史上科学家们在海水淡化方面做出的贡献；采用动画的形式，使学生更加形象生动地了解海水淡化的原理。
海水淡化的方法	运用辩证唯物主义观点分析问题。	通过短视频的形式让学生了解清洁能源领域对未来国家甚至人类社会发展的重要性，培养学生的责任感和使命感；课前布置学生查找有关资料，制作PPT，课堂上由学生介绍目前常用的海水淡化处理方法，教师总结分析目前常用方法的优缺点。
仿生材料用于海水淡化	采用“提出问题、分析问题、解决问题”的教学模式，通过分组讨论的形式，既充分挖掘了学生的创造力，又培养了学生的团队合作意识，让学生明白“众人拾柴火焰高”的人生哲理，在未来的科研道路上刻苦钻研的同时也可以借助团队的力量。	通过提出问题、分析问题、解决问题的教学模式，让学生明白金针菇根部结构的优势和从哪些方面优化材料。

三、教学过程

（一）问题引入（共 5 分钟）

教学环节设计：

1. 让学生观看互联网上的南水北调工程视频，通过演示教学法吸引学生注意力，联系自身经历，进入课堂主题。

2. 课程思政。

教学内容：

1. 饮水思源，心怀感恩。保护水资源，爱水、节水是每个人的职责，对大自然的馈赠与人类的劳动成果要心怀感恩；

2. 著名科学家钱学森曾说过："水是我社会主义建设中的一个大问题，它涉及社会经济、国家行政管理、农田用水、工业用水、人民生活用水、水污染、气象科学技术、水利科学技术等横跨社会科学、自然科学、工程技术的大问题。"由此可见，海水淡化方面的研究前景十分广阔，是大势所趋，那么作为化学功能材料专业的学生，我们可以采取哪些方法进行海水淡化呢？

（二）海水淡化的方法（共 8 分钟）

教学环节设计：

1. 板书：海水淡化的概念。

2. 提问：海水淡化的方法有哪些？

3. 板书：常见的海水淡化方法和海水淡化方法利弊比较图。

教学内容：

从海水中取得淡水的过程即为海水淡化。常见的海水淡化方法有：反渗透、低温多效、多级闪蒸、电渗析和太阳能海水淡化。

方法	优点	缺点
反渗透	能耗低	预处理要求严格，需要定期更换反渗透膜
低温多效	热效率比多级闪蒸高，能耗较低	设备体积较大，装置费用较高
多级闪蒸	单机容量大	工程投资高，热传管腐蚀穿孔时将污染水质
电渗析	工艺简单，除盐率高，操作方便	水回收率低，能耗大
太阳能海水淡化	安全绿色，不消耗常规能源，无污染	

（三）太阳能海水淡化的基本原理(共 5 分钟)

教学环节设计：

1. 提问：怎样利用太阳能实现海水淡化？

2. 图示：帮助学生理解海水淡化的过程。

3. 课程思政。

教学内容：

清洁作为中国梦的一部分，为构建中国新清洁产业的新版图，倡导全行业的绿色发展、可持续发展是极为重要的。太阳能作为一种可再生的新能源，具有清洁、环保、持续、长久等优势。将太阳能应用到海水淡化系统中，为系统供能进行海水淡化，是解决能源浪费和能源危机的有效措施。太阳能海水淡化主要是利用太阳能的热能和光伏发电产生的电能进行海水淡化(在本堂课中我们以太阳能海水淡化为例进行讲解)。太阳能海水淡化的过程如图 5－1 所示，设备材料对太阳能进行吸收后转化为热能，利用该热能对海水进行加热，使海水中的 H_2O 蒸发分离，然后将水蒸气导出并冷却，即可得到淡水。

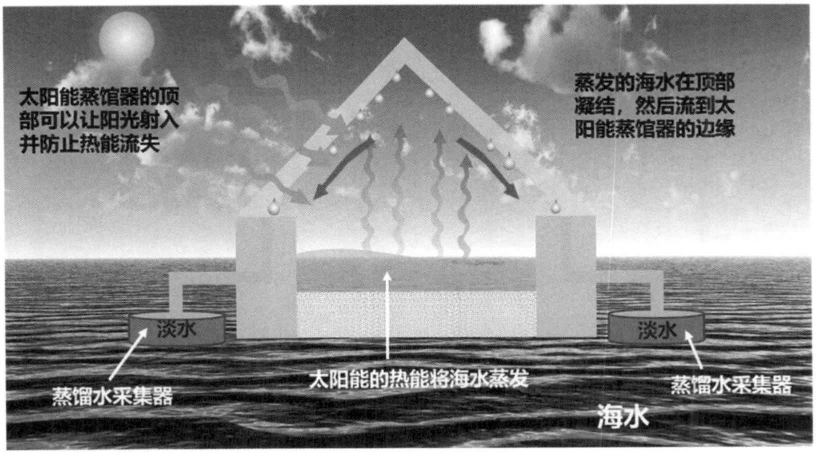

图 5－1　太阳能海水淡化工作原理图

（四）太阳能海水淡化材料的选取(共 15 分钟)

教学环节设计：

1. 提问：可以实现太阳能海水淡化的材料有哪些？

2. 板书:太阳能海水淡化常用材料的优缺点。

3. 图示:清晰展示碳基海水淡化材料模型,便于学生理解。

4. 课程思政。

教学内容:

目前可应用于海水淡化的、具有全光谱吸收能力的光热转换材料主要有:碳材料、金属基纳米粒子、有机聚合物以及无机半导体材料。其中,碳材料稳定性高、易制备,通过减小碳材料的尺寸(制备碳纳米管、石墨烯)能有效地提高其对全光谱太阳光的吸收能力,进而提高海水淡化效率。金属基纳米粒子在全光谱范围内吸收能力特别优异,但存在价格昂贵等问题。有机聚合物聚吡咯具有良好太阳光吸收能力和光热转换性能,但其稳定性较差。无机半导体材料具有种类繁多、低成本、易功能化等优点,但制备价格较高且部分难以规模化制备、长时间使用时可能存在稳定性问题。尝试制备价格低廉、综合性能优异的具有全光谱吸收能力的光热转换材料仍是主要研究热点之一。在此,我们选取了几种经济清洁的碳基材料为代表进行介绍(如图 5 - 2 所示)。

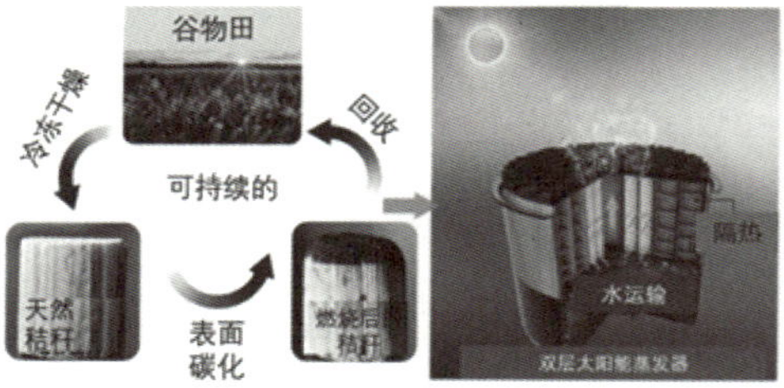

(a)

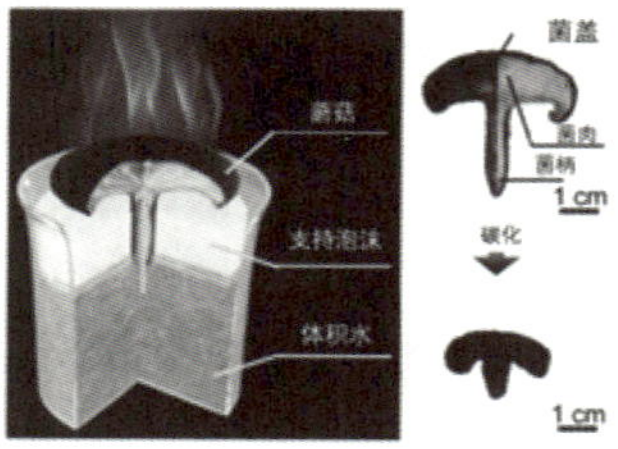

(b)

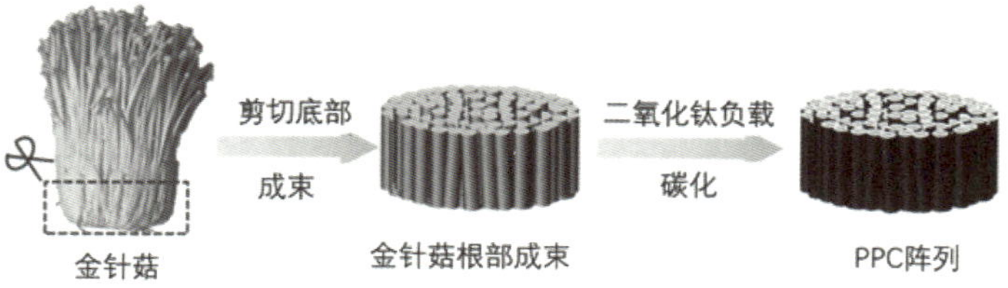

(c)

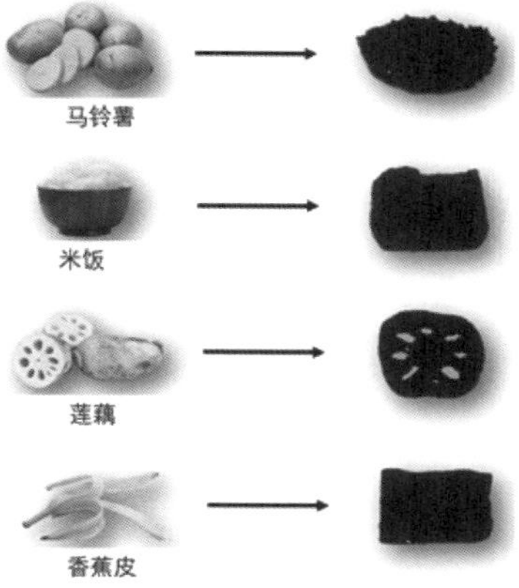

(d)

图 5-2　碳基材料模型

事物是普遍联系的，天才的构想往往源于生活，他们从对生活的观察中汲取营养从而获得非凡的灵感，通过将其与所学知识相融合加以实践，就可能会产生重大发现。通过调整食物垃圾的处理方式，运用碳化方法将生活中的废弃物加工处理，有利于大规模生产基于废弃食物的太阳能蒸发器，可以实现变废为宝，达到节约资源的效果。如图 5-2 所示，碳基原材料依次为秸秆、蘑菇、金针菇根部、米饭、土豆、香蕉皮以及莲藕，与其他材料相比，利用废弃植物做太阳能蒸发器的优势尤为突出——成本低廉且数量丰富。这使得其成为未来经济适用且批量生产碳基材料的理想原材料。目前，由于光热材料极高的光吸收率以及适当的隔热和水输送的增强辅助作用，对包括秸秆、蘑菇、金针菇根部、米饭、土豆、香蕉皮和莲藕在内的一系列废弃食物进行热处理，如表 5-1 所示，在实验室中可以达到 90%以上的惊人太阳能效率，足以满足太阳能海水淡化的需要。以英国的调查数据为例，英国每天浪费的土豆数量令人震惊，在英国家庭中，几乎每天有近一半没有经过任何烹饪处理的土豆被丢弃，据统计可达到 2 109.6 吨。假设英国一天浪费掉的土豆都被焚化了，碳排放量估计为 672 吨；如果所有碳都用于制造太阳能蒸发器，那么碳排放量仅为 291 吨。整个太阳能蒸气产生面积约为 83 177 平方米，每天可产生 502.6 吨清洁水(假设有效的光照时间为 6 个小时)，足以满足 25 万人每天的饮用水消耗量。这不仅对缓解全球变暖有帮助，而且对解决诸如水和能源危机之类的其他全球性问题也有帮助，对建设绿色可持续发展的社会具有不可估量的好处。

表 5-1　碳基材料的蒸发性能汇总

材料	蒸发速率/($kg \cdot m^{-2} \cdot h^{-1}$)	蒸发效率/%
碳化秸秆	1.497	86.0
碳化蘑菇	1.475	78.0
碳化金针菇	37.0(25.5sun)	91.2
碳化米饭	1.258	78.8
碳化土豆	0.984	67.2
碳化香蕉皮	1.114	76.5
碳化藕	1.334	60.7

（五）蒸发性能的计算（共 12 分钟）

教学环节设计：

1. 板书：太阳能海水淡化蒸发速率的计算。

2. 板书：太阳能海水淡化蒸发效率的计算。

3. 提问：在 1 个太阳光下（$1\ kW \cdot m^{-2}$）材料表面温度达到 40℃时，已知其蒸发速率为 $1.345\ kg \cdot m^{-2} \cdot h^{-1}$，则该材料的蒸发效率为多少？

教学内容：

用公式①对太阳能蒸发器的太阳能海水淡化蒸发速率进行计算：

$$\dot{m}_{ev}=\frac{m_{\Delta}}{st} \quad ①$$

其中，$\dot{m}_{ev}$代表光诱导的蒸发速率（$kg \cdot m^{-2} \cdot h^{-1}$）；$m_{\Delta}$ 代表光照时间 t 内海水的质量变化（kg）；s 代表太阳能蒸发器的光照表面积（m^2）；t 代表光照时间（h）。

用公式②和③对太阳能蒸发器的太阳能蒸发效率进行计算：

$$\eta=\frac{\dot{m}_{ev}h_{lv}}{p_{in}} \quad ②$$

其中，$\dot{m}_{ev}$代表光诱导的蒸发速率（$kg \cdot m^{-2} \cdot h^{-1}$）；$h_{lv}$ 为水的气液相变

潜热焓($kJ \cdot kg^{-1}$);p_{in} 为入射太阳光的辐照功率($kW \cdot m^{-2}$)。

$$h_{lv}=\alpha+\beta T+\gamma T^{1.5}+\delta T^{2.5}+\varepsilon T^{3} \quad ③$$

其中,$\alpha=2\,500.304$;$\beta=-2.252\,102\,5$;$\gamma=-0.021\,465\,847$;$\delta=3.175\,013\,6\times 10^{-4}$;$\varepsilon=-2.860\,795\,9\times 10^{-5}$;$T$ 为温度(℃)。

四、课外思考题

1. 课前自行查找有关“仿生材料”的文献资料并制作成 PPT;
2. 课前自行查找有关“海水淡化”的文献资料并制作成 PPT。

五、教学评价

本章节综合多种教学手段,实现寓教于乐、寓教于德的教学效果。通过视频、表格、图形公式、课堂讨论等多种教学模式,营造了轻松愉悦的课堂氛围,使学生更加生动形象地理解太阳能海水淡化的概念、机理、方法等专业知识。同时也让学生对新型“功能材料”这门课程有了新的认知,以太阳能海水淡化为例,讲述了新型功能材料对未来绿色能源发展的重要性。清洁是中国梦的一部分,本次教学恰到好处地将绿色中国、美丽中国、绿色环保、变废为宝、清洁能源、伟大的发明往往源自生活与自然的创新观等课程思政内容融入专业教学中,在教授学生专业知识的同时,让其明白自己所从事专业的社会意义,使学生更加积极地参与建设科技强国,实现中国梦的伟大事业中来。

细胞视角窥探生命奥秘

——以“生命与细胞”的教学为例

黄楚森

▶ **课程名称**　生物化学

▶ **课程性质**　专业课程

▶ **专　　业**　应用化学

▶ **授课对象**　应用化学专业三年级学生

▶ **教师简介**　黄楚森，上海师范大学化学与材料科学学院教授、硕士生导师；主要从事化学生物技术与工程和超分子化学研究；主讲课程有“生物化学”“物理化学实验”等；曾获青年教师教学竞赛优胜奖、上海师范大学教学成果奖，获评洪堡学者、上海市科技启明星、上海师范大学优秀本科论文指导老师等荣誉。

▶ **课程简介**　生物化学是运用化学的原理和语言在分子水平上解释生命现象的一门学科，也是生命科学中最前沿的学科之一。在生命科学大发展的今天，生物化学对于化学类专业学生后期专业研学至关重要。可以说，“生物化学理论与实验”课程在化学类专业本科生的课程体系中，起着承上启下、多学科贯穿的作用，同时对于学生今后就业、继续研究深造等也有着重要作用。该课程主要讲述生物分子的化学组成、结构和性质（静态生物化学）、生物分子的结构、功能与生命现象的联系（动态生物化学），生物分子在生物体内相互作用以及生物分子与外源性物质的相互作用（机能生物化学，包括生物氧化以及代谢过程），并简要介绍在生物化学领域的最新研究进展，以及生活中的生物化学。

▶ 课程蕴含的思政元素分析

1. 生物化学与人类社会文明发展

兴趣是最好的老师，再加上本课程主要是专业限选课，学生没有特别多的时间和精力进行课前预习，本课程的第一个目标是如何激发学生学习的兴趣。因此，首先本课程将介绍有关生物化学的发展史及在人类社会发展中的应用等内容，重点介绍生物化学对于人类社会文明的发展和促进作用，从而使学生认识学习生物化学的重要性，激发他们好奇心和求知欲。如介绍德国科学家阿道夫・温道斯研究甾类及其与维他命之间的关系，从而促进了甾类相关各类疾病的研究和治疗药物的开发；介绍最新的核酸测试和抗原测试筛选新冠病毒阳性的机理等，使学生认识到生化知识对人类的重大贡献，从而调动起学生学好本课程的积极性和自觉性。同时，生物化学的发展也贯穿在整个人类历史发展进程中。比如，公元前 12 世纪，我们的祖先已能利用豆、谷、麦等为原料，制成酱、饴和醋，饴是淀粉酶催化淀粉水解的产物，这足以表明此时已是酶学的萌芽时期。汉代淮南王刘安制作豆腐，说明当时在提取豆类蛋白质方面已经应用了近代生物化学及胶体化学的方法。唐朝初年（公元 7 世纪）孙思邈首先用维生素 A 含量丰富的猪肝治疗雀目（夜盲症）。通过深入了解生物化学的发展对人类社会文明进步的贡献，可以极大激发学生学习兴趣，提高学生的学习热情。

2. 生物化学与以人为本

结合课程具体的章节内容介绍科学家生平、科学实验、研究趣事，特别是我国科学家的名人故事等。例如，在开始学习比较枯燥、抽象的 DNA 双螺旋结构前，先讲一段有关克里克（Crick）和沃森（Watson）在 1953 年发现 DNA 双螺旋的有趣故事，然后介绍由此而产生的分子生物学领域的重要研究成果。比如，在开始学习抗生素等药物前，先讲一段青霉素发现的历史，以及中国第一支青霉素在昆明诞生的故事。比如，学习蛋白质变性机理时，讲一段我国药物所科学家发明二巯基丁二酸的药物用于血铅解毒的事迹，使学生由对科学家的敬佩转为对生物化学学习的兴趣，同时激发他们为缓解人们疾病痛苦而刻苦钻研的崇高追求。

3. 生物化学与生产生活

结合学生的专业特点，用生物化学的知识和原理来解释相关产品的生产过程。化工类学生将来大多是要从事化工类产品的研制与开发工作，他们大多对相关产品生产的生化原理更感兴趣。因此，在教学过程中应注意引入与产品生产有关的事例。如在讲授酶这一章节时，不应只是说明酶的性质和结构，而且应说明酶与我们工业生产、生活的重要联系。如用淀粉酶和纤维素酶处理过的饲料，营养价值更高；洗衣粉中加入酶，可以使洗衣粉效率提高，可以去除原来不易除去的汗渍等。在讲到中心法则的时候，我们不能单单讲解中心法则的原理，还可以联系具体问题如 SARS 病毒和新冠病毒的传播路径进行分析和解释。这不仅拉近了生物化学与相关化学专业的关系，同时还拓宽学生专业视野，提升学生的综合素质和科学素养。

▶ 教案设计

一、教学目标

（一）知识目标

1. 细胞是组成生物体的基本结构单元，是生物体进行代谢、能量转换、遗传以及其他生理活动的基本场所；

2. 细胞的结构组成，主要学习各类亚细胞单位，细胞学说的创立使我们对生命的认识进入细胞水平。

（二）能力目标

能够辨别细胞的种类，认识亚细胞结构，使学生认识到各种生物之间存在着共同的结构基础。

（三）价值目标

引入生活中的一些实际例子，让学生认识形形色色的生命大部分其实都是由各类细胞组成。培养在生活中应用生化知识分析问题的科学素养。

二、教学内容分析

(一) 教学内容

主要讲述生命系统的结构层次和细胞学说的内容和发展，重点阐述细胞学说的创立使得人们对生命的认识进入细胞水平，同时讲解细胞学说的发展和亚细胞结构。

(二) 教学重点

1. 主要掌握细胞学说及其发展；

2. 认识细胞，并且掌握各类重要的细胞器和功能；

3. 理解细胞是生物体的基本结构和功能单位。

(三) 教学难点

对于生命系统的认识如何从宏观的角度逐渐过渡到细胞水平，是本节课的主要的教学难点。

(四) 教学中的思政结合点

专业知识点	思政元素	方法
生命的定义	生物化学的研究重点在探索自然的规律、揭示生命的本质和奥秘。对于任何事物的认识都是从粗浅到深入，最后到本质。	以时间为脉络，介绍古今中外对于生命的认识。
细胞学说的发展	不能局限于某一固定理论，需要运用马克思主义发展观，从世界普遍联系和永恒发展的基本观点出发，任何理论可能都在某一特定时期、条件适合。但是需要运用辩证视角看待，不能总是封为经典，一成不变。	以时间为脉络举例，介绍细胞学说创立初期的观点，创立之后到现在每一代科学家对该理论的修正和进一步发展。
细胞器的认识	科学促进技术发展，然后发展的技术又反促进科学理论进一步发展、完善。科学与技术是辩证统一体。	介绍细胞器的发现是由于出现了高分辨的显微镜才使得其能被清晰观测到。而细胞器的发现，使得各类细胞器协作机制理论被进一步阐明。其又促进各类制药技术的发展。

三、教学过程

（一）新课引入

1. 视频引入，我们的地球，从高山到大海充满着形形色色的生物。

我们所处在的地球充满着无数的生物，从最简单的病毒、类病毒到菌藻树草，从鱼虫鸟兽到最复杂的人类，处处都可以发现生命的踪迹，觉察到生命的活动。地球上的生物形形色色，千姿百态。不同的生物，其形态、生理特征和对环境的适应能力各不相同，但都经历着生长、发育、衰老、死亡的变化。大家有没有思考过这些形形色色的生命到底由什么构成，他们有无一个统一的定义？（引出生命的定义，从而思考生命的构成）

2. PPT 展示一组动植物图片，让同学们回答是否认识，能否叫出学名和通俗名。

3. 提问：这些生命的根本特性是什么？

千百年来，人们以许多不同的观点阐述自己对此的看法，介绍古今中外对于生命的认识和构成的看法。通过历史上对于生命构成的研究和思考，慢慢过渡到细胞学说的创立。

（二）细胞学说

1. 细胞是有机体。一切动植物都是由细胞发育而来，并由细胞和细胞产物构成，动植物的结构有显著的一致性。

2. 每个细胞作为一个相对独立的基本单位，既有它们“自己的”生命，又与其他细胞协调地集合，构成生命的整体，按共同的规律发育，有共同的生命过程。

3. 新的细胞可以由老的细胞产生。

4. 细胞学说意义：细胞是组成生物体的基本结构单元，是生物体进行代谢、能量转换、遗传以及其他生理活动的基本场所。

（三）细胞学说的发展

所有的生物（除病毒、类病毒等是非细胞的生命体外）都是由细胞组成的，不同的生物体细胞的大小和形状有所不同。注意区分细胞和非细胞生命。此处放入小测试（练习），让学生对于细胞学说有更深入的掌握。

课程思政　不能局限某一固定理论，需要运用马克思主义发展观，从世界普遍联系和永恒发展的基本观点出发，任何理论可能都在某一特定时期、条件适合。但是需要运用辩证视角看待，不能总是封为经典，一成不变。因此对于所谓学术权威及其理论，我们不能总是盲目相信，需要批判地学习，学习其优秀的地方，发现其不足之处。这样科学才能进步，人类才能进步。

（四）细胞和亚细胞器结构的认识

从高中生物知识引导同学们认识细胞由细胞膜、细胞质和细胞核构成。（此处放一段动植物细胞的小视频），引导大家认识细胞结构，从而指出细胞内还有亚细胞器。

看完视频后，引入学习各个细胞器及其结构和功能。让同学们自己看书归纳总结，然后给出小练习。科学与技术是辩证统一体。

课程思政　介绍细胞器的发现是由于出现了高分辨的显微镜才使得其能被清晰观测到；而细胞器的发现，使得各类细胞器协作机制理论被进一步阐明，其又促进各类制药技术的发展。

本节课和大家一起学习生命的构成，细胞是组成生物体的基本结构单元，是生物体进行代谢、能量转换、遗传以及其他生理活动的基本场所。同时，还有非细胞结构的病毒和类病毒。我们学习了细胞构成成分，下节课会在此基础上进一步学习具体的生物分子。

（五）本章学习的内容总结归纳

用 mindjet 软件做成一张知识树。由此学生可以将学到的生物化学知识融入自己的知识框架中。

（六）课外习题

1. 下列叙述与细胞学说不符的是（　　）。

（A）细胞是一个有机体，一切动植物都由细胞发育而来，并由细胞和细胞产物构成。

(B) 细胞是一个相对独立的单位，它既有自己的生命又对其他细胞共同组成的整体的生命起作用。

(C) 所有生物体(病毒除外)都是由细胞构成的。

(D) 新细胞可以从老细胞中产生。

2. 细胞学说指出：一切动植物都由细胞发育而来。这个学说的科学价值主要是(　　)。

(A) 告诉人们所有的生物均由细胞构成。

(B) 证明了生物彼此间存在着亲缘关系。

(C) 说明了动植物的细胞是一样的。

(D) 使人们对生物体的认识进入分子水平。

3. 以下观点正确的是(　　)。

(A) 一切生物都由细胞发育而来。

(B) 蚊子是由细胞构成的。

(C) 人体的每个细胞都是有生命的，都是独立的，每个细胞之间没有相互影响。

(D) 人体的新细胞都是新产生的，和原来的老细胞无关。

4. 连连看，把亚细胞结构跟其功能对应划线

细胞核	蛋白质合成场所
线粒体	细胞内代谢物质的分解、清除的主要场所
高尔基体	遗传信息的存储、复制和转录
内质网	可能参与细胞内物质转运和细胞膜更新
溶酶体	呼吸链、能量代谢
核糖体	有粗面和滑面

四、教学效果分析

1. 各种教学手段相互配合，避免课堂教学枯燥乏味

如果一堂课都采用单一教法，容易造成课堂教学枯燥乏味，使学生产生厌倦感。因此，尽可能将各种教法互相配合使用，从而提高课堂气氛活跃度。在教学手段的利用上，应注意多媒体教学和传统板书教学优势的互补。目前高校的大部分课程都采用了多媒体教学，多媒体教学的优势毋庸置疑。但也

要注意到多媒体教学课件存在着格式化、交流少等不足，使得学生被动接受知识。这样的教学方式可能会在一堂课的后半部分教学效果一般，因为学生容易产生厌倦和疲劳感。此时，如果通过传统的板书来对多媒体展示的内容进行讲解梳理，转换一下课堂节奏，学生的疲劳感就会被消除一些。当然，还有涉及公式推导、物质结构变化和代谢过程变化等内容，更需要通过板书方式来清楚表达。另外，多媒体教学也不能一味地播放 PPT，期间可以插入一些动态视频或者最新的研究进展的科普内容，也能极大地活跃课堂气氛。

2. 加强与学生的交流互动

（1）课堂交流

除应灵活应用如提问式、启发式和讨论式这些互动性较强的教学法方法外，还应鼓励学生多提问。可以采用课堂小测试的方式，给学生出一些简单知识点的开放性题目，让学生多发表不同的观点和意见，就不同观点和答案进行辩论；还可以让学生主讲，让学生主动参与课程教学。

（2）课间交流

由于该课程是专业限选课，学生普遍投入的时间有限，平时即使有问题想与教师交流也抽不出时间来，因此课间休息就成了师生进行交流、互动的大好时光。课间休息时间，学生更容易以放松的心态与教师交流，可以让学生充分表达对课程教学的意见、建议，也让学生了解教师的教学理念、方法。因此，此时教师应积极走进学生中去，多听多问，即使是与课程无关的闲谈也是建立良好师生关系的有效方式之一。

（3）课后交流

充分利用课后答疑时间与学生交流，及时了解和解决学生学习上遇到的问题和困难。此外，利用现代信息传递手段，向学生公开教师的邮箱、手机号码、微信等，更广泛地及时收集学生对教学情况的反馈意见。同时，在学校提供的平台建立网上课程，将课程课件、视频上传在网上课程中，建立讨论互动板块，欢迎学生参与课程讨论。布置课后作业，及时反馈学生的答题情况，并组织讨论。

大自然的馈赠

——从茶叶中提取咖啡因

肖胜雄

▶ **课程名称** 有机化学实验

▶ **课程性质** 专业必修课程

▶ **专　　业** 应用化学专业

▶ **授课对象** 应用化学专业二年级学生

▶ **教师简介** 肖胜雄，上海师范大学化学与材料科学学院教授、博士生导师；主要从事有机光电材料研究；主讲课程有“有机化学实验”“碳元素家族的‘神奇七兄弟’”等；在 *Nature*、*J. Chem. Am. Soc.*、*Angew. Chem. Int. Ed.*等国际学术期刊发表 SCI 论文 60 多篇，主持科技部、国家自然科学基金委、上海市科委、上海市教委等科研项目多项；先后获得国家科技创新领军人才、上海市海外高层次人才、上海市特聘教授（东方学者）、上海市优秀学术带头人和上海市曙光学者等荣誉和称号。

▶ **课程简介** “有机化学实验”是应用化学专业的必修课程，是一门独立、完整、系统的课程，以基本操作技能训练为主，结合综合设计性实验内容，突出综合能力和综合素质培养，旨在培养和提高学生的动手能力，发现问题、分析问题和解决问题的能力，以及开展科学研究的能力，为进一步使用化学知识和技术，解决生产实践和科学研究中涉及的化学问题打下良好的基础。

课程内容主要包括：了解有机化学实验的一般知识；掌握熔点的测定，蒸馏、分馏、减压蒸馏、水蒸气蒸馏，萃取和洗涤、重结晶和过滤，折光率测定和薄层色谱法等基本操作；学习 11 种有机化合物的制备原理和制备方法；能按要求制备出上述 11 种化合物，掌握有机合成的基本操作和方法；能正确写出合格的实验报告，学习实验工作的方法，能设计简单的有机实验方案。

通过本课程学习，学生能掌握并理解化学实验原理，重点掌握基本实验操作技能，了解实验化学新技术和发展趋势。通过综合设计性实验，培养学生的综合分析能力和综合素质。

通过本课程的学习，学生能掌握有机化学实验的基本操作技术，能以小量规模正确地进行 11 种有机化合物的制备、分离和鉴定；写出合格的实验报告；培养初步查阅文献的能力；培养良好的实验工作方法和习惯、实事求是和严谨的科学态度。

▶ 课程蕴含的思政元素分析

课程思政能让学生在获得专业知识的同时，潜移默化地接受德育教育，从而真正实现素质教育，达到教书育人的目的。积极探索并实践适合本课程的思政教育，有利于将专业知识教育和思想政治教育巧妙地结合，一方面能在课堂教学中融入社会主义核心价值观，将育人作为教育的生命，把立德作为教育的灵魂；另一方面能全面提高学生的综合素质，将学生培养成为德才兼备、全面发展的人才。

“有机化学实验”课程一方面教授实验安全操作规范，用化学的美启发对专业的兴趣和热爱；另一方面也训练学生学习理论指导实践，总结、归纳、联系等科学方法，培养科学思维。同时该课程还包含有非常多的思政元素，包括培养科学兴趣，增强自信等科技的人文情怀，激发对专业的热爱；培养创新精神、科学精神，树立正确的人生观和价值观；培养职业素养，正确认识化学与人类生活的关系；培养科学思维，从事物本质分析问题的科学方法，透过现象看本质、理论与实验反复论证的科学方法等。

比如在化合物的合成实验中，可以引导学生理解和体会化学合成在医药生产中的重要作用，特别是针对自然界中难以直接大规模获取的药物，通过化学合成方法破解其生产难题，引导学生思考合成化学在解决人类问题中的手段及方法，从而增强学生的专业自豪感、社会责任感及爱国情怀。

再比如在化合物的提纯实验中，可以将有机化学实验课堂与环保教育结合起来。教育学生实验所涉及的化学原料，以及合成的产品、产生的废液都应该全部分类回收，不可倒入水池，从而增强环保意识，提高人文情怀，加强环境保护，促进和谐发展。树立和践行绿水青山就是金山银山的理念，坚持节约资源和保护环境的基本国策，像对待生命一样对待生态环境，形成绿色发展方式和生活方式，建设美丽中国。

本课程重点介绍如何从茶叶中提取咖啡因（又名咖啡碱）。茶叶是大自然的馈赠，茶也已成为全世界最大众化、最受欢迎、最有益于身心健康的绿色饮料。茶为一种植物，可食用、解毒，长品易健康长寿，还可作药用，所以就有一句老话“茶乃天地之精华，顺乃人生之根本”。中国是茶的故乡，中国人饮茶据说始于神农时代，少说也有 4 700 多年了。同时，茶文化是中国人对茶认识的一种具体表现，不同民族、地区至今仍有着不同的饮茶习惯和风俗。茶文化更是一种中华优秀传统文化的体现，中国茶文化反映出中华民族的悠久文明和礼仪。茶文化的精神通过沏、赏、闻、饮等茶礼仪相结合，形成独特的茶文化特征。

2021 年 3 月 22 日，习近平总书记在武夷山考察调研当地茶产业发展情况时指出，“要统筹做好茶文化、茶产业、茶科技统这篇大文章”。本堂实验课主要是从茶科技的角度，深入挖掘茶文化中的人文精神与茶科技中的科学思维等思政元素，文化树人、科技创新，培养出一批有知识、有品德、有作为的高素质人才，服务于全面建成社会主义强国的第二个百年奋斗目标。

在“从茶叶中提取咖啡因”的实验过程中，会涉及“萃取和洗涤”等关键实验方法及操作。在进行上述实验时，首先穿插介绍“两弹一星”功臣袁承业研发核燃料萃取剂的故事：1959 年下半年，“两弹一星”等国防任务有急切需要，中科院上海有机化学研究所承担了核燃料萃取剂研究任务。“国家的需要，就是自己的责任。”强烈的理想信念打消了袁承业对改行的疑虑，他决心自力更生为我国原子弹的研制贡献力量。袁承业曾组织研究人员一起去东北偏僻的矿山，在现场做萃取实验。急国家之所急，参与任务的科研人员，昼夜工作。经过一年多努力，袁承业带领研究组胜利完成了核燃料萃取剂的研究任务，成功研制出一系列关键萃取剂。1964 年，我国第一颗原子弹爆炸成功。“两弹一星”元勋钱三强后来评价：60 年代初，提取铀用的萃取剂研究，在当时是对国防建设起关键作用的。没有它就提不出铀。从严格意义上来讲，没有铀，中国也造不出原子弹。

其次就是屠呦呦如何选择合适的萃取剂才实现了青蒿素的成功提取的故事，引导学生培养创新精神，树立正确的人生观和价值观。1972 年开始，屠呦呦从中医古籍中得到启迪，改变青蒿传统提取工艺，创建的低温提取青蒿抗疟有效部位的方法，成为青蒿素发现的关键性突破。《肘后备急方》中记载：“青蒿一握，以水二升渍，绞取汁，尽服之。”注意这里是“水渍”“绞汁”，而不是我们传统中药中常用的“煨药”“水煮”，其最大的差异在于温度。最后屠呦呦选择了沸点只有 35℃（接近人体体温）的乙醚作为萃取剂，而不是沸点分别为 78℃的乙醇或者 100℃的水，乙醚的这个低沸点对于保护在高温下结构会被破坏的青蒿素非常关键，最后成功地提取到了对疟原虫抑制率达 100%的青蒿抗疟有效部位“醚中干”，从此带动了全国对青蒿提取物的抗疟研究。屠呦呦和她的团队最先从青蒿抗疟有效部位中分离得到抗疟有效单一成分“青蒿素”；率先开展“醚中干”、青蒿素单体的临床试验，证实了其治疗疟疾的临床有效性；并与合作单位共同确定青蒿素的化学结构，为其衍生物开发提供了条件。屠呦呦和她的团队按国家药品新规，将青蒿素开发为我国实施新药审批办法以来第一个新药，挽救了全球特别是发展中国家数百万人的生命。2015 年 10 月，屠呦呦获得诺贝尔生理学或医学奖，获奖原因就是她发现了青蒿素，该药品可以有效降低疟疾患者的死亡率。屠呦呦成为首获科学类诺贝尔奖的中国人。

▶ 教案设计

一、教学目标

（一）知识目标

1. 学习从茶叶中提取咖啡因的基本原理和方法，了解咖啡因的一般性质；

2. 掌握用索氏提取器提取有机物的原理和方法；

3. 进一步熟悉萃取、蒸馏、升华等基本操作。

（二）能力目标

1. 培养学生的动手能力，发现问题、分析问题和解决问题的能力；

2. 培养学生初步查阅文献的能力，开展科学研究的能力；

3. 培养学生的综合分析能力和综合素质。

（三）价值目标

1. 帮助学生树立辩证唯物主义世界观，激发学生道路自信、理论自信、制度自信、文化自信，增强学生爱国心、报国志；

2. 培养良好的实验工作方法和习惯，培养实事求是和严谨的科学态度。

二、教学内容分析

（一）教学内容

1. 实验原理：连续萃取原理、升华原理；

2. 实验操作：连续萃取、蒸馏、升华；

3. 实验注意事项。

（二）教学重点

1. 实验原理；

2. 实验操作。

（三）教学难点

1. 使用索氏提取器进行连续萃取的原理和操作；

2. 咖啡因升华的原理及升华的操作。

（四）教学中的思政结合点

专业知识点	思政元素	方法
茶文化、茶叶主要成分的介绍	培养学生关注、分析、解释生活中化学问题的能力，增强学生的专业自豪感和家国情怀。	讲解法、讨论法。从中华传统的茶文化，引申到茶叶主要功能成分咖啡碱，结合咖啡碱的分子结构及物理、化学性质，让学生理解和体会化学在人类衣、食、住、行中的重要性，认识和理解生活中的化学原理，引发学生体会中华优秀传统文化中所蕴含的化学知识。

（续表）

专业知识点	思政元素	方法
茶叶的主要功效介绍	结构决定性质、用途。	讲解法、提问法。了解咖啡碱的主要化学结构，从物质结构的角度分析茶叶在日常生活中的作用，比如促进机体代谢、灭菌杀毒、抵御疾病等。
咖啡碱的提取原理	培养学生从专业角度思考问题、解决问题的能力。	讨论分析法。从茶叶中不同组成（咖啡碱、丹宁酸、色素、纤维素、蛋白质等）的结构性质引出其相应的提取方法。
咖啡碱的提取原理	爱国情怀。	讲解法。讲述屠呦呦发现青蒿素的故事。青蒿素的临床使用在非洲挽救了数百万人的生命，是我国科学家对人类做出的巨大贡献，在我国医学史上具有重要的里程碑的意义，激发民族荣誉感和救死扶伤的使命感。
掌握索氏提取器的原理及使用方法	培养学生举一反三的能力。	讨论法。由索氏提取器的原理及使用方法，引申出分离天然有机化合物的一般步骤。

三、教学对象分析

“有机化学实验”课程是应用化学专业的一门重要的专业必修课程，在大学二年级分上、下两学期进行。大学二年级是适应大学生活、学习兴趣和热情高涨的重要时期。二年级大学生专业知识体系逐步建立、专业方向逐渐清晰、学习能力和自觉性较强、学以致用的意识不断发展。因此，抓好这一时期的教育引导工作，特别是思想政治教育，帮助他们树立正确的世界观、人生观和价值观会有事半功倍的效果。根据习近平总书记在全国高校思想政治工作会议上对高校工作提出的“立德树人”根本任务的要求，把学生培养成为“有理想、有学问、有才干的实干家”。专业课不仅要传授专业知识，更要充分整合思政元素，实现全程、全方位育人，使学生在学习掌握专业知识技能的同时，也提升了素养，坚定了理想信念，从而成为全面发展的创新型人才。有机化学实验课作为一门以操作为主的实验课程，注重知行合一，突出综合能力和综合素质培养；每个实验背后都有大量的历史、科学知识，蕴含着丰富的思政教育元素，可以较好发挥思政教育的功能。

四、教学手段与方法

1. 挂图讲解、板书教学与现场演示有机结合。挂图讲解能做到图文并茂，直观易懂，清晰醒目，方便学生理解消化知识点。在讲解过程中适当使用板书，加深对实验原理的讲解，促进学生对知识点的深入理解和灵活运用；现场演示，能够让学生直观、生动地学习实验装置，掌握实验操作的关键步骤，强化理解，减少学生误操作的发生。

2. 教学过程中穿插启发式提问，拓展知识点的讲解，提高学生课堂教学参与度，拓展学生的知识面，实现全方位育人。

五、教学过程

（一）课堂引入

提问：日常生活中的冰红茶、咖啡等饮料都具有提神醒脑的作用，那么同学们是否知道茶叶的起源地是哪里？茶叶的主要有效成分是什么？在中国几千年的茶文化发展过程中，又产生了哪些优秀传统茶文化？在现代社会发展过程中，我们的茶文化中又蕴藏着哪些基本科学原理及科学技术呢？比如我们今天就要学习如何更高产率地提取茶叶中的咖啡因，这些科学技术在我国的不同发展阶段，又发挥了哪些重要的作用？未来的茶科技又将如何更好地服务我国的乡村振兴与精准扶贫战略？

本部分通过提问法、讲解法，从中华传统的茶文化，引申到茶叶主要功能成分咖啡碱，结合咖啡碱的分子结构及物理、化学性质，让学生理解和体会化学在人类衣食住行中的重要性，认识和理解生活中的化学原理，引发学生体会中华优秀传统文化中所蕴含的化学知识。培养学生关注、分析、解释社会和生活中化学问题的能力，增强学生的专业自豪感和家国情怀，提高人文素养。

（二）教学主要内容

1. 实验原理讲解

咖啡因：茶叶中含有多种生物碱，其主要成分为咖啡碱，约占 1%～5%。咖啡因（图 7－1）是一种有绢丝光泽的无色针状结晶，易升华（100℃开始，178℃升华为针状晶体），熔点 235℃，易溶于热水（80℃）、乙醇、丙酮、二氯甲烷、氯仿等，难溶于石油醚。

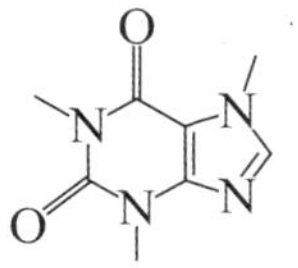

图 7-1　咖啡因的结构式

咖啡因有使心脏、呼吸器官和神经系统兴奋的作用，也是感冒药 APC（阿司匹林—非那西丁—咖啡因）的组分之一。过度食用咖啡因会增加身体抗药性并产生轻度上瘾。

本部分通过讲解法，说明咖啡因的主要化学结构，从物质结构的角度分析茶叶在日常生活中的作用，比如促进机体代谢、灭菌杀毒、抵御疾病等，向学生传递结构决定性质、用途的科学思维，提高科学素养。同时本部分还通过讨论分析法，结合茶叶中不同组成（咖啡碱、丹宁酸、色素、纤维素、蛋白质等）的结构性质引出其相应的提取方法，培养学生从专业角度思考问题、解决问题的能力，提高科学素养。

2. 操作讲解

本次实验中，首先使用 95%乙醇在索氏提取器进行连续萃取操作。讲解滤纸套筒的制作，连续萃取装置的搭建。

讨论：为什么选用乙醇而不用水？

这是利用了咖啡因易溶于乙醇且乙醇沸点较低便于萃取操作和后续通过蒸馏回收；使用索氏提取器（也叫脂肪提取器）配合回流冷凝管，可以实现用少量溶剂将化合物从固体物质中萃取出来的目的。这种萃取是中草药中有效成分提取常用方法之一。

在平底烧瓶内加入约 80 ml 95%乙醇，打开冷凝水，用电热套加热平底烧瓶。连续提取到提取液颜色很浅为止，约需 2～3 小时。

注意事项：

（1）搭装置时必须小心，以免将脂肪提取器的虹吸管折断。

（2）滤纸套筒大小要适中，既要紧贴器壁，又能方便取放。滤纸套中的茶叶高度不得超过虹吸管。

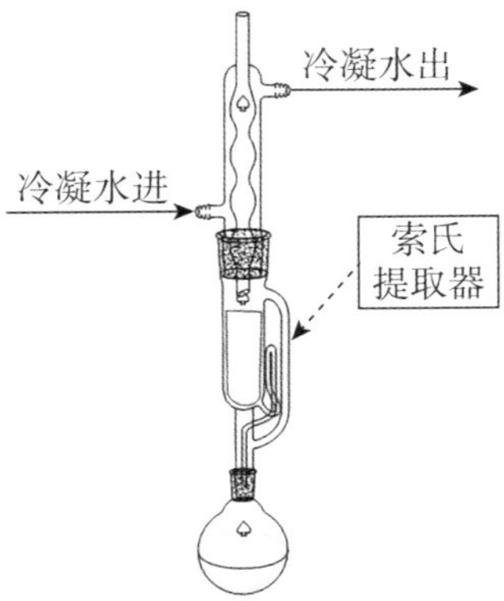

图 7-2　索氏提取装置图

本部分通过讨论分析法，由索氏提取器的原理及使用方法，引申出分离天然有机化合物的一般步骤，培养学生举一反三的能力等科学素养。

然后通过蒸馏将萃取液中大部分乙醇蒸馏出来。浓缩液倾入蒸发皿中，拌入生石灰，拌匀成浆状。

讨论：为什么加入生石灰？

萃取液中除含有咖啡因外，还含有叶绿素、丹宁等其他有机物，加入生石灰，可以中和丹宁等酸性物质，使咖啡因游离出来，便于后续进行升华。

接着在水蒸气浴上加热蒸发皿，边加热边搅拌，除去水分，焙干成粉状。

讨论：为什么要焙干？

咖啡因易溶于水，如未焙干，后续升华过程中，水分会凝结下流到滤纸上，溶解升华的咖啡因，减少咖啡因的产量。

最后制作升华装置。利用升华装置，在电热套中加热升华，当发现有棕色烟雾时，即升华完毕，停止加热。

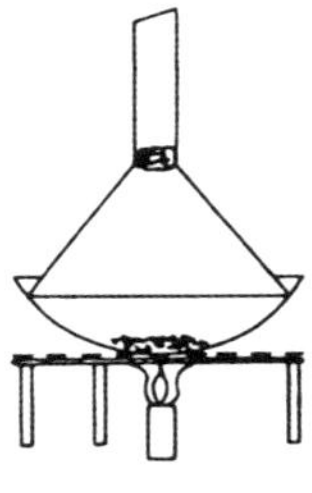

图 7-3　升华装置

注意事项：

（1）蒸馏时乙醇不可蒸得太干，否则残液很黏，不易倒出，损失较大。

（2）在焙干时，要充分焙干水分，否则咖啡因将会损失。

（3）升华须用小火间接加热，若温度太高会使产品发黄。

课程思政　介绍中国传统茶文化以及屠呦呦发现青蒿素的故事。

中国是茶的故乡，也是茶文化的发源地。茶的发现和利用已有几千年历史，且长盛不衰，传遍全球。茶是中华民族的举国之饮，发于神农，闻于鲁周公，兴于唐朝，盛于宋代，普及于明清之时。中国茶文化糅合儒、释、道诸派思想，独成一体，是中国文化中的典型代表。茶文化的兴盛，不仅体现了人们对天地、山水等大自然的情感和美学追求，也反映了茶在人们日常生活中的巨大作用。开门七件事：柴、米、油、盐、酱、醋、茶。茶作为日常生活的必需品，在人们的生活中发挥着不可替代的作用。茶叶不仅具有提神清心、清热解暑、消食化痰、去腻减肥、清心除烦、解毒醒酒、生津止渴、降火明目、止痢除湿等药理作用，还对辐射病、心脑血管病、癌症等现代疾病有一定的药理功效。

抗疟药青蒿素的发现和临床使用在非洲挽救了数百万人的生命，是我国科学家对人类做出的巨大贡献，在我国医学史上具有重要的里程碑的意义。本部分通过讲述屠呦呦发现青蒿素的故事，激发学生民族荣誉感和救死扶伤的使命感。以屠呦呦获得 2015 年诺贝尔生理学或医学奖为切入点，揭示中国传统中医在治疗疾病方面做出的突出贡献，引导学生从化学专业的角度出发重新认识中医、中药，从而培养学生的专业自豪感和民族自豪感。

3. 学生实验

学生做实验，教师巡视指导。

六、课外思考题

1. 课前要求学生通过文献查阅了解屠呦呦发现青蒿素的基本科学原理及时代背景。

2. 预习并巩固相似相溶基本原理。

3. 熟悉索氏提取装置及实验操作。

4. 完成实验报告和课后相关习题。

七、教学效果分析

从茶叶中提取咖啡因，涉及的知识点和实验操作较多，对实验能力的综合要求较高，可以提高学生的综合素质。其中涉及的连续萃取原理在中草药有效成分及天然产物的提取中较为常用。在实验原理的讲解过程中，多加入提问讨论环节，丰富教学手段，可以促进学生积极思考，让学生将有机化学的理论知识与实验操作结合起来，做到“知其然”和“知其所以然”，改善学生学习效果。在本节课教学过程中适时引入屠呦呦发现青蒿素的伟大贡献，激发学生的文化自信和爱国心，勉励学生努力学好专业知识，将来为社会主义现代化强国的建设和中华民族伟大复兴的中国梦努力前行。本节课与专业知识的融合点是茶叶的主要成分及其作用。通过学习，唤起学生对茶文化的了解，引导学生认识茶文化在传统文化中的重要地位，并将化学专业知识和中华优秀传统文化相结合，启发学生从物质结构的角度分析茶叶在日常生活中的作用。从茶叶中不同组成的结构性质引出其相应的提取方法，最后对咖啡因的提取原理进行讨论分析。培养学生从专业角度思考问题、解决问题的能力，增强学生的专业自豪感和家国情怀。

探究科学真理　铸就不悔人生

——萜类、甾族化合物课程中的思政教育

肖　晓　赵宝国

▶ **课程名称**　有机化学

▶ **课程性质**　专业主干课程

▶ **专　　业**　化学(师范)

▶ **授课对象**　化学(师范)专业二年级学生

▶ **教师简介**　肖晓，上海师范大学化学与材料科学学院特聘教授、硕士生导师；主要从事小分子催化的有机化学方法学研究；主讲课程有“有机化学”“有机化学实验”等；上海市特聘教授；主持国家自然科学基金青年基金、教育部“博士点”基金等项目；在 *J. Am. Chem. Soc.*、*Angew. Chem. Int. Ed.*等学术刊物上发表SCI论文10余篇。

赵宝国，上海师范大学化学与材料科学学院教授、博士生导师；主要从事仿生不对称催化领域的研究；主讲课程有“有机化学”“有机化学实验”等；荣获教育部“长江学者”特聘教授、科技部“中青年科技创新领军人才”、上海市“优秀学术带头人”、上海师范大学优秀教师等荣誉称号；主持国家自然科学基金，上海市科委、教委多项基金项目；在 *Science*、*Nature Commun.*等国际高水平学术刊物发表SCI论文60余篇。

▶ **课程简介** 有机化学作为一门基础学科历经了200多年的发展，在当今社会仍然是一门极其重要的科学，并广泛地应用在生物、医药、材料、食品、农业、环境等多个领域，持续为国民生产、生活医疗、高科技产品研发等提供基本理论支持，是理论性和应用性兼备的化学学科的重要分支。

本课程主要介绍有机化学的基本原理、知识和技能，主要内容包括：各类有机化合物的命名方式，如普通命名法、系统命名法和IUPAC命名法等；有机化合物的构造、顺反异构、对映异构以及开链烷烃和环己烷等构象；有机物的物理性质和光谱特性（主要是IR和^{1}HNMR）；有机物的化学反应，如亲核取代反应、亲电取代反应、亲核加成反应、亲电加成反应、游离基取代反应等，以及一些重要的有机反应的反应历程和影响因素；各类有机物的制备方法；了解有机化合物的重要代表物的性质及用途；分子重排反应和周环反应等。本课程对学生的科学态度、辩证思维、科学思想和创新能力的培养与提升具有重要作用。通过课堂和课外活动，锻炼学生的沟通、合作能力，为学习后续课程和将来从事化学教学和应用化学等领域的各项工作打下基础。

▶ 课程蕴含的思政元素分析

1. 唯物主义科学的价值观和方法论

有机化学是研究有机化合物的组成、结构、制备方法与应用的学科。从微观的电子轨道、化学键到分子间的反应机制再到宏观的化学原料生产、石油提炼，有机化学的课程中无处不体现着透过现象看本质、矛盾的对立统一、联系的普遍性、批判质疑等科学思想以及分析、总结、归纳、验证、推理、理论指导实践等科学方法论。在教学过程中，将科学理论中的辩证法运用到学生的学习、生活乃至人生路途中，不仅会让他们更好理解有机化学中的知识内涵，更会对他们的价值观和人生观产生积极深远的影响。

2. 探究真相、勇于创新——科研人员的职业道德与素养

有机化学在其发展过程中出现了很多著名的科学家，他们的人生历程展示出他们对科学真理、反应本质的追求。虽然基础有机化学中的反应在几十甚至一百年前就已经被发现，然而现代有机化学家们不仅致力新反应、新物质的研究，针对经典有机化学反应仍然不断有新的机理和方法被提出。科学对真相的追求、对创新的渴望是推动社会进步的原始动力。在课程讲授过程

中介绍化学家的研究背景和人生发展可以培养学生的创新精神、批判精神和科学精神。

理工类学科的发展也是其在人类发展中不断实践和进步的过程,科学技术最终的目的即是服务人类社会。因此从社会活动的角度出发,揭开科学研究背后的人文关怀,更有助于启发学生的科学兴趣。而化学在生活中如何运用才能更好地服务于人类,又需要相关专业的学生具有相应的职业素养和社会责任感。例如,在化合物的制备中,冰毒、海洛因等毒品的制备并不复杂,作为化学工作者要深知这些化合物是绝对禁止自行合成并流向社会的;在药物研发中,手性药物的不同构型对人体作用大相径庭甚至截然相反,开发者需要明确每种构型的临床反应,不能基于成本考虑而忽略异构体的差异;食品中更不能为了达到特定元素的含量标准而人为添加化学成分,将人们的健康置于危险境地。科学的职业道德和素养的培养对学生今后的事业发展和价值观有着极大的正面引导作用。

3. 坚持可持续发展,肩负国家民族重任

有机化学在近一个世纪的迅猛发展,促进了材料、医药、纺织、食品等工业的快速产业升级,产能大幅提高。与此同时,工业生产产生的大量"废物"及其对环境的污染成为全球范围内亟待解决的问题。中国政府已确定 2060 年碳中和目标,有机化学家肩负的历史使命则是利用有机反应的原子经济性,开发绿色化学,实现环境友好的化学反应,坚持环境资源、能源和生态的可持续发展。

科学没有国界,但科学家有祖国。中国的有机化学家们长期以来一直勇担科技兴国的使命,即使在最为艰苦的环境中,仍然不忘初心,坚持科学研究。他们不仅有力推动了中国化学学科的发展进步,更为走向复兴的中华民族解决了一系列重大实际问题。有机化学界涌现出了以黄鸣龙、邢其毅、戴立信、屠呦呦等为代表的一大批科技工作者,正是在诸多前辈学者们的无私奉献与辛勤耕耘下,中国的有机化学才有了如今的飞速发展。当前,我国的有机化学科研实力已处于世界领先水平。在本课程中,将讲述我国有机化学的发展历史,介绍目前最新的科研成果,这不仅有助于增强学生的荣誉感和科技自信,更能让他们深刻意识到自己是未来推动我国有机化学发展的生力军,将接过传承的接力棒,继续扬帆远航!

▶ 教案设计

一、教学目标

（一）知识目标

1. 掌握萜类和甾族化合物的结构特点；

2. 明确萜类化合物的分类和甾族化合物的构象；

3. 了解萜类和甾族化合物在动植物体中的存在形式及应用。

（二）能力目标

1. 分辨萜类和甾族的结构，掌握萜类化合物的具体分类；

2. 画出甾族四环的构象结构；

3. 能够将官能团之间的反应应用到两类化合物的合成或衍生中。

（三）价值目标

1. 运用宏观辨识与微观探析的辩证法分析化学问题；

2. 从萜类和甾族的多种合成路径中体会科学创新的内涵，并理解原子经济型反应的实际应用，树立可持续发展观；

3. 培养学生的科学人文情怀，增强其民族与社会责任感。

二、教学内容分析

（一）教学内容

1. 萜类化合物的结构、组成和分类及各类萜化合物；

2. 甾族化合物的结构和构象式及各种甾族化合物；

3. 萜类和甾族化合物的生物合成；

4. 扩展内容——萜类、甾族天然产物的全合成分析报告。

（二）教学重点

1. 萜类化合物的分类；

2. 甾族化合物的四环结构及构象。

（三）教学难点

1. 理解萜类化合物结构中的异戊二烯规则；

2. 甾族化合物两种构象的画法；

3. 已知的有机反应在萜类和甾族化合物的合成或衍生中的应用。

（四）教学中的思政结合点

专业知识点	思政元素	方法
萜类化合物的结构确定和分类	灵活的科学思维，独立思考的能力，探究真理的精神。	类比法、案例法。让学生们通过萜类化合物结构类比，自行分析萜类化合物的通性和分类依据。脂环类化合物结构官能团少，在一百年前确定其结构难度非常大。介绍奥托·瓦拉赫（O. A. Wallach）确定萜的结构的过程和其科学探究精神。
生活中的萜类化合物	普遍联系的哲学思维。	列举法。将萜类化合物分类归纳讲授，并结合其在香料、食品领域的应用，将产品图片和萜分子结构相对应展示，启发学生们将课本中的内容与生活中的有机化合物联系起来。
倍半萜内酯化合物，青蒿素的发现史	科学家严谨求实的态度和家国情怀。	案例法。介绍抗疟疾药青蒿素是一类倍半萜内酯结构，讲述我国诺贝尔生理学或医学奖获奖者屠呦呦与青蒿素的故事。
甾族化合物的结构特征	矛盾辩证方法论。	讲解法、讨论法。甾族化合物的稠环骨架的理解有一定的难度，然而只要掌握它的四环特征以及顺反排列规律，则较为容易掌握它的化学结构和构象画法。这是把抓住事物主要矛盾的辩证方法用于科学理论学习的体现。
生物体内重要的甾族化合物	坚持不懈、严谨治学的科学精神，科学家的民族使命。	讲解法、案例法。以医药领域中被广泛熟知的甾族化合物为基点，进一步认识甾族物质，并可比对出它们的官能团差别和生物功能差异。黄鸣龙先生在甾体化学中的贡献。
乙酰辅酶A生物合成萜和甾类的化学反应途径	归纳总结的科学辩证法。	讲解法、讨论总结法。以乙酰基为起始结构，将乙酰辅酶A逐步增链合成萜，以及进一步形成甾族化合物的路径展示，分析其中的有机反应。总结其中的基本反应类型。
鉴赏分析天然产物全合成路线	分析—论证—实践—再论证的科学方法论，原子经济性论和可持续发展的科学观点。	讲解法、讨论法。选取同一个萜类天然产物结构，提供给学生几种不同的合成路线的文献，让学生对其合成路线进行分析，并在课上做PPT讲解，这个过程中对复杂反应机理不作要求。最后让学生从原子经济学和可持续发展角度对同一化合物的不同的合成路线发表自己的评判意见。

三、教学过程

（一）萜类化合物

1. 萜类化合物的结构、组成和分类

教学目的：介绍萜的分布、结构特点和分类规律。

教学内容：19世纪末，萜类化合物并没有准确的鉴定方法。奥托·瓦拉赫（O. A. Wallach）通过将萜类化合物衍生化的方法，将其转化为结晶化合物并测定其熔点，从而确定了萜类化合物的结构，即含有两个或以上的异戊二烯分子，以头尾相连的方式结合起来。奥托·瓦拉赫系统研究了环状不饱和萜类化合物的重排反应以及α-蒎烯类化合物。他打开了对萜类化合物系统研究的路径，为萜类在今后百年的发展打下了坚实的基础，于1910年获得诺贝尔化学奖。萜类化合物可以根据组成分子中异戊二烯单元的数目来分类（表8-1）。

表8-1 萜类化合物的分类

萜	碳原子数	异戊二烯单元数
半萜，hemiterpenes	5	1
单萜，monoterpenes	10	2
倍半萜，sesquiterpenes	15	3
二萜，diterpenes	20	4
二倍半萜，sesterterpenes	25	5
三萜，triterpenes	30	6

课程思政　萜类化合物属于脂环化合物，由于缺少官能团，在检测技术不发达的时代，鉴定其结构的难度极大。瓦拉赫运用灵活的科学思维，衍生增加萜类化合物的官能团结构，并利用结晶分离，揭开了萜的结构面纱。科学工作者需要具备独立思考的能力和探究真理的精神。

2. 各类萜化合物

教学目的：介绍各类萜化合物结构特征和应用。

教学内容：单萜分为非环状单帖、单环单帖和双环单帖，其中香叶醇、薄荷醇、樟脑为单萜类代表性物质。二萜醇维生素 A_1 可由四萜类化合物β-胡萝卜素在肝脏中转化。

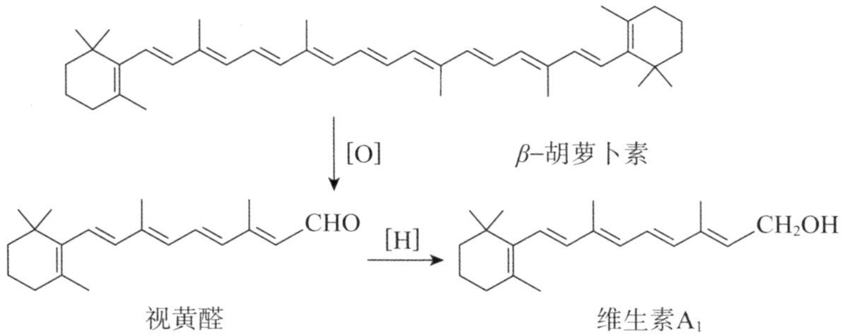

图 8－1

青蒿素作为一类倍半萜内酯化合物，是现今所有药物中起效最快的抗疟原虫疟疾药。使用包含青蒿素衍生物在内的青蒿素联合疗法是现今全球范围内治疗恶性疟原虫疟疾的标准方法。它是由我国科学家，诺贝尔生理学或医学奖获得者屠呦呦于 1972 年在中草药青蒿中提取得到。20 世纪 70 年代屠呦呦承担国家科研项目，经过对 2 000 多种中草药方的筛选后对青蒿活性物质进行提取，根据药方中将青蒿冷水"绞汁"用药的描述，屠呦呦最终采用乙醚低温提取法从青蒿叶片中成功提取分离得到了"青蒿素"，并做临床试验证明其高效的抗疟疾活性，从而挽救了全球百万人的生命。

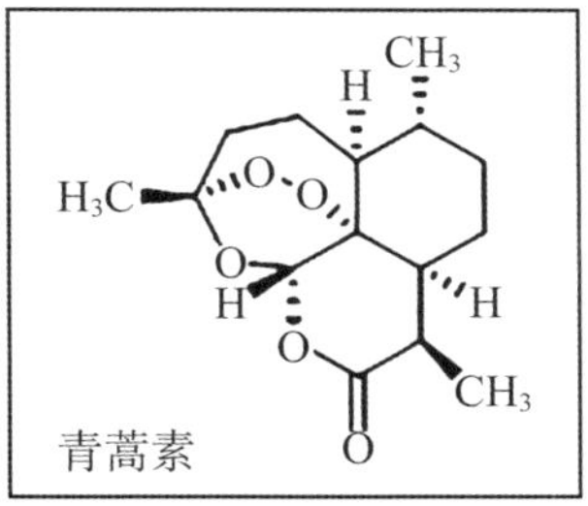

图 8－2

课程思政　科学家屠呦呦为了解决国家面临的问题，承担国家科研项目。她有着科学家敏捷的思维，能够透过现象看本质，将富含汁液的青蒿叶作为提取的部位，同时运用普遍联系的哲学方法论，将中草药中的用药方式与提取实验的温度相联系，最终得以成功提取青蒿素。更重要的是，屠呦呦肩负国家任务，克服重重困难，并以其对待科学严谨求实的态度和追求卓越的工匠精神完成了项目要求，更是解决了世界性的疟疾医疗难题。这是一个心怀家国、民族的科学家的最高追求。

（二）甾族化合物

1. 甾族化合物的基本骨架和构象式

教学目的：介绍甾族化合物的结构特征和两种构象。

教学内容：甾族化合物是一类具有特殊排布的四环类化合物。其核心的稠环骨架含有 17 个碳原子，其包含三个六元环、一个五元环。这类化合物通常含有两个角甲基和一个羟基。天然甾族化合物的 B、C 环和 C、D 环都是反式相连，只有 A 环和 B 环既可顺式相连亦可反式相连。所以甾族化合物的环架只有两种构象式。

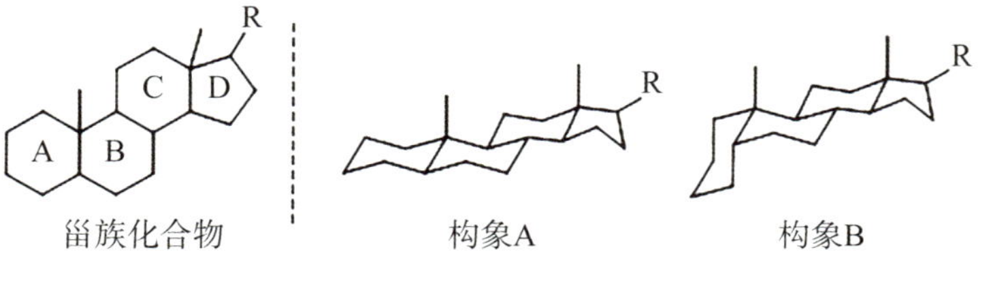

图 8-3

课程思政　甾族化合物的稠环骨架对本科生有一定的难度，然而只要理解它的四环特征以及顺反排列规律，则较为容易掌握它的化学结构和构象画法。这也是我们应用抓住事物主要矛盾的辩证方法论于科学理论学习的体现。

2. 各种甾族化合物

教学目的：介绍生物体内重要的甾族化合物。

教学内容：胆固醇是最早发现的甾族化合物。哈佛大学的康拉德·布洛赫(K. Bloch)和慕尼黑大学的费奥多尔·吕南(F. Lynen)首先研究了胆固醇的生物合成路线以及相关的重要中间体。其中关键的步骤是角鲨烯在环氧酶的作用下环氧化，再酸化开环并经碳正离子关环重排后转化为羊毛甾醇，再经多步反应后转化为胆固醇。布洛赫和吕南由于在胆固醇和脂肪酸的代谢机理和方法等方面的杰出贡献，获得了1964年的诺贝尔生理学或医学奖。通常甾族化合物都有着很重要的生理作用，如性激素、炔诺酮、蟾蜍他灵等。黄鸣龙先生是我国著名的甾体化学家，他在合成甾体的过程中创造性地改进已有的还原方法，现称为黄鸣龙还原法，在国际上已广泛采用。他领导研制的可的松、炔诺酮、甲地孕酮等甾体药物完成了国家急需的建设项目。

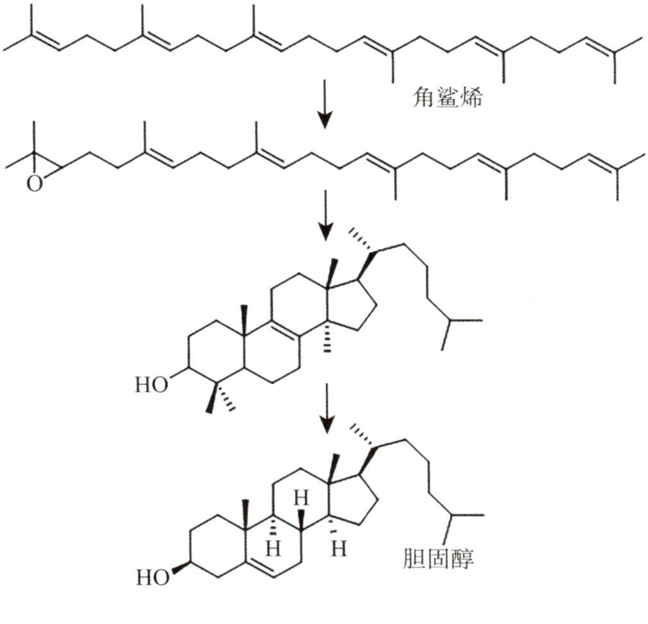

图 8-4

课程思政　黄鸣龙先生早年留学欧洲，但始终心系祖国，在战争年代坚持回国做贡献。在科研条件极其艰苦、人身安全无法保障的环境中，坚持做化学研究，尽显科学家的爱国初心。黄鸣龙还原法的发现虽有其偶然性，但与其一贯严格的科学态度和严谨的治学精神是分不开的。新中国成立后，黄鸣龙先生根据自身在甾体化学中多年的研究经验，领导主持了国家急需的建设项目，为当时甾体激素和计划生育药物生产做出了重大贡献。如今回想，几十年前正是这些既有精湛学术水平又心怀祖国与民族的科学家们，才让新中国走出阴霾，走上光明的复兴之路。当今的青年们，在现代风雨变幻的世界格局中，也终将是肩负振兴中华历史责任的主力军。

（三）萜类及甾族化合物的生物合成

教学目的：介绍乙酰辅酶 A 生物合成萜和甾类的过程。

教学内容：乙酰辅酶 A（ace - tyl - CoA）是辅酶 A 的乙酰化形式，生物体系中乙酰辅酶 A 先转化为乙酰乙酰辅酶 A，后者与一分子乙酰辅酶 A 进行羟醛缩合，还原水解之后产生萜的合成前体，3 -甲基- 3，5 -二羟基戊酸。3 -甲基- 3，5 -二羟基戊酸经过腺苷三磷酸酯（ATP）的作用，生成焦磷酸异戊烯酯和焦磷酸二甲基烯丙酯，两种酯再进行结合就可以生成各类萜化合物。两分子法呢醇焦磷酯头对头还原结合，就可以得到长链角鲨烯，最后形成胆固醇。

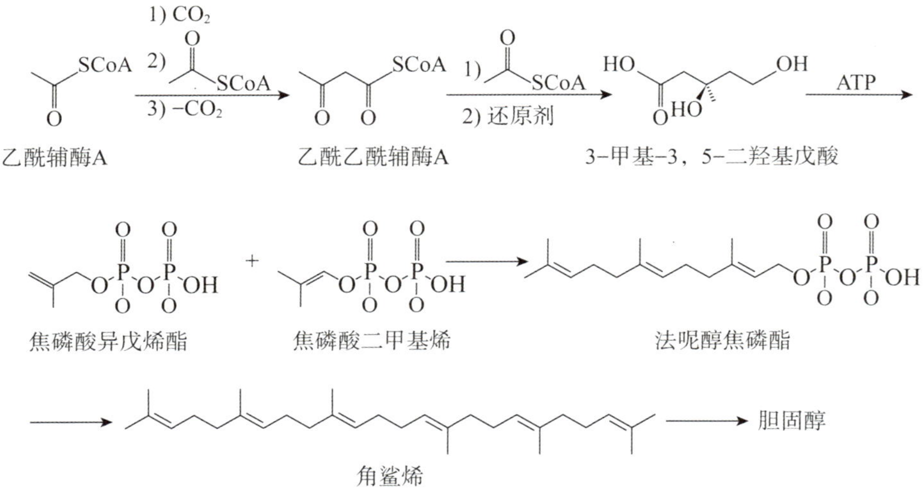

图 8 - 5

课程思政　从生物合成途径上可以看出，醋酸在体内经过酶的作用可以生成更为复杂的多种生物活性分子。有机体内的化合物，虽然种类繁多，但经过仔细研究，可以用辩证的归纳总结方法将其分类为若干基本合成类型。

（四）拓展内容

教学目的：引导学生分析理解全合成路线

教学内容：2000 年日本 Fukuyama 小组从滇西八角中分离得到了具有新颖骨架的倍半萜类天然产物(-)-merrilactone A。此天然产物在 0.1 mmol/L 的低浓度下仍表现出良好的生理活性。更为重要的是(-)-merrilactone A 是一种低分子量非肽类亲脂性化合物，有望穿越血脑屏障，为开发治疗阿尔兹海默病的药物提供了新颖的先导化合物。因此近年来合成化学家们发展了多种(-)-merrilactone A 的全合成路线。学生们对其中的三种合成路线进行分析报告，从中可对比出不同策略的核心步骤。

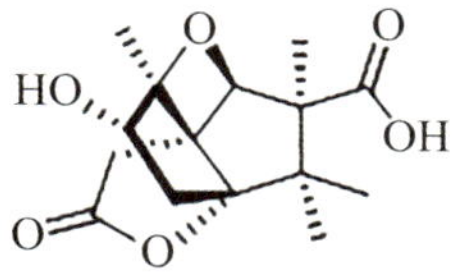

(-)-merrilactone A

图 8-6

课程思政　天然产物拥有复杂的结构，然而经过仔细的逆合成分析，可将其分解成更为简单的小分子，运用有机化学中所学的各类反应，最终将小分子“组装”成天然产物分子。全合成鉴赏分析课程可以让学生更深刻理解“分析—论证—实践—再论证”的科学方法论，并从不同的合成路径中体会原子经济性反应和可持续发展的实际应用。

（五）总结

教学目的：总结归纳课堂所讲的内容。

教学内容：

1. 萜类化合物：萜的结构与分类，各类萜化合物。

2. 甾族化合物：甾的结构与构象，生物体内的甾体化合物。

3. 生物合成萜类和甾族化合物的路径，反应类型和机理。

四、课外思考题

1. 查找有关“天然产物全合成”的文献资料并制作成 PPT。

2. 查找中国优秀化学科学家的人物事迹和相关化学研究，并以课前演讲的形式呈现。

五、教学评价

萜类和甾族化合物对于大学二年级学生来说结构比较复杂，然而经过分析发现，可以把萜类拆分成异戊二烯的单元，甾体则是以“三六一五”的稠环骨架为基础的化合物。引导学生运用透过现象看本质的唯物辩证思维分析化学问题。萜类和甾族化合物在化工产品、医药行业中应用较多，将理论联系实际，学生们可直观地看到他们所学习的小分子知识在社会生产中的大用途，这会很好地激发学生们对有机化学乃至科学学科的兴趣与热爱。生物体内从乙酸出发，通过辅酶 A 可将链不断增长，形成萜和甾等多种活性物质。生物体内反应非常复杂，然而通过将问题简单化，分析主要矛盾，归纳总结后，可将它们分为几种基础的类型。

萜类和甾族化合物在药物应用中十分广泛，药物是国家战略性物质，因此科学家不仅为科学理论和真相而努力，更是为国家安危和民族健康砥砺前行。青蒿素的发现，甾体激素药物的研发生产，是我国科学家对国家和人类的伟大贡献。科学是全人类的，科学家是有国籍的。科学工作者在研究工作中肩负着民族复兴和国家发展的历史使命，他们从微观的分子世界出发，着眼于现实中的实际问题，最终服务于国家，令全人类受益。

课程采用考试和平时成绩的方式最终确定总成绩，平时成绩包括课堂 PPT 演讲（以分组评比的方式确定排名，并给予平时成绩的奖励），回答问题次数，作业完成情况等。总成绩还将引入思政课程效果因子，例如参与课前化学家事迹演讲的学生，以及与老师交流阅读科技文献心得的学生都将获得额外的平时成绩加成。

古为今用显“锋”芒　学科育人“图”发展

——蕴含课程思政理念的“简单的低共熔二元相图”教学

贾能勤

▶ **课程名称**　物理化学

▶ **课程性质**　专业主干课程

▶ **专　　业**　应用化学

▶ **授课对象**　应用化学专业三年级学生

▶ **教师简介**　贾能勤，上海师范大学化学与材料科学学院教授，博士生导师；化学系系主任，物理化学学科硕士点带头人，兼任上海市化学化工学会物理化学专业委员会副主任；主讲课程有“物理化学”“电化学研究方法”等；主要从事电化学、化学/生物传感和纳米生物技术研究；先后主持承担了国家、省部级项目10余项，在SCI源刊物上发表论文100余篇，授权发明专利10余件；曾入选教育部新世纪优秀人才、上海市曙光学者、上海市青年科技启明星等人才计划，被评为上海市教卫工作党委系统优秀党务工作者(2019年)；主讲课程入选2020年度上海高等学校一流本科课程，开发的科普短视频作品《纳米自清洁——莲花效应》获评2020年度全国优秀科普微视频。

▶ **课程简介**　“物理化学”是我校化学专业主干课程，它是化学学科的一个重要分支，在化学化工类教学计划的理论课程中处于承上启下的枢纽地位。课程主要内容包括：化学热力学（热力学基本定律、多组分系统热力学、相平衡、化学平衡）、电化学（电解质溶液、可逆电池、电解与极化）、化学动力学（宏观动力学、微观动力学）、表面与胶体化学（表面物理化学、胶体）。

本课程学习目标包含知识、能力和思想政治三个层面：通过本课程的学习，学生应掌握物理化学的基本概念、基本理论等基础知识，学会用物理化学的方法观察和解释化学现象的原理，了解其在科学实验、工农业生产中的重要作用。同时，掌握课程的逻辑框架，学会学习知识和解决问题的方法，在观察实验化学现象之余提高相关理论认知，能够为后续课程学习及未来化学教学或应用等领域的各项工作打下基础。除此之外，本课程将价值引领贯穿于教学全过程，有助于培养学生严谨求实的科学态度，敢于探索、乐于创新的科学精神，深化爱国情怀，增强时代使命感和责任感，为培养德才兼备的高素质人才奠定坚实基础。

▶ 课程蕴含的思政元素分析

1. 立德树人导向，促进全面发展

“物理化学”课程是一门运用物理学原理和实验方法研究化学变化普遍规律的学科，被誉为“化学中的哲学”，在人才培养方案中居于核心地位。就方法论素材而言，物理化学作为应用化学人才培养的核心课程，已经进入了一个全新的发展阶段，其内涵趋于多元，层次更加丰富：从宏观深入微观、从定性转变至定量、从描述过渡到推理、从静态推进向动态、从平衡态拓宽到非平衡态、从体相外延至表相等，有利于培养学生运用所学观察、进一步解释化学现象背后的本质。关于情境素材的应用，通过在物理化学课程设计中巧妙融入古代人民的智慧结晶、化学发展的历史长河、生活生产的方方面面、日新月异的前沿科技，有利于带领学生感悟“科学应用于世界，科技改造世界”的学科思想。两者的有机融合有助于理论学习与价值观养成齐头并进，从而落实促进学生全面发展、立德树人的根本任务。

2. 培养科学思维，掌握科学方法

物理化学是一门系统性、理论性较强的课程，便于培养学生着眼于系统，掌握系统的逻辑框架，避免囿于表象，获得全面广泛的视角，对科学问题求根溯源。这种科学思维方法与提出解决问题的实践能力有助于为学生们未来从事应用化学领域的各项工作打下基础。每一章结束后要求学生绘制具有发散性的思维导图,使零散知识系统化,以期达到巩固提升效果。比较不同章节之间的思维导图,有助于启发学生关注其中的联系与区别,理清逻辑。学期结束时,进一步绘制整门课程的思维导图,旨在培养学生重构知识、整合知识的能力和素养。创新与创业是新时期党和国家对大学教育的殷切寄望。本课程阐述概念和定律的部分,通过讲解其发展历史、学科现状及前沿,使学生了解其发展趋势和有待解决的关键科学问题,培养学生的创新意识;指导学生分析讨论实践应用案例,培养学生将知识融会贯通、将理论落脚于实践的能力;组织学生分组研讨前沿科研文献,培养学生崇尚科学、思考探索及团结协作精神。因此,本课程在夯实理论基础之余,根植物理化学发展史,将科学家的故事、学科前沿和应用案例引入课堂,以生动的教学激发学生的科学兴趣,强化创新意识。

3. 激发家国情怀,树立文化自信

中华民族上下五千年的文化积淀是前人为后代留下的文化瑰宝,也是中华民族的根基所在,是中国屹立于世界东方的底气和魄力。我国传统文化绚烂多彩,无论是诗词歌赋,抑或是巧工匠心,随处可见物理化学的踪影和古代人民的智慧。时光不掩芳华,在中华民族伟大复兴的进程中,我国科学家们勇于开拓、不断超越,从中国制造逐渐转变为中国“智”造,让中国科技在国际舞台上熠熠生辉。无论是国产大飞机的起航,还是神舟系列遨游宇宙,其中蕴含的物理化学知识能促进学生更好地读懂科学知识、读懂中国技术。因此,在物理化学课堂上展现中国创造及中国科学家在物理化学发展史上的成就以及影响力,能够激发家国情怀、传递科学精神,弘扬文化自信,深化立德树人的教育理念。

▶ 教案设计

一、教学目标

(一) 知识目标

1. 熟悉热分析方法的原理;

2. 掌握二组分固—液平衡体系的典型相图;

3. 掌握相图的点、线、面的含义和任意组成熔体的步冷曲线的绘制和特征。

（二）能力目标

1. 能够用科学探究方法绘制典型固—液平衡体系相图；

2. 能够用理论联系实际进行相图分析。

（三）价值目标

1. 通过引入越王勾践剑和大飞机 C919 相关内容，加强学生的爱国情怀和民族自豪感；

2. 在知识讲解和学生实验的教学过程中，培养学生严谨的逻辑思维方式、端正的科研态度，并激发科学兴趣。

二、教学内容分析

（一）教学重点

1. 理解相图的点、线、面的含义；

2. 掌握相律公式和步冷曲线的绘制；

3. 了解相图的应用。

（二）教学难点

相图的分析与应用。

三、教学对象分析

对大部分同学来说，“物理化学”概念抽象，公式复杂繁琐，课程难度较大，如果缺乏足够的学习动力和目标，在一定程度上会影响学习效果，即使完成专业知识学习仍难以真正将其内化、转化为实际应用能力。开展这门难度较大的专业基础课程的教学，正是引导他们学习科学知识、科学方法和科学精神的良好契机。我们的学生对科技兴国重要性的认识往往不够深刻，因此更有必要引导他们对科学产生兴趣，用兴趣激发学习热情，从而学好这门课并获得从生活中发现问题、在实践中解决问题的能力。科学是无国界的，但是国家认同感的培养不可忽视，在教学过程中引入中国相关科技成果与贡献，进一步培养学生的文化自信，增强爱国情怀，指引他们在实现中华民族伟大复兴的中国梦的过程中贡献青春力量，勇担时代责任。

四、教学手段与方法

为顺应教育信息化 2.0 时代课堂教学改革需要，满足学生个性化学习需求，改善传统课堂学生被动听讲、单向吸收的局限，通过学生多元化活动实现有策略地学习。具体而言，本课程采用线上线下混合教学的方式，有效地化解课程难度，解决学生差异性导致教学效果参差不齐的问题，并落实物理化学学科中的课程思政教育，以全面有效地实现教学目标。微助教和微弹幕等信息技术引入教学过程，可以在很大程度上变学生被动学习为主动学习，尤其对学习态度或能力一般的学生，可以显著促进和改善他们的学习效果。具体方法如下：

课前线上“学习通”布置学习任务，学生充分利用我们已建设的以课程思政为特色的物理化学微课，进行自主学习，完成自测并填写疑难问题的问卷，让教师课前了解学情，对需要精讲的教学重点、需要突破的教学难点做到心中有数，从而可以实现精准教学。

课中线下重点难点的讲解，采用问题驱动的方式展开启发式教学，步步深入，以好奇心为抓手激发学习兴趣；通过深入浅出的讲解，在“基础—提高—应用—创新”四个层次上将物理化学的理论知识与生产实践、科研前沿相融合，突出课程的应用性和科学性。

课后学生自己总结，完成相关作业，师生互动答疑，达到知识的回溯与整合目的。同时，通过互动反馈，有助于进一步调整、完善教学设计。

五、教学中的思政结合点

专业知识点	思政元素	方法
简单的低共熔二元相图	《考工记》记载的青铜铸造工艺。	案例法。创设情境，引出思考问题，调动学生学习兴趣。
	越王勾践青铜合金剑千年不锈。	
相图的应用	合金材料在我国自主知识产权的大飞机 C919 制造上的应用。	案例法。通过介绍合金材料在 C919 大飞机和天宫一号飞行器上的应用，植入“性质决定用途”的学科观念。
	我国天宫一号空间实验室资源舱使用碳纤维复合材料承力锥台结构方案，用蜂窝夹层结构与铝锂合金复合材料十字梁组合结构攻克技术难题。	

六、教学过程

（一）预习任务布置

1. 课前线上观看相图及应用微视频。内容：中国从古至今典型合金材料的应用事例，包括越王勾践青铜合金剑、具有中国自主知识产权的大飞机 C919 和“天宫一号”飞行器大量使用铝锂合金，以及两组分相图相关知识点。

2. 学生通过复习相律相关知识，观看微视频，完成线上课前测试，且必须达到 60％正确率的指定要求。观看视频时长也计入评价。课前测试中包括难度不同的 4 道题目。

设计意图：提供一定的学习情境，帮助学生复习已经学过的知识。

（二）设计情境引入新课(2 分钟)

创设情境——历史故事：

《考工记》中记录了大量古代各种器物制造的工艺流程与生产规范，其中就有对不同器物所应采用青铜配方的记录，合称金“六齐”：

六分其金而锡居一，谓之钟鼎之齐；

五分其金而锡居一，谓之斧斤之齐；

四分其金而锡居一，谓之戈戟之齐；

三分其金而锡居一，谓之大刃之齐；

五分其金而锡居二，谓之削杀矢之齐；

金一锡半，谓之鉴燧之齐。

《考工记》是世界上最早的一份合金配比记录，这表明中国古代就已能十分熟练并精准掌握青铜的制作工艺，并制造出大量举世闻名的青铜器，越王勾践剑就是其中之一。我国考古工作者从湖北省江陵望山的一号楚国贵族墓(也就是距春秋时代楚国别都纪南城故址七千米处)将该剑挖掘出来。它的材料不是金、银、玉，而是一把青铜剑，在地下埋藏了两千年，出土后拔剑出鞘，寒光耀目，而且毫无锈蚀，刃薄锋利。试之以纸，20 余层一划就破，充分反映了我国古代铸剑工匠的高超技艺。勾践剑为何如此锋利？是怎样铸造的呢？为何能千年不锈呢？

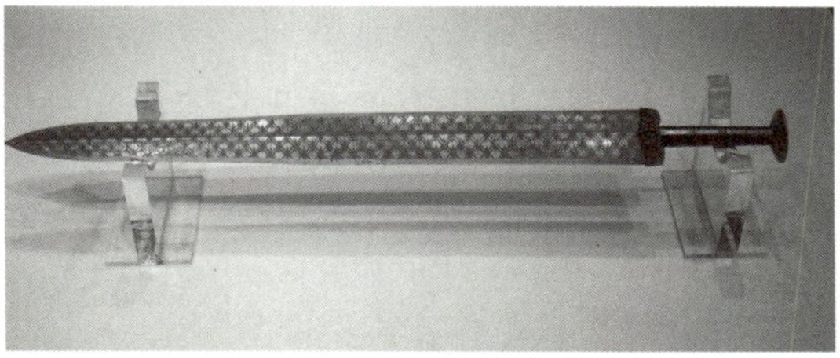

图 9－1

设计意图：创设情境，引出思考问题，调动学生学习兴趣。

（三）提出问题激发讨论（5 分钟）

提问 1：制造越王勾践剑的合金材料是什么？

提问 2：两组分合金材料有什么样的配比规律？

学生讨论：

采用微助教软件，进行师生互动交流，并将发言情况计入评价。

设计意图：讨论主要围绕问题进行。通过过程控制，鼓励积极思考，发言。

（四）理论解释、实验探究（5 分钟）

教师讲解：

前面我们说到的越王勾践剑，主要由 Cu－Sn 合金组成。而在合金中，比较典型的就是两组分体系，而这种简单的低共熔二元相图可以用绘制固态熔融系统相图常用的基本方法——热分析方法来绘制。这就是我们今天要学习的主要内容。

热分析法基本原理是，首先分别将含不同配比的二组分固相系统加热熔化，然后缓慢而均匀冷却，记录冷却过程中温度随时间的变化曲线，即步冷曲线。当系统有新相凝聚，释放出相变热，温度—时间图（步冷曲线）的斜率变小，出现拐点或者平台，然后据此在温度—组成图上标出拐点或平台对应的位置，得到二组分金属的温度—组成相图。

现在我们以典型的固相完全不互溶但液相完全互溶的 Cd－Bi 二元系统为例，来学习热分析法如何绘制相图。

学生实验：学生以典型的固相完全不互溶但液相完全互溶的 Cd－Bi 二元系统为例，自己动手，通过实验来学习热分析法如何绘制相图。

实验中，观察发现学习态度差的同学，以便个别关注，先了解学生，再引导学生，针对性提供方法指导，提出殷切希望。

设计意图：根据讨论，用热分析法原理对低共熔二元相图绘制进行阐释，并使学生通过实验进一步加深理解。

同时，关注学生情感变化，进行引导和鼓励。

（五）图表分析、突破难点（25 分钟）

根据绘制的相图，详细对相图进行静态分析和动态分析。

1. 静态分析：理解相图的点、线、面的具体含义，并能用相律加以分析。

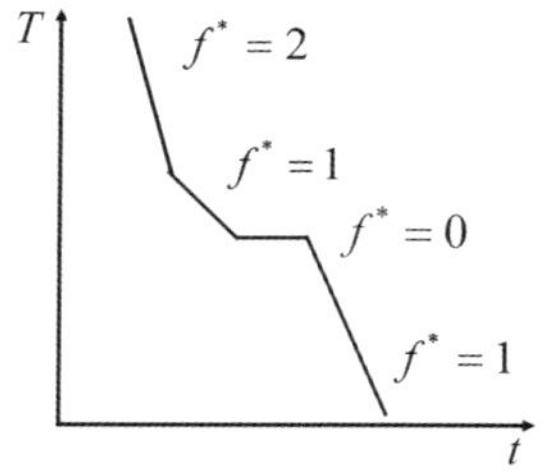

图 9－2

2. 动态分析：对任意组成熔体的冷却过程的相变化情况进行分析。

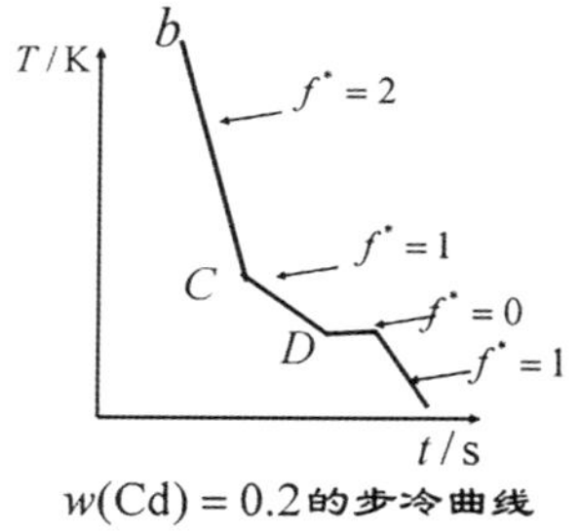

图 9－3

（1）加热使 Bi-Cd 全部熔化　温度可以下降

$\Phi=1$　$f'=2+1-\Phi=2$　组成也可变

（2）冷至 C 点，固体 Bi 开始析出

$\Phi=2$　$f'=2+1-\Phi=1$

（3）D 点固体 Bi、Cd 同时析出

$\Phi=3$　$f'=2+1-\Phi=0$　温度不能改变

（4）熔液消失，Bi 和 Cd 共存

$\Phi=2$　$f'=2+1-\Phi=1$　温度又可下降

3. 理解要点：最低共熔物的组成与性质。它的凝固点最低，它析出固体

时是两种金属同时按比例混合均匀地析出。

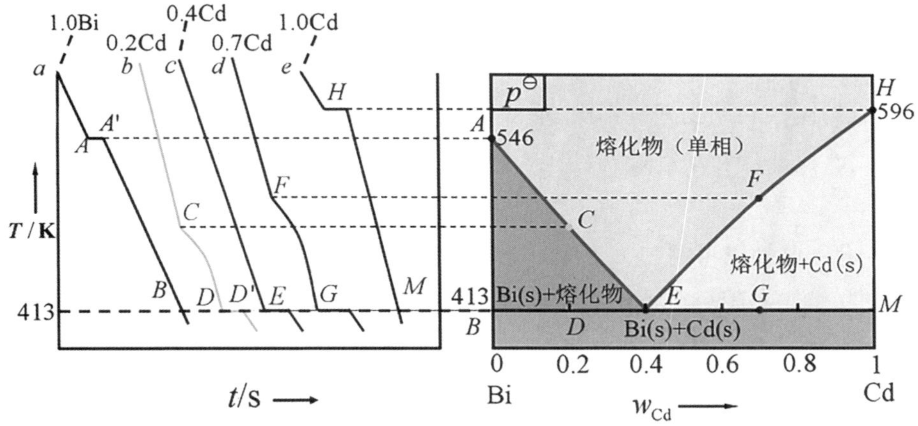

图 9－4

设计意图：引导对图表进行分析，破解难点，促进理解。

（六）应用训练、促进迁移（5 分钟）

相图可反映不同成分合金的组成相和平衡组织，而组成相的本质及其相对含量、分布状况又将影响合金的性能。当共晶组织十分细密时，强度、硬度会出现最大。因此利用相图可应用于以下领域：

1. 鉴定合金的纯度。

2. 对硬质合金成分和工艺进行设计。

设计意图：相图应用，变式训练，引导知识迁移，有助于学以致用。

（七）课堂总结、布置作业（3 分钟）

课堂结语：

从越王勾践青铜剑所处时代到 21 世纪，跨越了两千多年，越王勾践剑的铸造实际上就是相图的应用。虽然当时的劳动人民并不懂相平衡等理论知识，但能他们根据长期的实践经验总结，冶炼出宝剑，可见“实践出真知”。

如今典型合金材料在我国自主知识产权的大飞机 C919 的制造上又大放异彩。

“天宫一号”空间实验室资源舱采用了铝锂合金作为原材料，成功为舱段减重 10%。我国使用碳纤维复合材料承力锥台结构方案，用蜂窝夹层结构与复合材料十字梁组合结构作为主承力结构件，该设计方案优于金属面板方案，解决了推进分系统结构空间小、有效载荷难以布局的难题。

而我们今天所学的相图的相关知识正是这些新型材料发展的基本理论之一。

设计意图：回到问题提出，形成一个完整的观念。

（八）课后互动答疑，促进学习更上一层楼

七、课外思考题

1. 试用相图分析古代金属冶炼工艺《考工记》中的金“六齐”原理。

2. 2017 年 5 月 5 日，我国自行研制具有完全自主知识产权的新一代大型喷气式客机 C919 在浦东机场成功首飞，该飞机使用了怎样的合金材料，其结构用量达到了 8.8%？请简述一下该合金材料在飞机体中所起的作用及其性能特点？

八、教学评价

本课程使用了诊断性评价、形成性评价与终结性评价相结合的评价方式。课前进行诊断性评价，利用中国 MOOC 平台线上课前测试，既是对课前微视频学习的监督保证，也是对课堂内容的铺垫。同时，我们在微视频中植入思政案例，有利于思政目标的实现；在课程进行中进行形成性评价，由考勤、课堂讨论、课后作业、阶段检测组成，不仅细化学习过程，也更全面地考查了学生，将课堂讨论引入评价有利于活跃课堂气氛，课后作业除常规习题外，引入蕴含思政元素的新题目、思维导图创作的新形式，帮助学生活学活用，在混合教学评价模式中，线上测试、考勤、课堂讨论和课后作业均由学习通平台辅助完成计分，让评价同样“混合”，不仅出错率低，更重要的是省时省力，教师可以将重心放在课程设计和跟学生的交流中。

九、教学效果分析

本节课是物理化学课程“相平衡——二组分系统的相图及应用”中的内容。教学重点是理解热分析方法，掌握二组分固—液平衡体系的典型相图，掌握相图的点、线、面的含义和任意组成熔体的步冷曲线的绘制和特征。本课程通过在教学内容、教学方式、评价方法上的创新，教学效果较传统教学有了显著提升。

1. 通过了解中华优秀传统文化与中国先进技术，增强文化自信

在本节课采用嵌入式和隐形渗透式的课程思政方法，将微课参与式与课程思政相融合的教学模式，将“中国古代越王勾践剑为什么那么锋利?”和“典型合金材料在我国自主知识产权的大飞机 C919 的制造上大放异彩”引入课堂，将固—液二组分相图与合金的应用有机结合，让学生明白知识不仅仅停留于书本上的“死”知识，而是具有丰富应用价值的“活”知识，在激发学生学习兴趣的同时，增强学生的民族自豪感和爱国情怀，实现了关于科学精神和文化自信的引导与渗透。

2. 通过线上线下混合式教学和全程性评价方式，大幅提升学习效果

本节课以新闻报道引入，以悬念开场，使用线上视频形式辅助预习，线下教学主要通过详细的静态分析和动态分析攻破重点和难点内容，以提问和师生互动及生生互动讨论等多种教学模式生动展开，寓教于乐，激发学生的学习兴趣，加深学习印象。线上线下混合教学目的在于从方式上或技术手段上改革，做到以学生为中心、多渠道讨论互动，全流程学习辅助，全过程数据支持，以此来提高学生的学习积极性和参与度。评价方式也由之前单一的终结性评价变化为“诊断性＋过程性＋终结性”的全程性评价，实现全过程考核管理，全方位效果呈现，确保教学目标的实现，提升学生的学习效果。

3. 通过知识重构和文献查阅，充分理解学科知识及其在前沿领域的应用

本节课的课后作业分别是自主构建思维导图以及查阅文献了解“相图”知识在前沿科技中的应用。其中构建思维导图是学生内化知识、重构知识的过程，通过思维导图的建立可以帮助学生梳理一节课上的零散知识点，并根据自己对于知识的理解串联成网络，形成学科认知的内核，在此基础上佐以文献的查阅，引导学生探索应用实例、启发创新思考，不仅可以对物理化学的世界有更加立体、全面、与时俱进的认识，也能培养学生良好的科学思维方式、科学学习方法与科学探究素养。

电池的奥秘

——“原电池电动势的测定”课程思政教学案例

卞振锋

▶ **课程名称** 物理化学实验

▶ **课程性质** 专业必修课程

▶ **专　　业** 应用化学

▶ **授课对象** 应用化学专业三年级学生

▶ **教师简介** 卞振锋，上海师范大学化学与材料科学学院教授、博士生导师，主要从事光催化污染控制基础理论研究；在 *Nature Sustainability*、*Environ. Sci. Technol.*、*Nature Commun.*、*J. Am. Chem. Soc.*、*Angew. Chem. Int. Ed.* 等SCI期刊上发表论文50余篇；入选上海市东方学者特聘教授(2012)、上海市曙光学者(2013)、国家优秀青年基金(2015)、上海市优秀学术带头人(2021，青年)等人才计划；荣获2015年度上海市自然科学一等奖等；现为中国可再生能源学会光化学专委会副主任、资源化学教育重点实验室执行主任、上海市稀土学会理事长。

▶ **课程简介** “物理化学实验”是上海师范大学化学与材料科学学院为应用化学、化学(师范)和化学工程与工艺专业三年级本科生开设的专业必修课程，由上海师范大学化学实验教学中心承担“化学实验”课程的教学。所用教科书是上海师范大学物理化学教研室编写的《物理化学实验》，参考书为复旦大学等校编写的《物理化学实验》和东北师范大学等校编写的《物理化学实验》。

课程内容主要包括：恒温水浴的组装和性能测试，纯液体饱和蒸气压的测定，中和热的测定，双液系的气-液平衡相图，离子迁移数的测定，旋光法测定蔗糖转化反应的速率常数，乙酸乙酯皂化反应速率常数的测定，$Fe(OH)_3$溶胶的聚沉值、ξ 电势及粒径分布的测定，黏度法测定水溶性高聚物相对分子质量，最大液泡法测定溶液的表面张力等实验。

通过本课程的学习，使学生掌握物理化学实验的基本方法和技能，培养学生正确记录实验数据和现象、正确处理实验数据和分析实验结果的能力，加强学生对基础理论的理解，加强学生掌握有关物理化学的基本原理和科学研究方法，提高学生灵活运用物理化学原理来解决化学问题的能力。

学习该课程后，能为学生后续的化学理论研究打下良好的基础；使学生既具有坚实的实验基础，又具有初步的科研探索能力；实现学生由学习知识、技能到进行科学研究的初步转变；为化学专业培养高素质的专门人才。

▶ 课程蕴含的思政元素分析

1. 知行合一

化学是以实验为基础的一门科学。化学实验课作为化学教学体系的重要组成部分，涉及范围广泛，如材料的合成、物质组成和结构分析等，这些均与日常生产生活密切相关，而其中蕴含着丰富的思想政治教育元素。因此，化学实验课程教学是落实立德树人、培养社会主义核心价值观的有效途径。以物理化学实验课程为例，“物理化学”课程是传统的四大化学基础课程，其内容和理论已很成熟，而物理化学实验课程是大学生进一步深化理解抽象物理化学知识，提升认识层次的必经之路。通过物理化学实验大量的实操训练，将当代科技研究的热点及生活中的实例与课本上的原理和理论相结合，既可拓展和更新原有的课本教学内容、又可吸引学生学习的兴趣和积极性，大学生的实际动手能力得到增强，更好地实现“知行合一”。

2. 社会责任感

物理化学实验的课程特点决定了其本身蕴含的丰富思政课程元素。

比如在讲授“乙酸乙酯的皂化反应”实验中，在介绍溶液的电导率时可以如此讲述：溶液电导数据的应用非常广泛，其中非常重要的一个应用即是检验水的纯度。如果水受到污染，溶液中的离子数增多，会导致水的电导率增大。由于工业废水的随意排放以及农药和化肥的过度使用，国内水质状况堪忧。习近平总书记有关生态文明建设的要求，即“绿水青山就是金山银山”。我们每个人要爱护环境、节约能源，为建设美丽中国而努力。采用测试水溶液电导率的方法，再配合其他元素分析的测试方法（ICP、EDS等），可以检测我们日常生活中的水质情况。随后在处理实验数据时，引导学生进行速率控制步骤引发的哲学思考。因为一个化学反应一般由多个基元反应组成，其中速率最慢的基元反应控制了整个反应的速率，这最慢的一步反应称为决速步骤。

3. 团队合作

通过实验课程学习，使学生在掌握“原电池电动势的测定”等实验的基本原理知识、实验操作和数据处理技能的同时，理解个人和国家、部分和整体的辩证关系。让每一位学生在课程学习过程中掌握扎实专业技能，提高自身能力，然后调动大家一起协同合作，完成整个实验。只有团队每个成员都发挥出自己的最大能力，相互配合，才能使实验顺利完成；相反，如果团队缺少足够的信任，大家各自为战，缺少合作，同学之间不配合，往往导致实验失败的几率增加。

4. 爱国情怀及科研精神

在讲授“补偿法测电动势的基本原理”中，通过讲解实验原理引出我国著名化学家的事迹，教育学生学习前辈科学家严谨求实、团结协作、艰苦奋斗、热爱祖国的精神。在实验操作指导中，培养学生树立实事求是、团结协作的精神。

在讲解“UJ－25型直流电位差计的结构和使用方法”时，通过讲解电位差计原理引出著名科学家的事迹，教育学生学习前辈科学家热爱科研，意志坚定，最终实现个人理想的精神，教育学生把实现中华民族伟大复兴的中国梦和个人理想目标相结合，为自己提供内驱动力，同时约束自己，克服惰性，努力奋斗。

▶ 教案设计

一、教学目标

（一）知识目标

1. 掌握对消法测定电池电动势的原理；

2. 掌握电位差计的使用方法。

（二）能力目标

1. 培养学生正确记录实验数据和现象、正确处理实验数据和分析结果的能力；

2. 学会一些电极的制备和处理方法；

3. 通过电池和电极电势的测量，加深理解可逆电池的电动势及可逆电极电势的概念。

（三）价值目标

1. 了解科学探究的常用思路和方法；

2. 培养探究和创新精神；

3. 运用辩证唯物主义观点（如内因与外因、现象与本质的辩证关系等）分析问题、解决问题。

二、教学内容分析

（一）教学内容

1. 电池定义和书写；

2. 原电池电动势的测定原理；

3. 半电池制备；

4. 电池组合；

5. UJ－25 型直流电位差计的使用；

6. 原电池电动势的测定。

（二）教学重点

1. 原电池电动势的测定原理；

2. UJ－25 型直流电位差计的使用。

（三）教学难点

1. 对原电池电动势的测定原理的理解；

2. 原电池电动势的测定实验。

（四）教学中的思政结合点

专业知识点	思政元素	方法
电池定义和书写	理论联系实际。	通过讲解电池定义和书写，引导学生将实验与理论课所学知识进行对比，培养学生理论联系实际的能力。
原电池电动势的测定原理	透过现象看本质。	通过讲解原电池电动势的测定原理，加深学生对透过现象看本质哲学思想的理解。
半电池制备	不畏困难、刻苦钻研的精神。	通过半电池制备，引导学生学习科学家不畏困难、刻苦钻研的精神。
UJ－25 型直流电位差计的使用	严谨细致的科学态度。	引导学生使用电位差计，准确读取实验数据，培养学生严谨细致的科学态度和精益求精的工匠精神。
原电池电动势的测定	理论联系实际，实践是检验真理的唯一标准。	利用对消法测定电池电动势以及一些电极的电极电势，与所学理论进行联系比较，使学生深入理解实践是检验真理的唯一标准的哲学思想。

三、教学对象分析

对于大部分学生来说，物理化学实验这门课程是极其抽象的，并且课程难度较大。如果仅仅停留在课堂上原理及计算的讲解，学生将很快丧失学习物理化学的乐趣与动力。而物理化学实验课程的设置使得学生变被动为主动，经过大一大二的学习，学生已经具备基本的化学实验操作能力，具有良好的理解能力和逻辑思维能力。这时候通过自己的双手去积极探索其中的奥妙，想象自己就是科学家，能与谱写这些美丽诗篇的化学家们产生共鸣，进行跨越时空的交流，将课本上晦涩难懂的公式真正内化成自己能够灵活应用的能力。走前人走过的路，便能领会其中蕴含的科学精神。国家的发展与壮大是离不开科学技术的进步的，中华民族的伟大复兴需要每一位青年的参与和全身投入。

四、教学手段与方法

1. 课前学生预习原电池电动势的测定实验内容。

2. 课中老师指导讲解原电池电动势的测定原理及实验，学生进行实验操作并记录实验数据。

3. 课后学生完成课外习题和实验报告。

五、教学过程

（一）实验前的预习

学生在实验前应认真仔细地阅读实验内容，预先了解实验的目的和原理，所用仪器的构造和使用方法以及实验操作过程，通过多媒体线上视频讲解对实验方法有一个全面的了解，在预习的基础上写出实验预习报告。

课程思政　可提高学生听课的兴趣，有效帮助学生回顾课上学过的内容，为之后的实验操作做准备。培养学生科研诚信和创新意识。

（二）理论教学

1. 原电池定义

原电池是化学能转变为电能的装置，它由两个半电池组成，而每一个半电池中有一个电极和相应的电解质溶液。由半电池可组成不同的原电池。在电池放电反应中，正极发生还原反应，负极发生氧化反应，电池反应是电池中两个电极反应的总和，其电动势为组成该电池的两个半电池的电极电势的代数和。

2. 电池的书写

电池的书写习惯是左边为负极，右边为正极，符号“|”表示两相界面，“‖”表示盐桥，盐桥的作用主要是降低和消除两相之间的接界电势。

例如：

铜锌电池 $Zn|ZnSO_4(\alpha_1)\parallel CuSO_4(\alpha_2)|Cu$

负极反应 $Zn(s) \longrightarrow Zn^{2+}(\alpha_{Zn^{2+}}) + 2e^-$

正极反应 $Cu^{2+}(\alpha_{Cu^{2+}}) + 2e^- \longrightarrow Cu(s)$

电池总反应 $Zn(s) + Cu^{2+}(\alpha_{Cu^{2+}}) \longrightarrow Zn^{2+}(\alpha_{Zn^{2+}}) + Cu(s)$

3. 电池电动势

$$
\begin{aligned}
E &= \Phi_{右} - \Phi_{左} = \Phi_{+} - \Phi_{-} \\
&= \left(\Phi_{Cu^{2+},Cu} - \frac{RT}{2F}\ln\frac{1}{\alpha_{Cu^{2+}}}\right) - \left(\Phi_{Zn^{2+},Zn} - \frac{RT}{2F}\ln\frac{1}{\alpha_{Zn^{2+}}}\right) \\
&= E - \frac{RT}{2F}\ln\frac{\alpha_{Zn^{2+}}}{\alpha_{Cu^{2+}}} = E - \frac{RT}{2F}\ln\frac{\gamma_{\pm} c_{Zn^{2+}}}{\gamma_{\pm} c_{Cu^{2+}}}
\end{aligned}
$$

式中，Φ_{+} 为正极电极电势，Φ_{-} 为负极电极电势，$\Phi_{Cu^{2+},Cu}$ 为铜电极在标准状态下的电极电势，$\Phi_{Zu^{2+},Zn}$ 为锌电极在标准状态下的电极电势，E 为铜锌电池在标准状态下的电池电势，α 为活度，$\gamma_{\pm}$ 和 c 分别表示平均活度系数和浓度。

4. 原电池电动势的测定

测量电池的电动势，要在接近热力学可逆条件下进行，不能用伏特计直接测量，而只有在无电流通过的情况下，电池才处于平衡状态，用对消法可达到测量原电池电动势的目的。

对消法测电动势示意图见图 10－1。

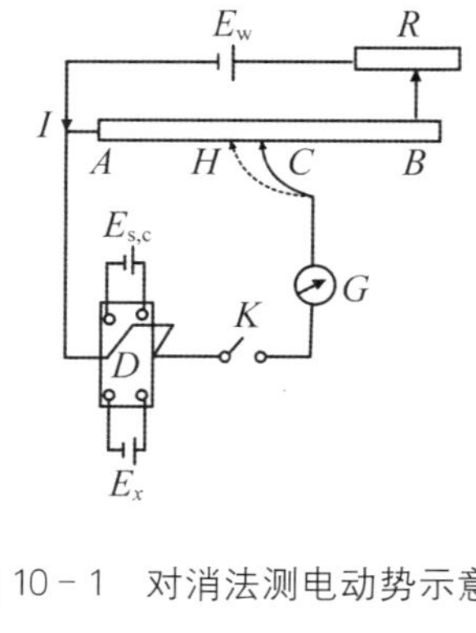

图 10－1　对消法测电动势示意图

图中 AB 为均匀的电阻丝，工作电池 E_w 与 AB 构成一个通路，在 AB 线段上产生了均匀的电位降。D 是双臂电钥，当 D 向下时与待测电池 E_x

相通，待测电池的负极与工作电池的负极并联，正极则经过检流计 G 接到滑动接头 C 上，这样就等于在电池的外电路上加一个方向相反的电位差，它的大小由滑动点的位置来决定。移动滑动点的位置就会找到某一点（例如 C 点），当电钥闭合时，检流计中没有电流通过，此时电池的电动势恰好和 AC 线段所代表的电位差在数值上相等而方向相反。为了求得 AC 线段的电位差，可以将 D 向上扳至与标准电池相接，标准电池（$E_{s,c}$）的电动势是已知的，而且保持恒定，设为 E'，用同样方法可以找出另一点 H，使检流计中没有电流通过，AH 线段的电位差就等于 E'。因为电位差与电阻线的长度成正比，故待测电池的电动势为 $E_x = E' \cdot AC/AH$。调整工作回路中的 R，可使电流控制在所要求的大小，使 AB 上的电位降达到所要求的量程范围。

5. 半电池制备

（1）锌电极制备

将锌电极从电极管中取出，放入装有稀盐酸的瓶中浸洗几秒钟，除掉锌电极上的氧化层。取出后用自来水洗涤，再用蒸馏水淋洗，然后浸入饱和硝酸亚汞溶液中 3～5s，取出后用滤纸擦拭锌电极，使锌电极表面上有一层均匀的汞齐，再用蒸馏水洗净（汞有剧毒，用过的滤纸不能乱丢，应放入指定的地方）。将处理好的锌电极直接插入电极管中，并将橡皮塞塞紧，以免漏气。然后用 10 mL 小烧杯取 $ZnSO_4$ 溶液（0.100 0 mol · L^{-1}）1 杯，将电极管的虹吸管插入小烧杯中，用洗耳球对着电极管上的橡皮管抽气，直到溶液浸没电极头，停止抽气。注意虹吸管不得有气泡和漏液现象。

（2）铜电极的制备

将铜电极取出后放入混合酸（HNO_3，H_2SO_4，CrO_3）溶液中浸一下，除去氧化物，用水冲洗干净。淋洗后的铜电极放入电镀槽内电镀 2 min，电流密度控制在 20 mA/cm^2。电镀后取出用水冲洗干净，再用蒸馏水淋洗，插入电极管，塞紧橡皮塞。取 10 mL 小烧杯 2 个，分别盛上 $CuSO_4$ 溶液（0.100 0 mol · L^{-1}）和 $CuSO_4$ 溶液（0.001 0 mol · L^{-1}），将电极管的虹吸管分别插入两个小烧杯溶液中，注意浓度不要搞错，用洗耳球将电解液分别吸进电极管，同样应使虹吸管无气泡和漏液现象。

制备电极的电镀装置见图 10 - 2。

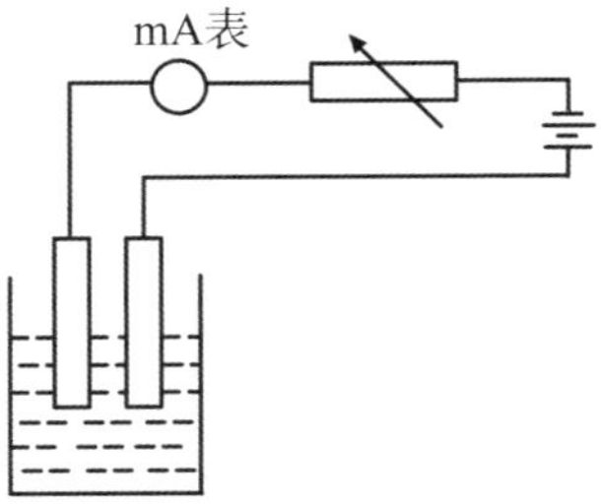

图 10-2　制备电极的电镀装置

6. 电池组合

取 50 mL 烧杯盛上饱和 KCl 溶液作为盐桥，分别将上面制备好的锌、铜半电池和甘汞电极插入盐桥中，可以组成不同的电池组。电池组合如下：

(1) $Zn|ZnSO_4(0.100\ 0\ mol \cdot L^{-1}) \| CuSO_4(0.100\ 0\ mol \cdot L^{-1})|Cu$

(2) $Zn|ZnSO_4(0.100\ 0\ mol \cdot L^{-1}) \|$ KCl(饱和)$|Hg_2Cl_2|Hg$

(3) $Hg|Hg_2Cl_2|$KCl(饱和)$\| CuSO_4(0.100\ 0\ mol \cdot L^{-1})|Cu$

(4) $Cu|CuSO_4(0.001\ 0\ mol \cdot L^{-1}) \| CuSO_4(0.100\ 0\ mol \cdot L^{-1})|Cu$

7. UJ-25 型直流电位差计

(1) 连接线路：首先将转换开关②扳到"断"位置，电位差计的按钮①全部松开，然后按 UJ-25 型直流电位差计面板示意图将标准电池、工作电池、待测电池及检流计分别用导线连接在"标准""工作""未知$_1$"或"未知$_2$"及"电计"接线柱上，注意正、负极不要接错。

(2) 将检流计的转换开关从"短路"调至"X"档，用调零旋钮调节检流计的机械零点，即光标指零。

(3) 标定工作电流：先读取标准电池上所附温度计的温度值，并按公式：$E=E_{20℃}-4.06\times10^{-5}(t-20)-9.5\times10^{-7}(t-20)^2$(V)计算标准电池的电动势。将标准电池温度补偿旋钮调至该电池电动势处，然后将转换开关扳到"N"，分别按下电位差计按钮①的"粗""细"按钮，并按照"粗""中""细""微"顺序调节可变电阻旋钮④，使检流计光标指零。由于工作电池的电动势会发生变化，因此在测量过程中要经常标定工作电流。

(4) 测量未知电动势：将转换开关转到"X_1"位置，分别按下电位差计"粗""细"按钮，并按由大到小的顺序调节 6 个电动势测量旋钮，使检流计光标指零。从 6 个旋钮下的小孔内读取待测电动势的数值。

UJ－25 型直流电位差计的线路原理图见图 10－3。

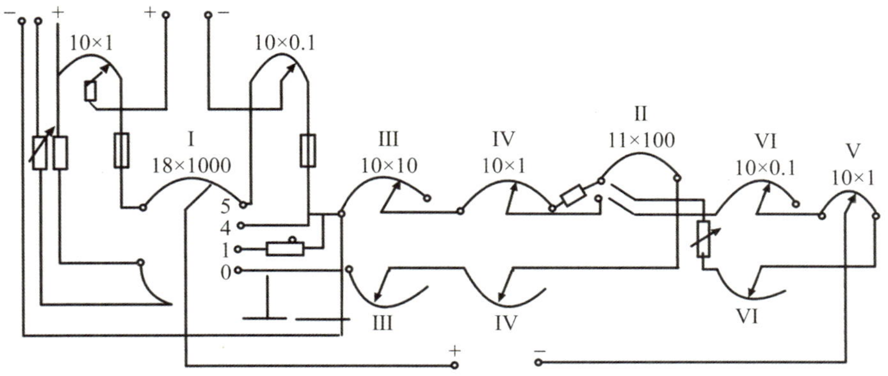

图 10－3　UJ－25 型直流电位差计的线路原理图

UJ－25 型直流电位差计面板示意图见图 10－4。

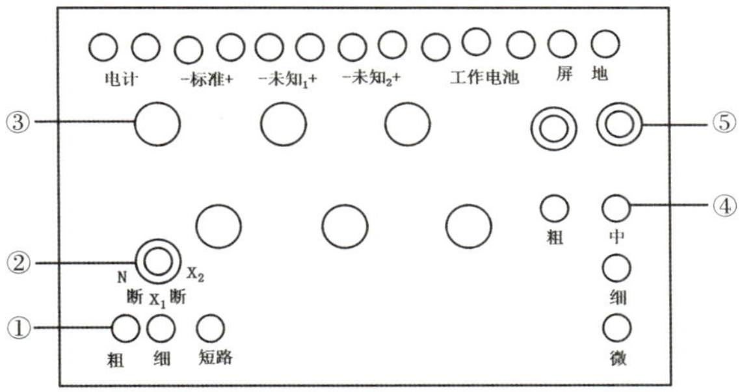

图 10－4　UJ－25 型直流电位差计面板示意图

①电位差计按钮；②转换开关；③电势测量旋钮（共 6 个）；④工作电流调节旋钮（共 4 个）；⑤标准电池温度补偿旋钮。

课程思政　通过课程讲解，引导学生将实验与理论课所学知识进行对比，培养学生理论联系实际的能力。

（三）实验教学

1. 将所有附件接在电位差计接线柱上，当检流计接上电源后就有一个光标出现，然后通过“零点调节”旋钮将光标调在正中零标处。“分流器”选择旋钮直接置在“X_1”档。检流计输出端用导线接在电位差计上，没有极性要求。

2. 根据公式计算室温为 t 时标准电池的电动势(一般取前两项)

$$E_t = E_{20℃} - 4.06\times10^{-5}(t-20) - 9.5\times10^{-7}(t-20)^2$$

3. 将标准电池计算值标在电位差计“5”旋钮相应的数值中。

4. 标定电位差计，将选择旋钮②扳向“N”处，一只手按下①粗按键，另一只手调节④中的“粗”“中”“细”“微”四个小旋钮，使检流计光标在零点附近摆动，然后按细按键，继续调整四个小旋钮，使检流计的光标指在零处，此时已标定好电位差计。

5. 测量待测电池电动势，用带夹子的导线接在“未知$_1$”或“未知$_2$”接线柱上并联好待测电池(极性不要接错)，将选择旋钮②指向“X_1”或“X_2”处，一只手按①粗按钮，另一只手调整③中 6 个大旋钮，从大到小旋转电势测量旋钮，使其检流计的光标在零点附近摆动。然后按“细”按键继续调整 6 个大旋钮，使检流计光标指在零处。此时电动势测定完毕。小孔里的数字乘面板上的倍数，其 6 位数字加起来就是我们所测电动势的值。

课程思政　通过引导学生精确读取相关数据及处理实验数据，培养学生严谨细致的科学态度和精益求精的工匠精神。

六、课外思考题

1. 查阅“补偿法测电动势的基本原理”的相关文献。

2. 标准电池和工作电池各有什么作用？在使用标准电池时应注意什么？

3. 检流计的光标总向某个方向偏移是由什么原因引起的？

4. 思考整个认知过程中的科学思维培养，科学推理和论证的重要性和科学精神的关系。

七、教学评价

1. 教学评价

(1) 实验的基础知识方面

知道电池定义和书写，了解原电池电动势的测定原理，了解 UJ－25 型直流电位差计的原理。

（2）实际实验操作能力方面

一是操作的基本技能，掌握半电池制备，掌握电池组合，掌握 UJ－25 型直流电位差计的使用方法。二是综合技能，测定出原电池的电动势。

（3）数据处理能力方面

数据处理能力主要指能根据实验正确观察和如实记录数据，并对数据进行分析处理，最后归纳出实验结论。

（4）科学探究、创新能力方面

科学探究、创新能力方面主要指学生能否提出具有研究价值的问题，并进行猜想与假设。同时是否能合理设计实验，是否能科学进行实验。

（5）实验中学生的情感态度和价值观方面

学生是否积极参与思考，积极操作实验，是否能完成本组分配的任务，能否与同组成员进行团队合作等。

2. 考核方式

采用平时考核与终考相结合的模式，课前预习（5％）、考勤（5％）、课中操作（30％）、结果报告（30％）、期末考试（30％）。

八、教学效果分析

通过探索与实践，开展“物理化学实验”课程线上线下混合教学，实现两者优势互补。教学设计符合大三学生的认知规律。整个教学过程，先是通过线上的视频讲解，使学生了解实验步骤；然后是线下操作的交流，师生共同探讨。教师构建、优化学生自主学习的教学资源，积极引导和监督学生自主学习，可及时解答学生提出的问题，实现从知识传播的灌输者向知识学习的引导者转变。学生实现从知识的被动接受者向成为独立自主的学习主体转变。这种类型的教学实践，学生能充分体验到学习兴趣的提升，知识点理解层次的加深，运用知识能力的增强，观点表达水平的提高，绘图能力的上升，教学效果更佳。并且将课程思政巧妙地融入教学中去，激发学生的爱国热情以及对待科研的敬畏之心！

有“质”才有“谱”

——质谱分析基本原理

刘新玲

▶ **课程名称** 材料结构表征及应用

▶ **课程性质** 专业课程

▶ **专　　业** 应用化学

▶ **授课对象** 应用化学专业四年级学生

▶ **教师简介** 刘新玲，上海师范大学化学与材料科学学院副教授、硕士生导师；主要从事手性无机材料以及拉曼光谱研究；主讲课程有“仪器分析”“材料结构表征及应用”等；获得第二届“上海高校青年教师培养资助计划”课程思政教学案例展演活动三等奖；在 *Analytical Chemistry*、*Analyst*、*Nano Energy*、*Nanoscale Horizons*、*Journal of Materials Chemistry B* 等期刊发表论文 30 余篇，主持国家自然科学基金项目一项。

▶ **课程简介** “材料结构表征及应用”是应用化学专业基础课程。课程内容包含理论课程和实验课程两部分，理论课程主要包括：红外吸收光谱、拉曼光谱、核磁共振波谱、质谱、X 射线光电子能谱、X 射线衍射、透射/扫描电子显微技术和热分析方法。结合我校的设备资源，实验课程主要包括：核磁共振波谱分析实验、扫描/透射电子显微分析实验、X 射线衍射分析实验、红外吸收光谱分析实验、拉曼光谱分析实验。

通过本课程的学习，学生可以理解材料结构表征分析方法在化学和材料科学研究中的重要作用，掌握常见分析方法的基本原理、数据解析方法、仪器结构和实验操作方法。本课程注重理论联系实际，培养学生科学思维方法，提高学生分析解决问题能力，强化创新和学以致用意识。

学习该课程后，为学生能胜任检测分析、新材料开发、环境监测、药物研发、食品安全检测等方面的研究机构和企业的工作要求做好准备，并为开展毕业论文设计、攻读材料和化学相关专业的研究生学位打下扎实的基础。

▶ 课程蕴含的思政元素分析

主要从以下三个方面展开课程思政设计，以期达到课程育人的目的：

1. 提炼课程知识中所蕴含的思维方法，注重方法论学习

（1）注重科学史的学习

在学习一些重要理论、概念和技术时，尝试让学生站在历史的角度去重新思考和构架，还原当时的学科发展背景，根据前辈科学家和技术人员的思维方法，逐步分析如何从基本的理论出发、在简陋的条件下发展出理论、概念或技术的雏形，实现“从 0 到 1”的原始创新；并进一步分析其产生和演化过程，培养创新思维，理解化学、材料科学的发展规律。

（2）注重方法论的学习

通过对多种材料结构表征方法和技术的发展历程和原理进行对比、归纳和总结，提炼出一般性的辩证思维模式和方法论，学会从宏观到微观、从整体到局部、从特殊到一般、从偶然到必然、从理论到实践等多个维度上全面、客观地分析物质（材料）的组成结构特性，加强启发性和批判性教育，注重方法论的学习，理解蕴藏在自然科学中的哲学原理。

2. 挖掘科研工作者和科学事件的育人元素，传承科学精神

（1）学科发展中的重要科学人物和事件

长期以来，化学对于人类社会的发展具有重要的作用，科学史也是人类发展史的一个缩影。化学学科发展历程中的重要人物和事件也可以作为学习素材，用于调节课堂氛围、激发学习兴趣。利用科学家的人格魅力、科学精神、家国情怀等去熏陶感染学生，提升科学人文素养。

(2) 中国科学家(身边的科研工作者)的贡献

将中国的化学家、材料科学家的事迹以及其重要研究成果介绍给学生,为学生树立学习的榜样,增强民族自豪感和自信心。同时介绍我校科研工作者的研究案例,用身边事教育身边人,鼓励学生积极主动利用身边的资源,结合身边的问题,展开科学研究。

3. 引导学生关注中国发展所面临的问题,贯穿"理论联系实际、学以致用"的理念

应用案例剖析(新冠肺炎疫情防治、日常生活中的化学原理、学科前沿问题研究等):化学和材料科学具有很强的实践性和学科交叉融合性,和很多国计民生问题密切相关。特别是2020年突如其来的新冠肺炎疫情给我国带来难以估量的影响。面对疫情,材料结构表征分析技术在病毒检测、防疫产品质量检验、疫苗研发等多个领域中发挥了举足轻重的作用,这些应用案例皆可以用于研究案例贯穿在课程学习中,从而做到理论和实际结合。此外,疫情也凸显了我国在某些关键领域的短板,这在一定程度上也可以强化学生的危机感、使命感,以人民群众和国家的重大需求为导向,将所学的知识和技能转化为自主创新能力,引领未来。

▶ 教案设计

一、教学目标

(一) 知识目标

1. 了解质谱分析方法的发展历程;
2. 理解质谱分析的基本原理;
3. 掌握质谱中的离子类型及产生方式;
4. 学会质谱谱图解析。

(二) 能力目标

1. 能够阐述质谱分析的基本原理;
2. 能够阐明特定分子的分子离子、碎片离子、重排离子的产生机制;
3. 能够解析一些简单的质谱图、确定分子结构;
4. 能够运用网络资源检索、阅读、分析和整合中文和外文文献,通过团队合作方式以PPT等形式汇报调研报告。

（三）价值目标

1. 通过回顾和讨论质谱分析技术发展历程，从科学史中学习前辈科学家的研究方法，倡导批判和怀疑精神；

2. 结合中国古代故事“曹冲称象”，运用类比学习法、理解质谱分析基本原理，掌握质谱分析技术中所蕴含的辩证观和科学思维；

3. 介绍质谱分析在 2019 新型冠状病毒（SARS-CoV-2）结构分析中的研究案例，强化“学以致用”意识，引导学生思考如何将专业知识和技能应用于守护人类健康。

二、教学内容分析

（一）教学内容

1. 质谱分析方法发展历程；

2. 质谱分析方法基本原理；

3. 质谱中的离子类型及其产生机理；

4. 质谱图谱解析及应用。

（二）教学重点

1. 质谱分析方法的基本原理；

2. 离子类型及其产生机理；

3. 质谱图谱解析。

（三）教学难点

1. 离子类型及其产生机理；

2. 质谱图谱解析。

（四）教学中的思政结合点

专业知识点	思政元素	方法
质谱分析方法发展历程	批判和质疑精神，透过现象看本质，学科交叉、跨界创新的研究范式。	学生讲解、课堂讨论。课前布置作业，让学生查找质谱分析法发展历程资料，制作 PPT，讲述质谱分析方法的发展历程；师生共同讨论推动质谱分析方法发展的关键人物、重要理论和实验，学习科学家的质疑精神和思维方法，善于透过实验现象分析背后的原理，从质谱的应用领域发展历程理解学科交叉、跨界创新的研究范式。

（续表）

专业知识点	思政元素	方法
质谱分析方法基本原理	运用辩证唯物主义观点分析问题，根据“整体和局部”之间的辩证关系，转化思维理解质谱分析法的基本原理。	课堂讨论、教师讲解。根据质谱分析技术发展历程，教师引导、学生讨论，初步阐明质谱分析基本原理；结合“曹冲称象”故事、拼图游戏，运用类比法，理解质谱分析的基本原理，阐述质谱分析基本原理中所蕴含的辩证唯物主义思维方法。
离子类型和产生机理	掌握化学学科的一些基本规律、归纳和演绎思维方法。	教师讲解、课堂练习。讲解质谱图中几类离子的产生过程、不同类型有机物的特定裂解过程，总结一些特征离子的产生过程，通过课堂练习进一步强化归纳、演绎思维训练，理解化学学科中化学键的断裂和形成规律。
谱图解析	强化“理论联系实际、学以致用”意识。	案例教学、课堂练习。选取一些代表性的质谱谱图，通过教师讲解、课堂练习掌握质谱谱图分析方法；讲解质谱分析法在2019新型冠状病毒结构解析中的应用案例，启迪学生学以致用、将化学知识转化为解决实际问题的工具；布置课后作业，让学生查找质谱分析技术在疾病诊断治疗、药物研发等领域中的应用案例，了解学科发展前沿。

三、教学过程

（一）质谱分析方法的发展历程

1. 课前作业

提前发给学生关于质谱发展历程的文献：《质谱法发展简史》（“A Brief History of Mass Spectrometry”）、《质谱法的百年发展历程：从原子到蛋白质组学》（“A Century of Mass Spectrometry: From Atoms to Proteomes”）、《分子质谱法的百年进程》（“A Century of Progress in Molecular Mass Spectrometry”），并让学生利用学校图书馆资源，以“电子发现历程”“质谱技术发展历程”等关键词查找相关资料。学生阅读上述材料后，通过团队合作的方式，制作关于质谱分析技术发展历程的PPT。

2. 课堂学习

（1）学生讲解PPT，梳理质谱分析方法发展历程。

（2）讨论质谱分析技术发展历程中的重要人物、理论和实验、应用领域，主要包括以下方面：

① 透过现象看本质，实践是检验真理的唯一标准：从霓虹灯发光现象到探讨阴极射线本质

1858 年，德国物理学家尤利乌斯·普吕克(Julius Plücker)在研究辉光放电时，发现从玻璃管的阴极发射出了一种看不见的东西，德国物理学家戈尔德施泰因(Goldstein Eugen)将其称之为阴极射线。但是对于阴极射线的本质，物理学家展开了 20 余年的争论。为解决这些争议，科学家尝试通过实验的方法来分析阴极射线的产生原因。例如，一些学者认为阴极射线是一种粒子，根据当时的认知水平，带电粒子的运动轨迹在电磁场中会发生偏转。为此，德国物理学家海因里希·鲁道夫·赫兹(Heinrich Rudolf Hertz)为验证阴极射线是否为带电粒子，尝试从实验上去观察阴极射线是否会在电磁场中发生偏转，然而在实验中并没有观察到阴极射线的偏转。

② 质疑与批判精神：约瑟夫·约翰·汤姆逊发现电子的历程

赫兹是一位名声显赫的实验物理学家，他在实验上没有发现阴极射线的偏转。然而，英国物理学家约瑟夫·约翰·汤姆逊(Joseph John Thomson)并没有被赫兹的实验结果所束缚，他在赫兹的实验基础上做了一些改进，将真空管内的空气含量降低、提高了真空度，发现阴极射线在电磁场中可以发生偏转(图 11－1)，并且根据偏转方向判断出阴极射线是带负电荷的粒子。

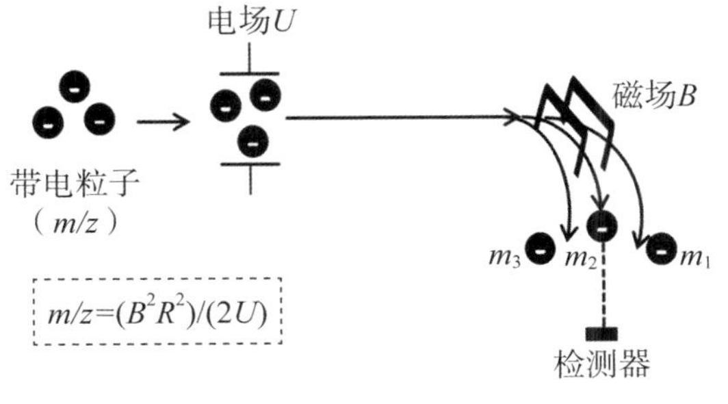

图 11－1　带电粒子(质量为 m，电荷为 z)在电磁场中的偏转(R 为偏转半径)

由于离子也可以带负电荷，为了确认阴极射线是否为离子，汤姆逊继续展开了研究。当时已经知道氢离子是带正电荷的粒子，如果能测出阴极射线发射

出的粒子的荷质比(电荷 z 与质量 m 之间的比值),再与氢离子的荷质比相互比较,若两者相差不大,就可以认为阴极射线发出的粒子是离子。然而,汤姆逊从实验上测得的两者的荷质比相差太大,因此阴极射线不是阴离子。

当时人们对于原子结构并没有清晰的认识,认为原子是中性的、不带电荷的。那么这种粒子是不是原子内部发出来的呢?汤姆逊又进一步展开了实验,测定了由不同种类材料(金、银、铜、镍等)构成的阴极或者在不同种类的气体(空气、氢气、氧气、氮气等)实验条件下的荷质比,发现在不同条件下阴极射线粒子的质荷比相同,由此说明在各种物质中都存在一种带负电的粒子,汤姆逊认为这是由原子内部发出来的,将这种粒子命名为电子。之前人们认为原子已经不可再分,而汤姆逊的实验结果表明原子还可以继续被分割,这个发现轰动了物理界。人类对物质世界的认识又达到了一个新的高度,汤姆逊也因此获得了1906年的诺贝尔物理学奖。

③ 科学无止境:同位素研究与质谱仪器的创制

汤姆逊发现电子后,并没有满足。他的研究对象由带负电荷的电子转向了带正电荷的粒子,针对同位素继续进行研究,于1912年研制出了一台简易质谱仪,为质谱仪器的发展奠定了基础。1919年,汤姆逊的助手弗朗西斯·威廉·阿斯顿(Francis William Aston)研制出第一台精密质谱仪,根据粒子的偏转半径来精确测定粒子的质荷比(质量 m 和电荷量 z 的比值 m/z,图11-1),继而发现了大量非放射性元素的同位素,阿斯顿因此获得了1922年的诺贝尔化学奖。

④ 学科交叉、跨界创新:质谱分析应用领域的拓展

20世纪的前40年内,受第二次世界大战的影响,质谱仪器主要被物理学家用来研究同位素、测定原子质量、解析原子结构等;此外,在化工领域中,质谱仪器也被用于测定低沸点碳氢化合物等分子的含量。

在20世纪50年代,越来越多的化学家开始关注质谱图和分子结构之间的关系,逐渐将质谱应用于分子结构解析。在这方面,麦克拉弗蒂(Fred McLafferty)、克劳斯·别曼(Klaus Biemann)和卡尔·杰拉西(Carl Djerassi)三位科学家做出了重要贡献。其中,麦克拉弗蒂教授通过总结大量的质谱图,提出了著名的"麦氏重排"经验规则;质谱研究领域中最高荣誉之一"Biemann奖章"则是以克劳斯·别曼教授的名字命名。伴随着其他仪器

分析技术的进步，质谱在有机分子的定性和定量分析方面取得了重要进展，质谱发展成了一种常用的谱学分析手段。

20世纪70年代末，DNA测序逐渐兴起，随后质谱对于生物大分子的解析也引起了研究者的广泛关注，针对DNA和蛋白质等复杂分子开发了多种特殊的质谱分析技术。随着生物质谱技术的迅速发展，质谱技术也成为蛋白质组学分析的一种主流技术。

由此可见，质谱分析方法的应用领域跨越了物理学、化学、生命科学、医学等多个学科，并且质谱仪器的研制还广泛汲取了电子学、机械、计算机等多个领域的成果，质谱分析技术的发展体现了学科交叉、跨界创新的明显特征。

⑤ 华人学者在质谱研究中的贡献：荣获“Biemann奖章”的华人学者

“Biemann奖章”是世界质谱领域的最高荣誉之一，授予长期在质谱基础和应用领域中做出突出贡献的学者，自1997年颁发以来，已有三位华人学者获得殊荣。

2013年“Biemann奖”颁给了王寅生教授，以表彰其在“质谱领域的创新应用”中做出的卓越贡献。王寅生教授利用分子生物学、合成生物学以及生物质谱等技术手段，研究了DNA加合物对于DNA的复制、转录、突变等的影响和作用机制。

2014年“Biemann奖”颁给了李灵军教授，以表彰其在“神经肽和功能性肽组学的质谱研究”中做出的突出贡献。李灵军教授开发了一系列基于质谱和微分离技术的研究手段，针对神经生物学中的关键性课题展开了深入研究。

2020年“Biemann奖”颁给了葛瑛教授，以表彰其“基于高分辨率质谱的自上而下的蛋白质组学及其在心脏病中的应用”中做出的重大贡献。葛瑛教授发展出了蛋白质提取、溶解和分离的新方法，以实现生物学关键心脏蛋白的全面的自上而下的质谱表征，为理解心脏病病理学提供了重要见解。

课程思政

从前辈科学家身上学习质疑和批判精神，以及“不盲从、严谨、持之以恒”的作风；从当代华人科学家的事迹中树立自信心。

从质谱技术的发展历程，理解基础理论和实验研究之间的相互促进关系，更好地理解化学与材料学科特征，注重理论知识和实验技能的提升。

从质谱应用领域的拓展历程，理解学科交叉融合的创新发展模式，强化自主学习意识和能力，鼓励学生拓展知识视野、善于汲取其他学科营养。

（二）质谱分析方法基本原理

1. 课堂讨论

结合上一节对于质谱发展历程的学习，从质荷比(m/z)、带电粒子在电磁场中的偏转、麦氏重排等知识点，引导学生初步总结质谱分析基本原理。

2. 质谱分析基本原理

如图 11－2(A)所示，待测物分子(假设由 A、B、C、D 四种原子构成)通过进样系统进入质谱仪后，在离子源作用下被电离成各种离子(分子离子 $ABCD^{+\cdot}$，碎片离子 $ABCD^{+}$、AB^{+} 等)，再被质量分析器将离子按质荷比(m/z)大小进行分离，送入检测器中进行检测。以离子的质荷比(m/z)为横坐标，以其相对强度为纵坐标所绘制的谱图，被称为质谱图[图 11－2(B)]。

质谱的用途包括：(1)根据谱峰强度测定有机物的含量；(2)根据分子离子测定分子的相对分子质量；(3)根据碎片离子以及分子自身特有的断裂规律解析分子结构。

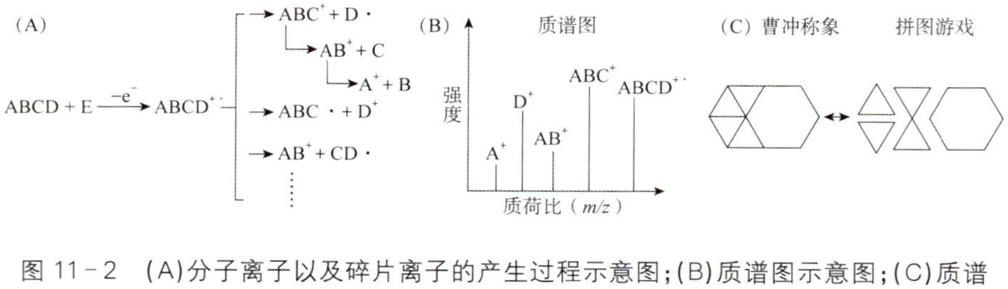

图 11－2　(A)分子离子以及碎片离子的产生过程示意图；(B)质谱图示意图；(C)质谱分析原理与“曹冲称象”、拼图游戏原理之间的相似性

3. 类比教学与课堂讨论

举出“曹冲称象”故事以及拼图游戏[图 11－2(C)]，从“整体和局部”之间的辩证关系以及“转换思维”等角度，让学生讨论质谱分析方法和“曹冲称象”、拼图游戏原理之间的相似之处，进一步提炼出质谱分析方法中的一些辩

证思维方法。

> 课程思政
>
> 从科学史学习过程中挖掘出相关知识点，进而理解专业知识，提升从历史文献资料中自主学习能力。
>
> 运用类比思考方法，提高举一反三能力，结合日常生活，理解化学学科中所蕴含的辩证唯物主义观点和一般性科学思维方法。

（三）离子类型及产生机理

1. 主要的离子类型及其产生机理

（1）分子离子[图 11－3(A)]

（2）同位素离子

由于 C、H、O、N、S、Cl、Br 等元素都有同位素，由于同位素的天然丰度不同，因此谱图中会出现由不同质量的同位素形成的峰，称为同位素离子峰。

（3）碎片离子

① 自由基中心引发的断裂[α 断裂，图 11－3(B)]。

② 电荷中心引发的断裂[i 断裂，图 11－3(C)]。

（4）重排离子

麦氏重排：化合物分子中含有C═X(X 为 O、N、S、C)基团，而且与这个基团相连的链上有 γ 氢原子，γ 氢原子可以转移到 X 原子上，同时发生 β 键断裂[图 11－3(D)]。

根据文献资料，进一步讨论麦克拉弗蒂教授提出麦氏重排经验规则的历程，从而学会前辈学者的研究方法。

(A) 分子离子　$M + e^- \longrightarrow M^{+\cdot} + 2e^-$

(B) α断裂

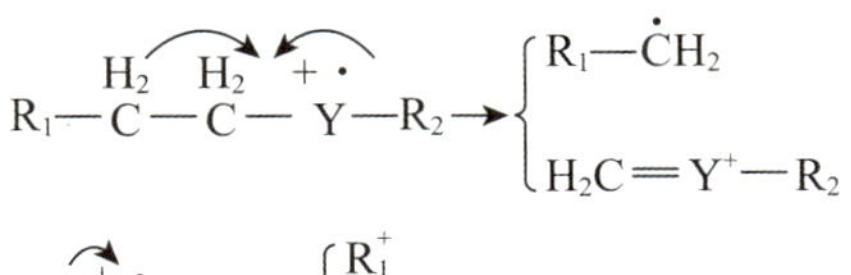

(C) i断裂

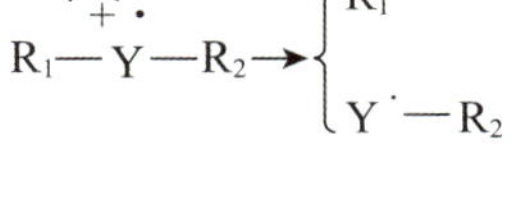

(D) 麦氏重排 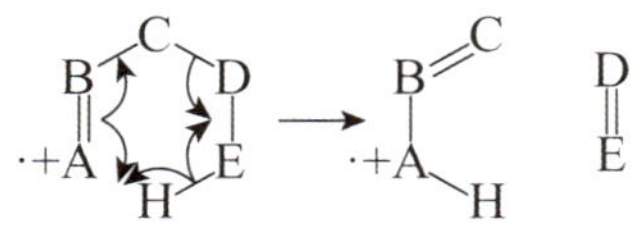

图 11-3　不同离子的产生过程：(A)分子离子；(B)α 断裂产生的碎片离子；(C)i 断裂产生的碎片离子；(D)麦氏重排产生的碎片离子

2. 几类离子的特征与规律

(1) 分子离子判定规则

① 分子离子峰一定是质荷比最大的峰，处于质谱的最右端(同位素离子和准分子离子除外)。

② 分子离子峰与邻近峰的质量差是否合理：比分子离子小 4～14 以及 20～25 个质量单位处，不应有离子峰出现。

③ 分子离子为奇电子离子，其质量数应符合氮律：有机化合物中含有奇数个氮原子时，其相对分子质量应为奇数；含有偶数个氮原子时，其相对分子质量应为偶数。

(2) 同位素离子强度比规律

同位素离子峰强度之比，可以用二项式 $(a+b)^n$ 展开式的各项系数之比来表示。

(3) 断裂反应的一些规则

① 电荷与自由基定位原理。

② 斯特沃森规则。

③ 产生中性小分子的断裂反应优先规则。

3. 不同类型有机化合物质谱图中的特征离子分析

讲述烷烃、烯烃、芳烃、醇类、酚类、醚类、胺类、卤代烃、醛类、酮类和羧酸类化合物的一些代表性离子类型及其产生机制。最后根据 m/z 大小，判断其可能的离子类型及其来源。

4. 课堂练习

给出一些有机分子的质谱图，让学生写出谱图中离子的类型、产生过程。

课程思政

结合前辈科学家的传记，理解从大量的实验数据中总结一般性规律的研究范式，启迪学生要注重提高分析、总结能力。

引导学生关注实验现象背后的原因，掌握化学学科中的一些规律。

理解特殊和一般的辩证关系，强化归纳、演绎的思维方法。

（四）质谱谱图解析及应用案例

1. 谱图解析

各种化合物按照一定的规律进行裂解，形成各种碎片离子，因而其质谱图具有特征性。根据谱图中的各种离子峰可以用于测定相对分子质量、分析分子结构、鉴定物质的组成等。通过 2～3 个案例（图 11－4），讲解谱图分析方法。

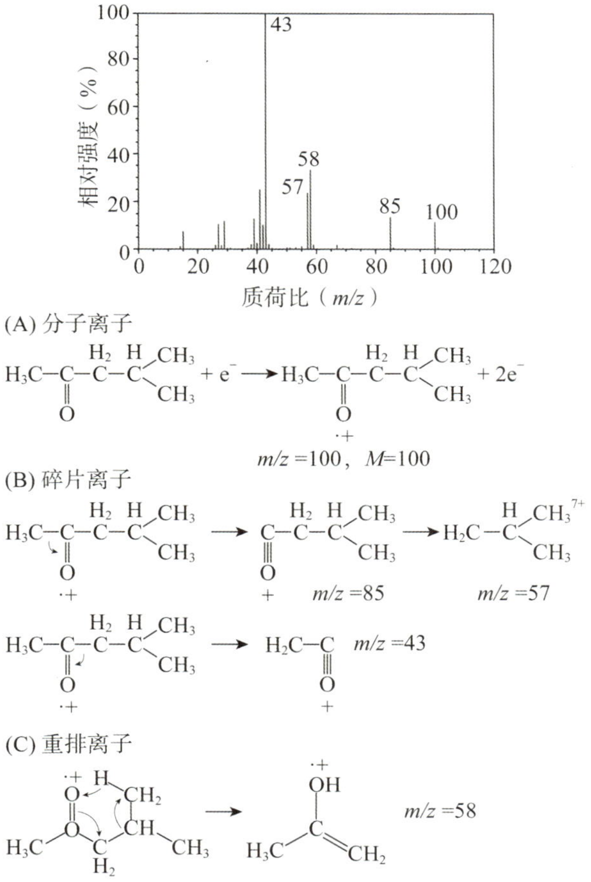

图 11－4　质谱谱图分析案例

2. 课堂练习

通过1～2个习题，让学生进一步掌握谱图分析方法。

3. 质谱分析法在2019新型冠状病毒(SARS-CoV-2)蛋白结构分析中的应用

(1) 利用质谱分析方法鉴定变异病毒种类(参阅 *Analytical and Bioanalytical Chemistry*, 2021, 413: 7241 - 7249)

不同病毒中的蛋白质组成不同，导致这些蛋白质的质谱图也不尽相同(图11-5)。因此，根据特定蛋白质的质谱图差异性，可以用于鉴定新型冠状病毒的种类。

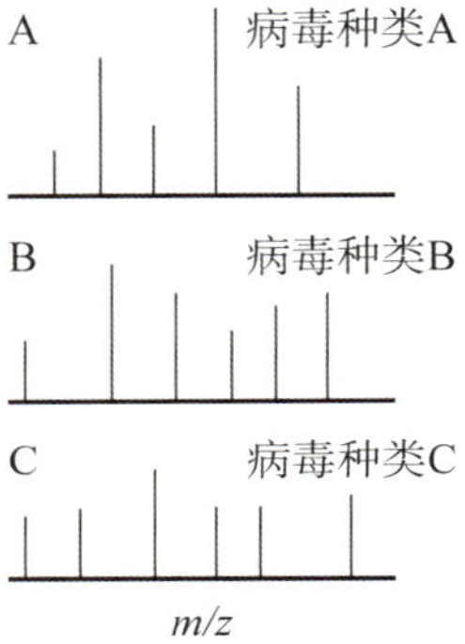

图11-5 质谱分析方法鉴定SARS-CoV-2变异病毒种类示意图

(2) 我国科学家(李兰娟院士研究团队)利用质谱分析方法研究2019新型冠状病毒结构的研究案例(参阅 *Cell*, 2020, 183: 730 - 738)

李兰娟院士团队与清华大学研究人员合作，分析了新型冠状病毒完整的三维精细结构，利用质谱技术研究了病毒中刺突蛋白的N-连接聚糖的组成。上述研究成果发表在知名学术期刊 *Cell* 上，对于理解新冠病毒的生物特性、抗病毒药物和疫苗研发等都具有重要意义。

4. 课后作业

学生查阅质谱分析在新型冠状病毒研究、疾病诊断治疗、药物研发等方面的研究案例。

课程思政

从案例学习中进一步拓宽视野，了解学科发展前沿动态。

介绍我国科学家的研究成果，强化科技工作者在面对重大公共卫生安全问题等事件中应承担的责任。

进一步理解化学与材料科学在日常生活中的地位和用途，提高学生学以致用的意识，激发学习动力，引导学生关注实际问题。

四、课外思考题

1. 完成质谱谱图分析作业题，掌握质谱分析原理及质谱谱图分析方法。

2. 查阅质谱分析方法在疾病诊断治疗等领域中的研究案例，进一步了解质谱分析方法的应用范围。

五、教学评价

由于本课程在四年级开设，考虑到学生在掌握专业课程知识和技能的同时，还需要提高文献检索分析能力、表达能力。

1. 教学评价包括：(1)通过课堂练习作业、课堂提问互动、课后作业等方式评价学生对专业知识的掌握程度；(2)通过团队合作、小组汇报的方式评价学生文献检索阅读水平、表达能力和沟通合作能力。

2. 课程思政评价：发放“课程思政育人成效问卷”，间接评价育人成效；与学生互动，请学生反馈课程思政教改建议，为后续的教学改进提供参考。

携一束光，与分子共舞

——在拉曼光谱教学中实施课程思政的探索与实践

应 叶

▶ **课程名称** 仪器分析

▶ **课程性质** 专业必修课程

▶ **专　　业** 化学(师范)

▶ **授课对象** 化学(师范)专业三年级学生

▶ **教师简介** 应叶，上海师范大学化学与材料科学学院副教授、硕士生导师；主要从事表面增强拉曼光谱以及光谱电化学研究；主讲课程有“专业英语(化学教育)”“化学课程与教材”“化学课堂教学研究”等；多次参加省部级教学竞赛，获得首届上海“课程思政教学案例展演”一等奖、首届上海市师范院校教师智慧教学比赛一等奖、首届长三角师范院校教师智慧教学比赛二等奖等，获得上海师范大学优秀教学奖，获评上海师范大学优秀共产党员等荣誉称号；在 *Anal. Chem.*, *Biosens. Bioelectron.*、*Sensor Actuat. B-Chem.*等杂志上联合发表 SCI 论文 20 余篇。

▶ **课程简介** “仪器分析”是化学(师范)专业的专业必修课程，采用比较复杂或特殊的仪器设备，通过测量物质的某些物理、物理化学性质及其变化来确定物质的组成、含量及化学结构等的一类分析方法，具有实验性强、应用性强的特点，是分析化学学科的一个重要组成部分。随着科学技术的发展，其应用日益广泛，仪器分析在化学学科中的地位越来越重要。

通过本课程的学习，使学生掌握有关仪器分析方法的基本原理、方法及特点，掌握有关仪器的工作原理和构造，掌握有关仪器分析的定量、定性分析方法。在学习过程中，重点培养学生分析发现问题，分析问题和解决问题的能力，拓宽学生科学素养和技术能力，为学习后续课程和开展化学学科相关的毕业设计（论文）打下扎实的基础，帮助从事化学教育的学生了解掌握更多的专业知识和技术，为将来从事教育教学工作打好专业基础。

本课程主要内容包括：气相色谱（GC）分析、高效液相色谱（HPLC）分析、电位分析、极谱和伏安法、库仑分析、原子发射光谱、原子吸收光谱、紫外可见光谱（UV－Vis）、红外光谱（IR）、拉曼光谱、核磁共振（NMR）和质谱（MS）分析等一些特定的物质结构及其性能的分析方法及其原理、测试技术和谱图解析技术及其应用。

▶ 课程蕴含的思政元素分析

1. 科学本质

对科学本质的认识是化学教育的重要内容，作为未来的化学教师，不仅要有这样的理念，更重要的是要在实际的课堂教学中，把这种理念具体化，变成可操作性的具体指导。在本课程教学中，要始终贯彻科学本质的阐述。以拉曼发现拉曼散射，推翻瑞利勋爵的假设为例，强调科学必须建立在真实的证据上，甚至根据证据可以推翻权威；科学知识是无法绝对客观的，只能尽量避免偏见与误差；科学知识是提出假说，再加以验证，最后得出结论；科学知识是暂时的、动态性的等。

2. 科学精神

科学精神是反映科学发展内在要求并体现在科学工作者身上的一种精神状态。作为精神状态，如科学探索者的信念、勇气、意志、工作态度、理性思维、人文关怀和牺牲精神等，内涵极为丰富，互相贯通性和可塑性很强，并不是简单的“1＋1＝2”。在本课程的教学中，以新冠肺炎疫情作为切入点，以这次的科技抗疫之旅，让学生们真切感受到科学所蕴藏的潜力、散发的魅力。希望他们在以后的前进征程上，崇尚科学、热爱科学，如哲人所说的那样，“将之运用到一切人类思想领域中去”，更好激发和运用科学的力量，为推动民族进步和社会发展提供不竭动力。

3. 社会责任

按照党和国家对青年的要求，社会责任感应是每个青年大学生必备的基本品质，是学生快乐成长、健康成人、励志成才、走向成功的重要标志。化学教学同样需要引导大学生正确认识人生价值，帮助大学生树立正确的人生观和价值观。本课程需要向学生传递“敢于担当”的社会责任意识。每个人的社会分工不同，担当的本分职责有别。以本次新冠肺炎疫情为例，作为大学生需要量力而行，需要实事求是地正视自身的担当能力，才能不辜负党和人民的期望。在导入课程的时候，强调每个人的贡献，告诉学生以行为重，立足于做好本职工作，才能在社会实践中不断历练与提升真正能够担当的能力。同时，除了鼓励学生做好本职工作以外，还可以用中国医务工作者、科学家的事迹，鼓励他们当遇到别人的求助时，能够伸出援助之手；用最新的使用拉曼技术进行病毒检测的科学成果，鼓励他们当从事一项工作时，能够尽职尽责，为实现中华民族伟大复兴而奋斗。

4. 辩证思维

马克思主义理论不仅对于党和国家意义重大，而且还蕴含着科学的方法论。以本节课程为例，在讲解拉曼光谱图的谱图解析时，强调对事物需要辩证的分析，通过谱图解析化合物的结构，要充分运用辩证唯物主义关于联系、发展、全面的观点，才能保证解析的合理性和正确性。因此，作为未来的党的教育者，必须让他们感悟，无论时代如何变迁、科学如何进步，依旧坚定马克思主义的信念。

5. 中国精神

在课堂中，需要我们传递和传播中国精神，让学生把中国精神安放内心，把中国精神付诸行为，把中国精神视为使命！比如说，在课堂上进行课程导入时提到的新冠肺炎疫情，强调责任感的同时，也激发大家的爱国情怀、国家认同感、民族自豪感；介绍最新的拉曼科研成果，强调中国科学家的贡献，鼓励学生们把论文写在祖国大地上；在课后作业的布置中，也强调能力培养与思政要素的融合，通过对于田中群院士人生故事和学术成就的学习，潜移默化地进行思政要素的融入和内化。

▶ 教案设计

一、教学目标

（一）知识目标

1. 理解拉曼光谱的基本原理；

2. 掌握拉曼光谱的特点；

3. 掌握拉曼光谱与红外光谱的异同点；

4. 了解拉曼光谱的应用；

5. 理解光谱分析是人类洞悉微观世界的一个窗口。

（二）能力目标

1. 通过对拉曼发现拉曼散射的过程推演，使学生掌握从现象到本质的科学推断能力；

2. 通过拉曼光谱的分析学习，培养学生的科学思辨能力和逻辑推理能力。

（三）价值目标

1. 通过谱图解析化合物的结构，要充分运用辩证唯物主义物质、联系、发展、全面的观点，才能保证解析的合理性和正确性；

2. 对于新冠疫情的回顾，激发大家的民族自豪感、国家认同感，进一步激发学生的爱国主义情怀；

3. 在介绍拉曼生平的时候，潜移默化地培养学生的科学素养：敢于质疑和探索的科学精神，鼓励他们保持好奇心，善于观察的习惯。在观察到现象的时候，要敢于提出自己的观点，并及时地进行验证，知其然还要知其所以然；

4. 列举中国科学家的最新研究成果，鼓励学生勇攀科学高峰；

5. 对于课程思政的内涵和精神，要做到主动内化于心、外化于行，并把专业课的思政教育成果实践在未来的工作岗位、社会职责中。

二、教学内容分析

（一）教学内容

拉曼光谱是分子光谱中的内容，安排在紫外光谱和红外光谱两节之后，是在学生学习了光谱学的基本概念之后学习的。本小节大致安排教学两课时，第一课时为概念新授课，第二课时为应用拓展课。

拉曼光谱是在对于红外光谱的补充，学好拉曼光谱，对学生全面系统地掌握分子光谱的分析方法具有重要作用。教学中通过让学生对丰富而具体的实例和模型进行观察、分析，并最终归纳出拉曼光谱的原理，使学生经历从具体到抽象，从感性到理性的认知过程，逐步养成透过事物的表象把握本质的思维方法，培养学生的理性思维能力、抽象概括能力和归纳总结能力，增强学生的辩证唯物主义世界观，进一步树立科学的人生观、价值观。同时，拉曼光谱与红外光谱对立统一，与紫外光谱相辅相成，通过拉曼光谱与其他分析技术的联合，培养学生理论联系实际的能力，帮助学生认识仪器分析在现实生活中的意义，提高学生发现问题、解决问题的能力。

（二）教学重点

1. 拉曼光谱的量子学原理；

2. 拉曼光谱的应用。

（三）教学难点

1. 拉曼与红外的关系；

2. 拉曼光谱图解析。

（四）教学中的思政结合点

专业知识点	思政元素	方法
光的散射	善于观察、保持好奇心、敢于提出问题。	提问法、讲述法。通过提问日常生活场景，引起学生兴趣；通过讲述科学家牛顿的故事，引导学生对科学家精神的思考，体悟科学家保持好奇心并持续探索的精神。
瑞利散射	现象与本质的关系，理论与实际的关系。	提问法、讲述法、讨论法。通过关于蓝天的提问引起学生兴趣；通过日常生活现象引发学生思考；通过警示灯的现象，引导学生进行理论联系实际的思考，体悟科学推动发展、创造美好生活的责任；讲述科学家瑞利的故事，引导学生感悟科学家精神；通过对于其他日常现象的讨论，引导学生感悟化学与社会的关系，培养社会责任感。

（续表）

专业知识点	思政元素	方法
拉曼散射	科学家敢于质疑，勇于探索的科学精神。	提问法、讲述法。通过天与海的对比提问引起学生思考；通过讲述科学家拉曼的故事，引导学生思考如何勇于探索，并敢于质疑权威的科学精神。
拉曼活性与红外活性	辩证统一思想。	讲述法、讨论法。通过回忆红外光谱的特点，引导学生进行知识点回顾；通过拉曼活性与红外活性的对比，感悟科学中的辩证统一思想。
拉曼光谱图解析	现象与本质的关系，理论与实际的关系。	讲述法、案例法、讨论法。通过拉曼光谱图解析的原理讲解，引导学生思索现象与本质的关系；通过谱图解析的案例讲解，更深一步体会理论与实际的关系；通过讨论，内化科学素养。
拉曼增强技术	打破传统，逆流而上。	提问法、案例法、讨论法。通过对拉曼光谱的缺点提问，引起学生思考，处于逆境该如何处理；通过拉曼增强技术案例讲解，告诉学生要敢于打破传统，逆流而上；通过讨论，引导学生关于尊重传统与打破传统的关系思考。
拉曼光谱的应用	科学家精神，科技强国精神。	讲述法、案例法、讨论法。通过拉曼光谱应用领域的讲解，引导学生将理论联系实际；通过案例讲解，使学生感悟如何进一步将科学技术应用于国家建设；通过科学家的成果讨论，感悟科学家精神，科技强国精神。

三、教学过程

（一）课程导入（8分钟）

教学意图	教师活动	学生活动
热点事件回顾，激发学生思考（4分钟）	【讲述】新冠肺炎疫情事件。 【提问】为何我国能控制疫情？ 【思政】民族自豪感和国家认同感，激发爱国主义情怀。	【回答】我国的疫情快速得到控制的原因何在。 【思政感悟】民族自豪感和国家认同感，激发爱国主义情怀。

（续表）

教学意图	教师活动	学生活动
引入本节内容（4分钟）	【提问】化学与疫情防控有何关联？ 【思政】化学与生活的关系。	【思考】化学与疫情防控有何关系？ 【回答】如何把专业知识运用到实际生活中去？ 【发散】其他化学知识与生活有何关系？理论如何联系实际？

（二）复习回顾（18分钟）

教学意图	教师活动	学生活动
增加课程趣味性（2分钟）	【提问】天为什么是蓝色的？ 【提问】有哪些现象与天的蓝色相关？ 【提问】蓝天的科学原理是什么？ 【思政】善于观察、保持好奇心、敢于提出问题。	【思考】天为什么是蓝色的？ 【回答】哪种现象与天的蓝色相关？ 【思考】蓝天的原理。 【思政感悟】善于观察、保持好奇心、敢于提出问题。 【思政感悟】透过现象理解本质。
问题导向，以问题一步步引导学生思考（3分钟）	【提问】什么是光？ 【提问】什么是可见光？ 【复习知识点】可见光。	【思考】什么是光？ 【回答】为什么棱镜可以分光？ 【课后调研】牛顿其人其事。 【思政感悟】从牛顿身上能学到些什么？
问题导向，以问题一步步引导学生思考（2分钟）	【提问】光与物体的相互作用。 【提问】散射与反射的关系。	【回答】光与物体的相互作用。 【回答】散射与反射的关系。 【思政感悟】能量守恒。
以实例的现象引起学生思考，探索本质（2分钟）	【提问】图中有什么现象？ 【提问】为什么有该现象？	【回答】靠近光源的地方较蓝，远离光源的地方较红。 【思考】为什么？ 【思政感悟】从现象到本质。
讲解可见光的散射规律（4分钟）	【分析】可见光的散射表现。 【提问】为什么在极端天气环境下用红灯作为警示灯？ 【提问】解释溶液不同颜色的原因。	【讨论】可见光散射的规律。 【回答】为什么在极端天气环境下用红灯作为警示灯？ 【回答】溶液在光照下呈现不同颜色的原因。

（续表）

教学意图	教师活动	学生活动
问题导向，以问题一步步引导学生思考（5 分钟）	【提问】电磁波的能量有何规律？ 【提问】可见光的散射有何规律？ 【提问】规律说明什么？ 【讨论】天为什么是蓝色的？ 【总结】天是蓝色的原因。 【提问】大气环境与水环境是否一致？	【回答】电磁波的能量规律。 【回答】可见光的散射规律。 【讨论】蓝光的能量与散射的关系。 【讨论】天为什么是蓝色的？ 【课后调研】瑞利勋爵其人其事。 【思政感悟】从瑞利勋爵身上能学到些什么？

（三）探究分析（7 分钟）

教学意图	教师活动	学生活动
增加课程趣味性（2 分钟）	【提问】海为什么是蓝色的？ 【提问】复述瑞利勋爵的解释，你觉得瑞利勋爵的解释是否正确？为什么？	【思考】海为什么是蓝色的。 【讨论】瑞利勋爵的解释是否正确？为什么？
拉曼生平的介绍，感悟科学精神（5 分钟）	【化学史讲述】拉曼研究海为什么是蓝色的。 【思政】敢于质疑和探索的科学精神。 【课后思考】如果你遇到此类情况，能否敢于提出自己的观点，打破传统？	【思考】拉曼为什么能质疑？ 【思政感悟】拉曼发现问题之后能迅速开展实验进行验证，感受科学家敢于质疑，勇于探索的科学精神。 【课后调研】拉曼其人其事。 【思政感悟】从拉曼身上能学到些什么？ 【思考】如果你遇到此类情况，能否敢于提出自己的观点，打破传统？

（四）概念构建（25 分钟）

教学意图	教师活动	学生活动
小组讨论瑞利散射与拉曼散射的关系，学会归纳总结（5 分钟）	【讨论】瑞利散射与拉曼散射的关系。 【小结】瑞利散射与拉曼散射的关系。	【讨论】瑞利散射与拉曼散射的关系。 【能力培养】归纳总结。

（续表）

教学意图	教师活动	学生活动
拉曼光谱的量子学原理讲述（5分钟）	【提问】拉曼散射是如何应用到拉曼光谱中的？ 【提问】拉曼光谱中拉曼散射与瑞利散射分别有何贡献？ 【提问】拉曼散射能级图与红外能级图有何异同点？ 【讲述】虚能级。 【归纳总结】拉曼光谱的量子学原理。	【思考】拉曼光谱的原理。 【讨论】拉曼光谱中拉曼散射与瑞利散射分别有何贡献。 【讨论】拉曼散射能级图与红外能级图有何异同点。 【回答】什么是虚能级？
小组讨论拉曼活性与红外活性，归纳总结（5分钟）	【讲述】拉曼位移。 【讨论】拉曼活性与红外活性。 【讨论】拉曼光谱与红外光谱的联系与区别。 【总结】拉曼与红外的关系。 【提问】其他分子光谱与拉曼光谱有何关系？ 【提问】运用分子光谱技术能否分析分子结构？为什么？ 【思政】拉曼与红外的辩证统一。	【讨论】拉曼活性与红外活性。 【能力培养】归纳总结。 【思政感悟】拉曼与红外的辩证统一。 【思考】拉曼光谱与其他分子光谱的关系。 【讨论】运用分子光谱技术能否分析分子结构。
讲述拉曼光谱仪的构造（5分钟）	【提问】拉曼光谱仪需要哪些原件？ 【分析】拉曼光谱仪。	【思考】如何能最有效地构建拉曼光谱仪？ 【回答】拉曼光谱仪可能需要的构件。 【思考】每个部件的功能是什么？
讲述拉曼光谱仪的分类（5分钟）	【提问】什么是共聚焦技术？为何需要共聚焦技术？ 【归纳总结】共聚焦拉曼的原理。 【讲述】拉曼光谱仪的分类。 【提问】有没有什么别的分类方法。	【思考】什么是共聚焦？ 【回答】共聚焦拉曼的优缺点。 【讨论】拉曼光谱仪的分类。 【能力培养】分类总结。

（五）知识拓展（13 分钟）

教学意图	教师活动	学生活动
介绍拉曼光谱的发展史，介绍共振增强拉曼技术（5 分钟）	【提问】拉曼光谱的发展为何在很长一段时间内停滞不前？ 【提问】为什么拉曼光谱信号那么弱，却依旧能成为一个灵敏的检测手段？ 【提问】你觉得如何能进行拉曼信号放大？ 【提问】什么是共振？ 【提问】共振拉曼为什么能增强拉曼信号？ 【讲述】共振。 【推断】共振拉曼增强的原理。	【思考】拉曼光谱为何发展缓慢？ 【回答】可能的拉曼信号放大手段。 【思政感悟】打破传统，逆流而上。 【回答】什么是共振 【思考】共振拉曼增强信号的原理。 【文献调研】共振拉曼光谱的应用。
介绍表面增强拉曼光谱（5 分钟）	【介绍】表面增强拉曼技术。 【提问】为何只有在粗糙的金属表面才能增强？ 【课后思考】表面增强拉曼光谱的增强机理。	【思考】粗糙金属表面有何特点。 【文献调研】表面增强拉曼光谱的增强机理。
介绍针尖增强拉曼光谱（3 分钟）	【介绍】针尖增强拉曼技术。 【提问】为何针尖能增强拉曼信号？ 【提问】针尖增强技术与前期介绍的哪种仪器分析技术的原理相似？	【思考】针尖增强技术与前期介绍的哪种仪器分析技术的原理相似。 【文献调研】针尖增强拉曼光谱的应用。

（六）辨识训练（13 分钟）

教学意图	教师活动	学生活动
介绍拉曼光谱的应用（5 分钟）	【提问】拉曼光谱的应用领域有哪些？ 【思政】拉曼光谱的应用如何与习近平总书记的“四个面向”相关联？ 【归纳总结】拉曼光谱的应用。 【提问】拉曼光谱为何能应用在这些领域中？ 【提问】拉曼光谱图有何特征？能从其中得到什么信息？ 【分析】拉曼光谱图解析。	【思政感悟】习近平总书记关于“四个面向”“两个更加”的表述。 【思政感悟】化学知识如何能服务于社会？化学怎样使生活更美好？ 【回答】拉曼光谱的应用领域。 【思考】拉曼光谱为何能应用在这些领域中。 【回答】拉曼光谱图的特点及包含的信息。

（续表）

教学意图	教师活动	学生活动
介绍拉曼光谱如何检测COVID－19病毒（4 分钟）	【提问】拉曼光谱如何检测新冠病毒？ 【文献】分析拉曼光谱检测新冠病毒的原理。 【思政】化学造福人类。	【思考】拉曼光谱如何检测新冠病毒？ 【文献调研】相关文献的深入学习。 【思政感悟】拉曼光谱怎样应用到习近平总书记的“四个面向”中。
介绍拉曼光谱如何检测禽流感病毒（4 分钟）	【提问】拉曼光谱如何检测禽流感病毒？ 【文献】分析拉曼光谱检测禽流感病毒的原理。 【介绍】卢洪洲。 【思政】勇攀科学高度。	【思考】拉曼光谱如何检测禽流感病毒？ 【文献调研】相关文献的深入学习。 【课后调研】卢洪洲其人其事。 【思政感悟】从卢洪洲身上能学到些什么？ 【思政感悟】中国科学家勇攀科学高峰。

（七）回顾总结（6 分钟）

教学意图	教师活动	学生活动
本节内容小结（3 分钟）	【小结】本节内容小结。	【思考】知识点小结。
作业布置与课后拓展（3 分钟）	【作业】课后作业布置。	【作业】拉曼光谱的应用。 【思政感悟】拉曼光谱怎样应用到习近平总书记的“四个面向”中。 【思政感悟】田中群院士如何勇攀科学高峰。

四、课外思考题

1. 查阅拉曼光谱应用的相关文献，并举例说明；思考拉曼光谱的应用与习近平总书记提出的“四个面向”是如何相呼应的。

2. 检索查阅厦门大学田中群院士的事迹，体悟科学家勇攀科学高峰的精神。

五、教学评价

1. 课程思政

课程设置的思政内容不显突兀，学生接受度较好。比如课程导入部分的疫情事件，学生自然而然地就能将爱国主义情感根植在心中。之后的化学史与科学家的生平故事，也能潜移默化地培养学生的科学素养，特别是通过拉曼质疑瑞利勋爵故事的讲述，大部分学生表示在今后的学习生活中，也要敢于质疑，敢于提出自己的观点。对于课后的文献调研，部分学生有意识地选择了中国科学家的最新研究成果，表示自己要把论文写在中国大地上。

2. 问题导向

学生能通过教学中设置的问题链深入思考、深化理解，辨明拉曼散射与瑞利散射的区别，明确拉曼光谱的原理。对于拉曼光谱与红外光谱关系的讨论，大部分学生能提出自己的观点，并且能够通过问题的引导，归纳总结，使知识点更明确。

3. 过程性评价

对于学生的学习评价，采用过程性考核模式；对于课后作业的评价，采用多元评价方式，即“教师点评＋学生组内互评＋学生组间互评＋学生自评”的模式，学生通过相互交流，充分发挥评价主体的作用，使评价结果更为客观，激发学生的学习积极性。

无处不在的分子间相互作用

吴一萍

▶ **课程名称** 分离与分析技术

▶ **课程性质** 专业选修课程

▶ **专　　业** 化学工程与工艺

▶ **授课对象** 化学工程与工艺专业三年级学生

▶ **教师简介** 吴一萍，上海师范大学化学与材料科学学院副教授、硕士生导师；主要从事光电化学器件的开发及其在分析科学中的应用研究；主讲课程有“分离与分析技术”“材料结构与表征”；曾获得上海市青年科技英才扬帆计划和晨光计划的资助；获上海师范大学第四届青年教师教学竞赛三等奖，获评上海师范大学第十二届优秀青年教师、上海师范大学第九届优秀青年学术骨干等称号。

▶ **课程简介** 分离与分析是人类认识物质世界的必经之路。早期，居里夫妇通过处理数吨沥青闪石发现了放射性元素镭，为现代放射化学的发展奠定了基础；2020 年新冠肺炎疫情暴发，我国科学家通过病毒分离培养，迅速鉴定出病原体，为后续临床诊断与治疗、药物研发和科学防疫指明方向。随着国民经济与科学技术快速发展，分离与分析技术日新月异，其在科学研究和工农业生产中扮演的角色也随之加重。作为一门专业选修课，“分离与分析技术”不仅延伸了化学工程与工艺专业的课程体系，同时对培养具有扎实专业基础和强大实践能力的化工人才起到不可替代的作用。

本课程涉及分离原理与分离分析方法的介绍，其中分离原理包括分离过程中的热力学和动力学、分子间的相互作用与溶剂的特性；分离分析方法包括：萃取分离、色谱分离、制备色谱技术、膜分离、电化学分离和其他新兴分离技术。理论层面，通过本课程的学习，学生将充分掌握分离科学的基本原理，着重掌握常用的几种分离分析方法，包括基础理论、适用对象、工艺过程及设备；实践应用层面，熟悉分离分析技术，针对特定的复杂样品可以设计合理的分离分析对策，并有能力对方法的可行性和有效性进行验证和评价；为之后更好地从事与专业相关的工作，如精细化工、日化生产、检验检疫、医农药分析和检测等储备知识和技能。

课程开展过程中，设置案例分析环节，学生以小组为单位，围绕几个重点的分离分析技术，从实际生产生活中收集应用案例，提炼其中包含的专业知识，制作 PPT，开展课堂分享。这一模式不仅可以有效提高学生的主体意识，强化他们对理论知识的理解与掌握，实际案例分析还可以将知识的力量可视化，让学生直观地看到知识如何服务生产和生活，促进学生的专业认识和认可。课程教授过程中充分调动学生的主观能动性，引导、启发学生学以致用，学会盘活、整合专业知识，将它们真正落实到解决具体科学或实际问题中去。

▶ 课程蕴含的思政元素分析

习近平总书记在全国高校思想政治工作会议上强调，要用好课堂教学这一主渠道，各类课程要与思想政治理论课同向同行，使显性和隐性教育相统一，形成各类各门课程协同育人格局，努力培养德智体美劳全面发展的社会主义建设者和接班人。作为化学工程与工艺专业的选修课程，“分离与分析技术”和其他专业课程一起担负起专业育人的任务。因此，有必要将思政教育巧妙地融入“分离与分析技术”课程的教学过程中，深度探索“分离与分析技术”课程和思政教育之间的密切关联性。具体分析如下：

1. 激发学生爱国情怀，树立文化自信

随着国家对科学技术发展的重视，科技投入规模和强度持续提高，与此同时我国基础研究和前沿科技创新能力显著增强。目前，国际论文总数排名世界第四，进入世界第二方阵，与英国、德国、日本相当；突破了一批核心技术，在前沿技术领域与世界先进水平差距不断缩小。这是一代代科研工作者前仆后继、淡泊名利、追求真理、勇攀高峰，积极投身创新的成果。因此，在面对美国技术制裁时，年轻人应该有信心直面差距，立足专业，发挥所长，增强实践，继续秉承并发扬艰苦奋斗、协力攻坚的精神，尽早打破垄断，赶超国际主流水平。

2. 弘扬求真务实的科学精神

“分离与分析技术”是一门实践类课程，科学诚信问题是学习该课程必须遵循的前提。必须要求学生尊重事实，实训操作过程中不得有任何虚假，绝对禁止随意改动仪器或设备参数，篡改实验数据等行为；必须掌握辩证唯物主义方法，批判唯心主义世界观和形而上学方法论。在教学过程中可以顺势对一些反面案例进行剖析，强调“秉持求真务实科学精神，坚持学术道德底线”的重要性。自觉把培养诚实守信、品德端正、思维严谨的科学态度融入教学环节，把科学精神、工匠精神与人文情怀传递给学生，使学生在学习专业知识的同时也接受思政教育熏陶，全方位落实教书育人目标。

3. 敬畏自然，保护环境，树立可持续发展观

传统粗放型化工生产由于资源利用不合理、污染物排放不规范等问题给城市生态环境造成了极大压力。根据化工行业污染现状分析报道，我国化工行业环境污染存在面广、量大、组成复杂、治理难度大等特点。由于环保问题突出，化工行业正面宣传少，加上某些舆论的错误引导，化工行业目前的处境非常尴尬，社会上甚至出现“谈化色变”的现象。因此，建设生态文明是新形势下化工行业义不容辞的历史使命。解铃还须系铃人，正如钱旭红院士说的“只有化工才知道污染的真解在哪里，化工污染归根结底还是要依靠现在的化学办法和化工解决方案”。因此，“分离与分析技术”课程面临重要的育人任务：在传授化工专业知识和技能的同时，义不容辞地帮助学生树立环保意识，可持续发展观和生态文明观，促使学生走上与化工相关的工作岗位后，可以深入贯彻这些观念，并将其落实到具体的工作中；在对化工分离方法进行评价时，除了需要考虑分离度、回收率、富集倍数、准确性和重复性等这些理论参数，同时也需要考虑更多的实际问题，比如设备成本、环境污染度和资源利用率等。

▶ 教案设计

一、教学目标

（一）知识目标

1. 可以描述凝聚相中原子或分子之间可能存在的分子间相互作用(静电相互作用、范德华力和氢键)；

2. 理解不同分子间相互作用形成的原因；

3. 了解分子间相互作用对物质理化性质的影响。

（二）能力目标

1. 培养学生比较学习的能力，对不同的分子间相互作用进行有效描述和区分；

2. 培养学生归类总结的能力，建立三种范德华力间的区别和联系；

3. 培养学生逻辑推理能力，基于分子间相互作用力对物质的部分理化性质进行预判。

（三）价值目标

1. 帮助学生树立爱国主义情怀，了解新中国奋斗史，明白美好生活来之不易；

2. 培养学生对科学研究的兴趣，了解我国科研工作者在科学研究领域的贡献，发挥榜样的作用；

3. 尊重自然，学习自然，保护自然，树立可持续发展观和节约意识。

二、教学内容分析

（一）教学内容

1. 分子间相互作用概述；

2. 静电相互作用；

3. 三种范德华力；

4. 氢键的形成；

5. 氢键与日常现象，理论联系实际，加深对知识的理解和运用。

（二）教学重点

1. 三种范德华力的区别和联系；

2. 氢键的形成条件和特点。

（三）教学难点

1. 在利用图示和板书讲授分子间相互作用和势能随分子间距离变化时，将连续动态的变化分解为几个特殊距离点进行介绍，将抽象事物具体化，再进行整合，使学生的抽象思维和分析能力得到充分的锻炼；

2. 如何提高学生的课堂参与度，充分调动他们的主观能动性，积极思考，有效提高课堂学习效果。

（四）教学中的思政结合点

专业知识点	思政元素	方法
物质三相转变	格物致知，通过观察、思考和实践探究事物及现象背后的本质。	举例、讨论法。请学生举例介绍在日常生活中观察到的物质相变过程；帮助学生建立系统概念；引导学生思考相变过程中物质与环境间的相互作用，以及如何通过改变环境条件实现物质的分离。
分子间相互作用	培养学生比较学习的能力。	讲解、讨论法。从力的大小、方向、发生条件等维度介绍分子间相互作用与分子内相互作用。对两种相互作用进行比较，寻找其异同，通过对比学习加深对分子间相互作用的理解。
范德华力	培养学生归纳总结的能力；建立微观和宏观意识；鼓励学生运用唯物主义科学世界观探索自然，追求真理。	讲解、讨论、案例法。横向比较学习三种范德华力，全面把握范德华力的本质；理解微观上的分子间相互作用对物质宏观物理性能的影响；结构决定性能，趣味拓展案例中，通过剖析壁虎脚趾微观构造了解它具备飞檐走壁能力的原因。
氢键	培养学生独立思考的能力，不迷信权威，敢于质疑，勇于创新，科学实践。	举例、讨论法。从水的反热胀冷缩现象引入对氢键的介绍和讨论；通过对与氢键有关的前沿科学研究工作的介绍，不仅可以加深学生对氢键的理解，也可以提高他们对科学研究的兴趣；知识拓展环节通过对 DNA 内氢键作用的介绍，帮助学生了解生命中化学的奥秘，建立专业认同感，提高专业兴趣。

三、教学对象分析

1. 知识基础

本课程的教学对象为化学工程与工艺专业三年级学生，通过前面无机化学、有机化学、分析化学等先导性课程的学习，他们已具备较扎实的化学理论基础，掌握一定的实验操作技能和建立对应的工程思想。本课程主要目标是帮助学生积极调动和整合所学习和掌握的专业知识和技能，针对具体的科学或实际问题，可以提出有效的解决方案，并有能力对所提方案进行验证和评价，提高学生发现问题、分析问题和解决问题的能力。

2. 认知特点和学习风格

经过两年的学习和适应，大学三年级学生校园生活处于较稳定阶段，对大学各方面要求已基本熟悉，自我意识逐渐成熟，智力水平达到人生最佳，进一步开展专业学习，创造能力初露端倪；对未来职业有一定的自我规划和目标，职业化学习动机提高。大学三年级学生已经掌握大学的学习方式，注重自学和讨论，能较合理地安排课余时间，且通常会不满足于老师讲、学生听的呆板教学方式，能通过多种渠道汲取知识。因此，在授课的过程中，不能局限书本理论知识的传授，应该增加一些实例，把课堂的掌控权部分交还给学生，抛砖引玉，启发引导他们独立思考和讨论，充分调动他们的主观能动性，使他们可以积极参与课程的学习和拓展。

四、教学手段与方法

（一）教学手段与教学模式

1. 教学手段：现代化教学手段和传统教学模式有机融合，利用多元化动态多媒体课件全面展示课程内容，结合同步讲解，全面介绍分子间相互作用。对于教学难点或重点，也可以结合板书展开详细介绍和强调。

2. 教学模式：传授书本知识和扩展性自我学习模式相结合，通过知识点回顾，趣味性导入，课程知识讲授和启发性课外知识拓展的模式来开展本次分子间相互作用课程的教学活动。

（二）课堂教学设计思路

1. 对分子间相互作用展开介绍，通过和物理相互作用及化学相互作用多角度对比，展示分子间相互作用固有的特点；从力的角度来详细介绍分子间相互作用的大小和方向。

设计依据：分子间相互作用是非常抽象的概念，如何阐述清楚它的特点，让它更加具体形象，使学生理解起来更容易？通过和前期已经学习的化学键和物理相互作用相比较，从力的大小和方向两个方面来阐述分子间相互作用的特性，使学生在学习时有比较，更具体。

2. 展开介绍静电相互作用、范德华力和氢键三种分子间相互作用。

设计依据：在分子间相互作用的轮廓里先模块化展开介绍这三种分子间相互作用，使学生理解并掌握它们各自的特点；之后进行比较学习，通过构建表格，多维度比较，突出共性，强化差异，使学生可以全面深刻掌握三种作用力。同时也向学生传授学习内容丰富的知识点的方法和思维模式。

3. 理论结合实际，引导学生思考如何运用所学知识解释日常现象。

设计依据：通过水结冰违反热胀冷缩现象启发引导学生学做生活中的有心人，学会独立思考，遇到疑惑勇于提问，尝试自己去探究事物的本质。知识跳出书本，为实践服务，实践强化、加深和拓展知识，如此良性循环，所学的知识才会越发鲜活和广阔。

4. 通过学术论文展示“看”得到的氢键，眼见为实，加深学生对氢键的理解和掌握。

设计依据：将前沿的科学研究材料用于辅助教学，不仅增加了知识的可信度，也丰富了知识的内涵，同时可以满足部分学生将来进行更深层次学术研究的需求。

5. 布置课后作业和拓展思考题。

设计依据：帮助学生巩固本次课程所学内容，同时引发学生课后开展自我学习，加深和拓展对知识的理解深度和获取广度。

五、教学过程

（一）物质三相间的转变

我们从微观角度去观察处于不同相态的物质时会发现两种状态(图 13－1)：

固体中，分子紧密堆积在一起，呈规则排列；液体中，分子间相互靠近，呈无规则排列；气体中，分子间相距甚远，呈无规则排列。

固体中，分子只围绕固定位置振动，不发生移动；液体中，分子发生移动，时有接触；气体中，分子独立运动，不接触，但会发生碰撞。

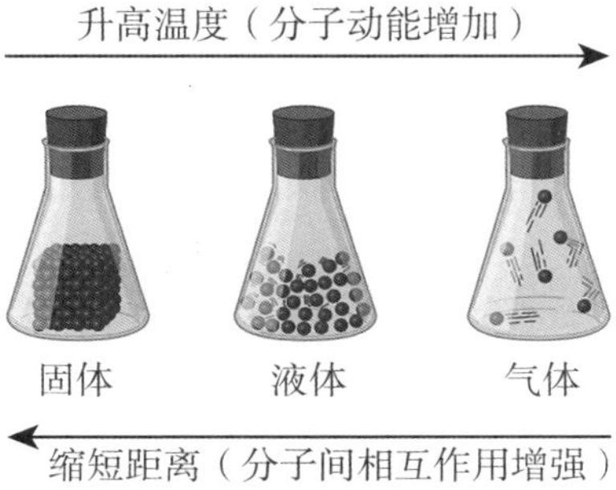

图 13－1　分子间相互作用与物质物理状态变化

物质相态变化可以反映构成物质的分子间相互作用的变化。物质存在的相态取决于其分子间相互作用和分子的动能。分子间相互作用将分子紧密结合在一起，而分子动能为克服分子间相互作用提供能量，增加分子间的距离；当改变物质的温度时，分子动能会发生变化，从而引起物质物理状态的改变（图 13－1）。所以研究分子间相互作用有助于我们选择和控制最佳的分离条件。

示例 1：挂水珠的冰镇饮料和雾的形成

气态水分子遇冷后，水分子间相互作用可以让接触后的水分子保持在一起，形成液态水。例如，空气中的水蒸气在玻璃表面遇冷，形成小水珠；或者在高空遇冷，形成小液滴，产生迷雾天气（图 13－2）。

图 13－2　气态水分子遇冷形成液态水

示例 2：打火机里的液体

一次性打火机中使用的燃料是丁烷，丁烷在常温常压下是一种气体。但在打火机的燃料舱内，有一定的压力，丁烷冷凝成液态（图 13－3）。当温度不太高时，我们可以通过改变外界压力来改变物质的相态。增加压力可以使气体分子靠近，增加分子间的相互作用；当分子间的相互作用强于分子动能时，物质液化，形成液体。更进一步，当液体的温度足够低，或者施加在液体上的压力足够高时，液体分子将不再具有足够的分子动能来克服分子间的相互作用，从而形成固体。

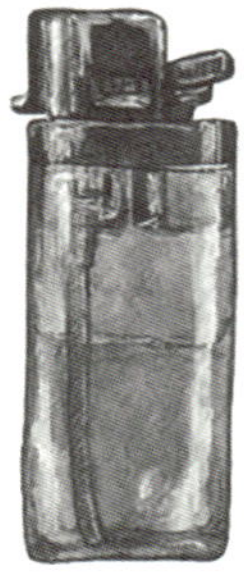

图 13－3　打火机内的液态丁烷

课程思政　格物致知，培养实验精神，保留怀疑求真的态度，通过实践发现事物真相或现象后的本质。

（二）分子间相互作用

物质相态的变化是分子间相互作用的变化，而不是分子内相互作用的变化。分子内的相互作用是指可以使原子保持在一起的力，如各种化学键，它与物质的化学特性密切相关；分子间的相互作用是指分子之间的作用力，它决定了物质的许多物理特性。分子间相互作用方式有很多种，强度差异也很大，不过与分子内将原子结合在一起的分子内力相比，分子间的相互作用要弱很多。例如，要克服 1 mol 液态 HCl 中的分子间相互作用，使其转化为气态 HCl，需要大约 17 kJ。然而，要破坏 1 mol HCl 中氢原子和氯原子之间的共价键，需要大约 430 kJ 的能量，该能量是分子间相互作用的 25 倍(图 13－4)。

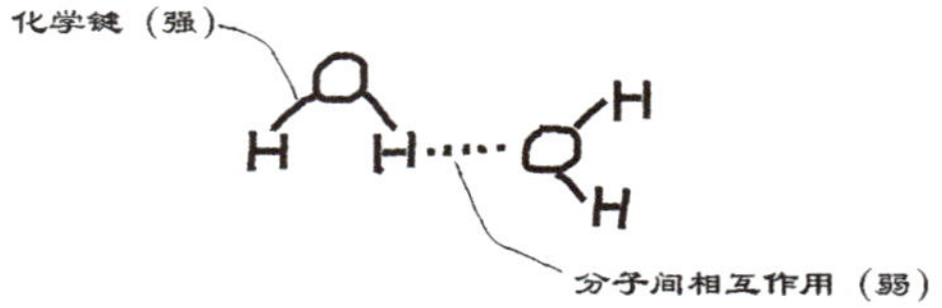

图 13－4　HCl 分子中的化学键与分子间相互作用

分子间相互作用的大小通常用势能或分子间力表征。当两个分子 a 和 b 相距无限远时，它们之间的相互作用可忽略不计。这时，由分子 a 和 b 组成的体系的总能量等于它们各自的能量之和。当对体系做功使两个分子相互接近到某一距离 r 时，由双分子组成的体系的总能量 U_T 中，增加了分子间的相互作用势能 $U_{(r)}$。$U_{(r)}$ 与分子 a 和 b 的结构及两分子对称中心间的距离有关。大多数情况下，分子间相互作用势能与分子间距离的函数关系（图 13－5）可以用经典的 Lennard-Jones 方程表示：$U(r)=\frac{A}{r^{12}}-\frac{B}{r^{6}}$。当然，分子间的相互作用势能在数值上等于将两个分子从无限远处推进至相距 r 处时所需做的功：$U_{(r)}=\int_{\infty}^{r}F(r)\,\mathrm{d}r$，所以相距 r 处两分子间的相互作用 $F(r)=-\frac{\partial U(r)}{\partial r}$。

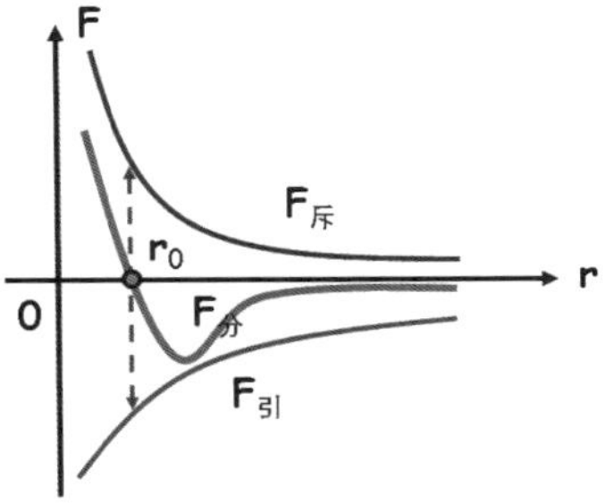

图 13－5　分子间相互作用势能与分子间距离的关系

（三）静电相互作用

假设两个分子所带电量分别为 q_i 和 q_j，和所有带电粒子之间的静电相互作用一样（图 13－6），这两个分子间的静电力 F 遵循库仑定律 $F=\frac{q_i q_j}{4\pi\varepsilon_0 r^2}$。

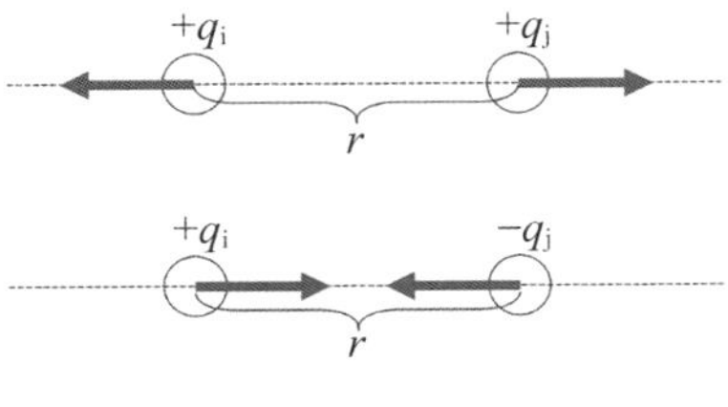

图 13－6　带电粒子间的静电作用

思考：哪些分离过程中会涉及静电相互作用？

蛋白质分子的盐桥、离子对液相色谱中离子对的形成、溶剂萃取中被萃取离子与带相反电荷萃取剂之间离子缔合物的形成等。

（四）范德华力

1. 固有偶极相互作用

当具有不同电负性的元素之间发生键合时，会产生永久的电偶极矩。极性分子正负电荷中心分离，分子的一侧带有部分正电荷，另一侧带有部分负电荷。例如 HCl，电负性较大的 Cl 原子带部分负电荷，而电负性较小的 H 原子带部分正电荷。HCl 分子之间的相互作用是由一个 HCl 分子的正端和另一个 HCl 分子的负端之间相互吸引所导致。这种吸引力称为偶极—偶极相互作用（图 13－7），或固有偶极相互作用，它实质上是一个极性分子的部分正端和另一个极性分子的部分负端之间的静电力。

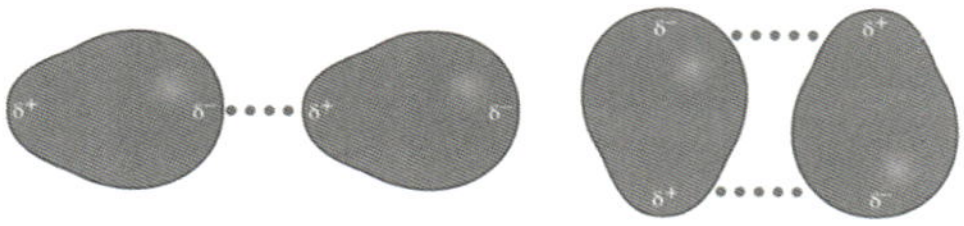

图 13－7　偶极—偶极相互作用

思考：具有永久偶极的分子如何排列，分子间相互作用最强和最弱？

偶极子取向平行时作用最小，反平行时作用最强。

2. 诱导偶极相互作用

即使分子是电中性的，并且不具有永久偶极矩，它仍然会受到外部电场的影响。因为所有的原子和分子都由带电粒子（原子核和电子）组成，附近分子的电场会导致其正负电荷的中心向相反的方向移动，导致产生临时的或诱导的偶极矩。然后，诱导偶极子与产生它的物种相互作用，导致两个分子之间产生净吸引力，这种吸引力即诱导偶极相互作用。诱导偶极相互作用通常很弱，但在少数情况下，它会导致形成松散结合的化合物。这种分子间相互作用可以很好地解释为什么各种各样的中性分子，如碳氢化合物，甚至一些惰性气体元素，可以与水形成稳定的水合物。

3. 色散力

N_2 是非极性分子，但高压下它可以凝聚成液体，形成液氮。这一事实告诉我们分子之间肯定还存在另一种吸引力，这种吸引力更普遍，且不依赖永久偶极矩的存在而存在，几乎存在于任何分子之间，这种力通常简称为色散力。要了解色散力的起源，就有必要认识到，当我们说分子是“非极性的”时，实际上是指时间平均偶极矩为零。但其实，原子或分子中的电子在不断运动，所以在任何时刻，如果原子或分子中的电子分布不对称时，即可产生一个临时的、瞬时的偶极子。反过来，这个偶极子的出现会使相邻原子或分子中的电子扭曲，产生感应偶极子。因此，这两个快速波动的临时偶极子会导致分子之间产生较弱的静电相互作用，即色散力。尽管色散力是分子间相互作用中最弱的，但它们普遍存在。它们的强度在很大程度上取决于分子中的电子数量。更大和更重的原子和分子比更小和更轻的原子和分子表现出更强的色散力。卤素单质熔点和沸点的趋势变化清楚地证明了这种效应（图 13 - 8）。

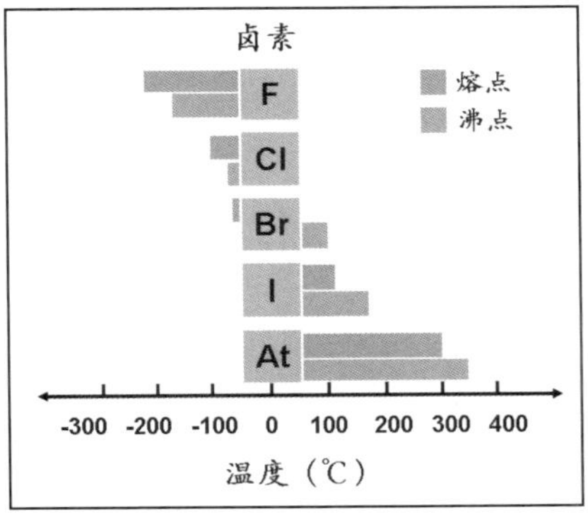

图 13 - 8　卤素单质熔点和沸点的趋势变化

思考：将 CH_4、SiH_4、GeH_4 和 SnH_4 的沸点从低到高排序，并解释原因。

这些化合物都是对称性很高的正四面体结构，为非极性分子，因此分子之间只存在色散力。结构相近的分子，色散力的大小与相对分子质量密切相关，相对分子质量越大，色散力越大，沸点越高。因此推测 CH_4 的沸点最低，SnH_4 的沸点最高，沸点从低到高的顺序为 $CH_4 < SiH_4 < GeH_4 < SnH_4$。

除此之外，分子结构也会影响分子间色散力的大小。例如，同分异构体正戊烷、异戊烷和新戊烷，虽然它们的化学式相同，但沸点却差别很大，分别是 36℃、27℃ 和 9.5℃。沸点的差异表明液相中正戊烷的色散力最大，新戊烷的色散力最小。这是因为线状结构的正戊烷分子间接触面最大(图 13－9)，产生的色散力最强，对应的沸点最高。

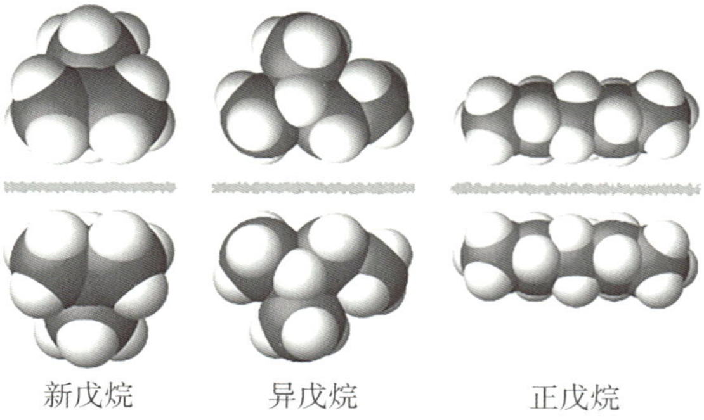

图 13－9　戊烷三种同分异构体的接触面

通过分析范德华力，我们可以预判 HCl 与 F_2 的沸点高低。HCl 和 F_2 分子都由两个原子组成，相对分子质量也相近。HCl 是极性分子，分子间存在相对较强的固有偶极相互作用；F_2 为非极性分子，分子间只存在相对较弱的色散力，因此与 F_2(85 K)相比，HCl(188 K)的正常沸点更高。

趣味拓展：壁虎与分子间相互作用

壁虎脚趾上既没有吸盘也没有黏性物质，却可以自由穿行在光滑的墙壁和没有扒手的天花板。它是如何做到的呢？尽管这种现象已经研究了数百年，但科学家直到最近才揭示壁虎具有这一超能力的原因。壁虎的脚趾上覆盖着数十万根鬃毛，每根鬃毛里又具有数百个细小的扁平三角形尖端，称为刮刀(图 13－10)。大量刮刀为壁虎提供了非常大的比表面，使其可以粘在表面上。之后，科学家还发现，壁虎在非极性砷化镓表面和极性二氧化硅表面上的黏附力一样好，表明壁虎粘在物体表面主要依靠其脚趾和物体表面间的色散力。尽管色散力非常弱，但数百万个刮刀的总吸引力足以支撑壁虎体重，保证其在物体表面自由穿行。

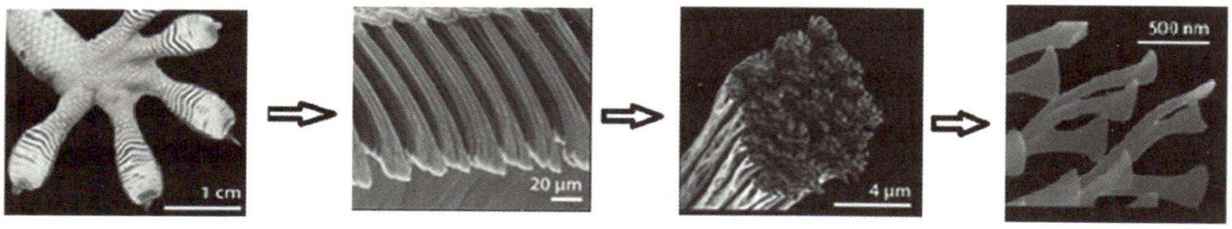

图 13－10　壁虎脚趾鬃毛里的刮刀

课程思政　大自然永远是人类最好的老师，我们在探索自然、追求真理的同时也要保护自然，与之和谐共处。

4. 氢键

当分析氢与第5、6和7族元素形成化合物的沸点时会发现一个奇怪的现象，即氢与这几个族中的第一个元素所形成的化合物，其沸点会异常高(图13－11)。这意味 H_2O、HF 和 NH_3 中必须存在额外的分子间相互作用。而正是因为这种相互作用，H_2O、HF 和 NH_3 由液态转变为气态时需要吸收更多的热能。这种相对较强的分子间相互作用被称为氢键。

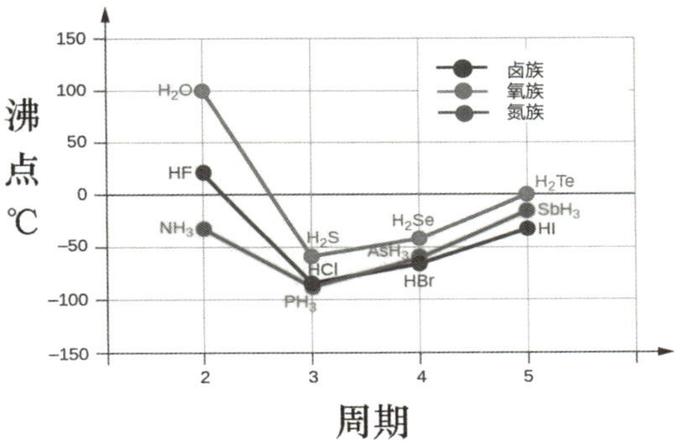

图13－11　氢与第5、6、7族元素形成化合物的沸点

当氢原子与电负性较大的原子X以共价键结合时，它们之间的共用电子对强烈地偏上X，这时相对显正电的H与另一分子中相对显负电的X(或Y)原子相接近时，会发生静电相互作用和一定的程度的轨道重叠作用，这种相互作用称为氢键。尽管使用了“键”这个词，但请记住，氢键是分子间相互作用，而不是分子内相互作用(共价键)。氢键比共价键弱得多，强度只有共价键的5%～10%，但却比范德华力强很多。

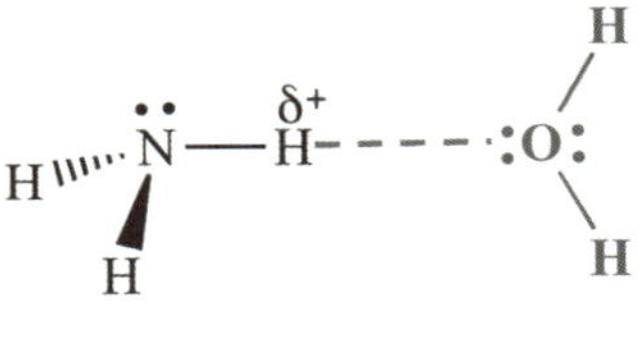

图13－12　NH_3 和 H_2O 分子间的氢键

水是氢键的理想例子。每个水分子都可能与周围的水分子形成四个氢键:氧原子上的两个孤电子对与两个氢原子结合,而两个氢原子又与氧原子结合,即所有的孤电子对和氢原子都参与了氢键的形成。这也是为什么水的沸点高于 NH_3 或 HF 的原因。在 NH_3 中,每个氮原子上只有一对孤电子对,不能满足所有的氢原子形成氢键的要求;而在 HF 中,却是氟原子上孤电子对充足而氢原子短缺。

示例:"看得见"的氢键

中国科学家利用原子力显微镜在国际上首次实现对分子间局域作用的直接成像(*Science*,2013,342,611-614)。

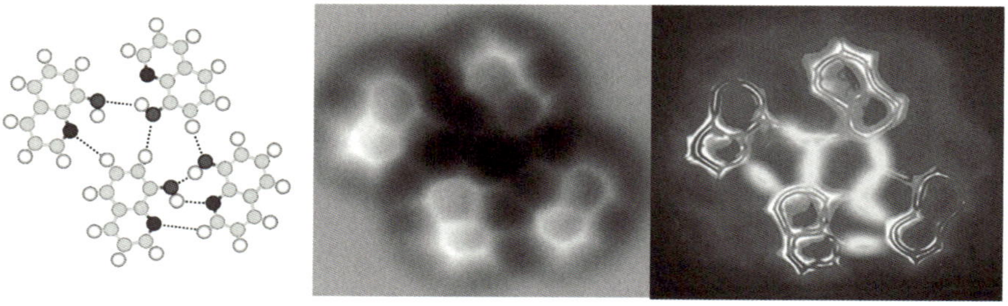

8-羟基喹啉分子间的氢键

图 13-13　分子间局域作用的直接成像

> 课程思政　通过介绍中国科学家了不起的科学研究工作,激发学生的民族自豪感,激发他们的爱国热情和对科学研究的兴趣。

同范德华力一样,氢键只对物质的物理性质有影响,主要表现为物质的熔沸点升高;另外,氢键对物质的电离和溶解等也有影响:(1)分子间氢键使物质熔点升高,分子内氢键使物质熔点降低;(2)若分子与溶剂分子间形成氢键,则该物质在溶剂中的溶解度增大;(3)解释一些反常现象,如水结成冰时,为什么体积会膨胀。

知识拓展:DNA 中的氢键

脱氧核糖核酸(DNA)存在于每个生物体中,它包含决定生物体特征的遗传信息，为制造生命所必需的蛋白质提供蓝图，并作为将这些信息传递给生物体后代的模板。DNA 分子由两条（反）平行的重复核苷酸链组成，形成双螺旋结构。每个核苷酸含有一个脱氧核糖，一侧与磷酸基团结合，另一侧是一个含氮碱基。含氮碱基有四种，分别是胞嘧啶（C）、胸腺嘧啶（T）、腺嘌呤（A）和鸟嘌呤（G）。这些碱基两两互补配对，其中腺嘌呤与胸腺嘧啶配对，鸟嘌呤与胞嘧啶配对。配对碱基通过氢键结合在一起，A 和 T 之间形成两个氢键，C 和 G 之间形成三个氢键。数百万个氢键累积作用，有效地将两条 DNA 链结合在一起。重要的是，两条 DNA 链可以从中间“解开”，因为与共价键相比，氢键相对较弱，这使得两条链都可以作为复制的模板（图 13－14）。

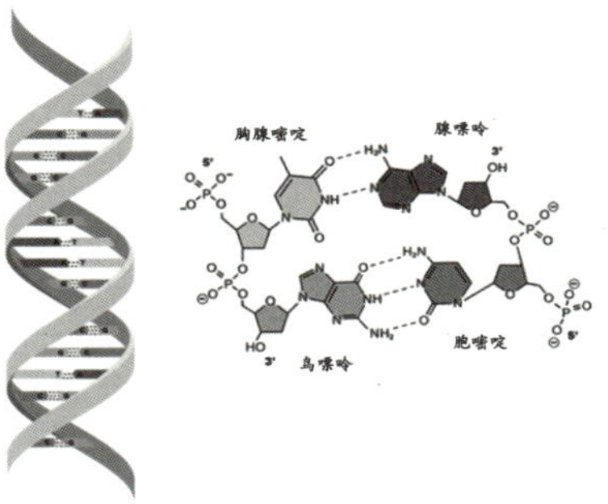

图 13－14　DNA 双螺旋

六、课外思考题

1. 将化合物甲醚（CH_3OCH_3）、乙醇（CH_3CH_2OH）、丙烷（$CH_3CH_2CH_3$）与它们的沸点－42.1℃、－24.8℃和 78.4℃匹配排列，并解释原因。

2. 无论是固体、液体还是气体，物质中存在的分子间相互作用类型都是相同的，那么为什么物质会从气态变为液态或固态呢？

3. 如何通过改变分子间相互作用实现分离？请举例说明。

七、教学效果分析

本堂课是“分离与分析技术”课程第三章第一节，教学重点是介绍三种分子间相互作用，使学生学会辨别不同的分子间相互作用及理解它们对物质理化性质的影响。根据本阶段大学生自主学习能力强、专业学习欲望高的特点进行教学设计，通过知识回顾开场，利用传统和现代教学模式有机结合的方式讲授新知识，穿插提问、互动讨论等环节，活跃课堂气氛，启发学生独立思考，提高学生的课堂参与度，有效提高课堂教学效果。以分子间相互作用为大框架，分层次介绍三种作用力，静电相互作用、范德华力和氢键，求同存异，突出各自特征的同时又寻找彼此间的相关性。运用比较学习，进一步加深学生对三种作用力的理解，最终形成完整的知识体系，为接下来分离分析实践储备更扎实的理论基础。整堂课教学设计巧妙合理，知识和趣味自然融合，学生在课上展现出非常高的专注度和积极性，充分保证了教学效果，较好地完成专业知识传授。

同时，根据课程内容自然融入课程思政，润物细无声。通过介绍水的相互转化帮助学生树立节约用水的意识；通过对壁虎脚间范德华力的探究提醒学生要敬畏自然、学习自然，摒弃社会达尔文论；通过介绍中国科学家了不起的科学研究工作激发学生的民族自豪感、爱国热情和对科学研究的兴趣。课程思政的融入不但丰富了教学内容，同时也增加了课堂的趣味性，极大拓宽了课程的深度和广度。课程思政和专业知识在本次教学中协同并进，相得益彰，较好地完成专业育人的教学目标。

化学之"光"　药物之"根"

——以"化学与健康"教学为例

郎万中

▶ **课程名称**　现代化学与人类文明

▶ **课程性质**　素质教育通识课程

▶ **专　　业**　非化学相关专业

▶ **授课对象**　全校一年级学生(非化学相关专业)

▶ **教师简介**　郎万中,上海师范大学化学与材料科学学院教授、硕士生导师;主要从事膜分离及催化等方面的相关研究工作;主讲课程有"化学反应工程""现代化学与人类文明""高等分离工程"等课程;获上海市科技进步奖1项(2019年)、上海市技术发明奖1项(2008年)、上海师范大学教学成果奖一等奖4项等。

▶ **课程简介**　"现代化学与人类文明"是一门通识教育课程,主要介绍化学发展史,现代化学在粮食生产、饮食、健康、生命科学、环境保护、能源开发、材料科学、国防和公共安全等领域对人类文明发展做出的贡献。课程通过化学案例把学生带入绚丽多彩的化学科学殿堂,领略化学家的风采,了解化学学科对人类文明发展的重大贡献以及化学家在做出这些贡献时所采用的科学思维方式和科学研究方法,了解化学科学的体系及其蕴藏的哲学思想，在潜移默化中让学生从化学的视角了解和解读发生在周围的“化学事件”，正确认识化学对人类的贡献，引导学生形成崇尚科学、追求卓越的人生观和价值观。

本课程在我校已经开设多年，主要面向非化学类专业的本科一年级学生。本课程 2015 年经我校教务处遴选立项重点建设，2017 年被列为我校首批课程思政专项建设项目，2018 年被我校遴选进行 MOOC 课程建设，2021 年被列为上海市教委重点课程建设项目。

▶ 课程蕴含的思政元素分析

本课程牢牢把握“价值引领、知识传授、能力培养”的教育教学理念，让学生从化学的视角了解和解读人类文明，正确领悟化学对人类的贡献，引导学生形成崇尚科学、追求卓越的人生观和价值观。以抗生素的发现为例，介绍弗莱明、弗洛里和钱恩三位诺贝尔奖获得者发现抗生素的曲折历程，引导学生学习科学家的严谨治学、踏实求真、追求卓越的精神。

“科学技术是第一生产力”，在课程教学过程中多次验证了这一著名论断。习近平总书记 2021 年 1 月在世界经济论坛“达沃斯”对话会上致辞指出，科技创新是人类社会发展的重要引擎，是应对许多全球性挑战的有力武器，也是中国构建新发展格局、实现高质量发展的必由之路。在人类发展过程中每一次重大科技发展都极大地推动了人类文明发展。例如，1908 年德国科学家哈伯的合成氨技术极大推动 20 世纪 30 年代世界人口的快速增长；抗生素的发明有效提升人类抗御疾病的能力，大幅提升人类平均寿命；青蒿素的发明使得人类有效抵抗疟疾困扰。

在授课过程中根据各个章节内容自然引入相关思政元素。例如，在讲解“化学与环境”章节过程中引导学生深刻理解习近平总书记提出的“绿水青山就是金山银山”的理念；在讲解“化学与材料”章节将结合目前我国材料领域存在“卡脖子”技术问题，引导学生理解化学在材料发展中的重要作用，激发学生爱国情怀，立雄伟大志，创宏图伟业。

▶ 教案设计

一、教学目标

（一）知识目标

1. 了解化学药物主要来源与途径；

2. 了解阿司匹林、青蒿素及其衍生物的发现过程及主要药用功能；

3. 了解磺胺类药物的发现及主要药用功能；

4. 了解青霉素的发现过程。

（二）能力目标

从典型化学药物发现过程领悟科学思维方法，引导学生成长为具有理性思维、批判质疑、勇于求真精神和具有乐学善学、勤于反思、信息意识强的新时代社会主义接班人。

（三）价值目标

1. 通过讲述青蒿素、“百浪多息”、青霉素等药物的发现过程，引导学生形成严谨治学、刻苦钻研的科学精神和工匠精神；

2. 通过讲述青蒿素的发现及屠呦呦获得诺贝尔奖，引导学生将个人事业、个人理想与国家需求、人类需求相结合；

3. 青霉素的发现和最终实现产业化过程，离不开最初发现青霉素的弗莱明，而能够实现纯化和最终大规模生产也离不开弗洛里、钱恩及其他科学家的贡献，正是各位科学家发挥各自专长才迎来了抗生素的发明，从此过程引导学生注重培养团队协作精神。

二、教学内容分析

（一）教学内容

1. 从天然植物提取的药物；

2. 从染料发展来的药物；

3. 从微生物中发现的药物。

（二）教学重点

1. 阿司匹林、青蒿素及其衍生物的发现、发展过程；

2. “606”“百浪多息”药物的发现过程；

3. 青霉素的发现及其他抗生素的发现和发展过程。

（三）教学难点

1. 磺胺类药物的作用机理；

2. 青霉素的结构及作用机理。

（四）教学中的思政结合点

专业知识点	思政元素	方法
从天然植物提取的药物	科学精神、家国情怀、文化自信。	从阿司匹林的发现、发展历程引导学生树立不断探索、坚持不懈的科学精神。从青蒿素发现、提取过程及屠呦呦获诺贝尔奖引导学生要有家国情怀，个人理想要与国家需求相结合；竖立学生的科学精神和文化自信。
从染料发展来的药物	科学精神、辩证思维、理想信念。	保罗·埃尔利希发现“606”药物开创了化学药物治疗的先河。事实证明，机会总是青睐有准备的人。叙述磺胺类药物的发现历程，引导学生要有心存高远的理想信念，更需要脚踏实地的治学态度。
从微生物中发现的药物	科学精神、辩证思维、团队协作。	讲解法叙述弗莱明发现青霉素的过程，引导学生加深辩证思维理解。同时，青霉素的大规模制备也离不开弗洛里、钱恩等科学家的贡献，证明了团队协作精神与科学思维等。

三、教学过程

（一）从植物提取物中获取药物

导入：据世界卫生组织统计，世界人口的平均寿命已从 20 世纪初的 45 岁上升到 2019 年的 73.3 岁（我国为 77.4 岁，日本则达 84.3 岁）。“人生七十古来稀”这句老话已经成为历史。

原因有两方面：医疗条件改善，其中药物的使用是关键因素；人类生活质量的提高，包括营养状况、生活和工作环境的改善等。这一切都与化学紧密相关。

教学主要内容：

1. 世纪神药——阿司匹林

（1）阿司匹林的分子结构

阿司匹林是最古老和最著名的药物。它具有解热镇痛作用，能使发烧病人的体温恢复至正常。阿司匹林的化学成分是乙酰水杨酸，它是由柳树叶的提取物柳醇研制而成的。

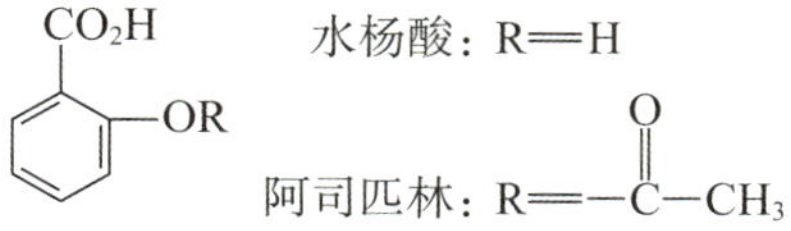

图 14-1　阿司匹林的分子结构式

（2）阿司匹林的发展

在公元前约 1550 年，古埃及的文献上就记载过利用白柳的叶子来抑止伤痛。1829 年，法国人第一次从柳树皮中提取出一种可以治病的活性物质——水杨酸。1853 年，法国化学家夏尔·弗雷德里克·热拉尔（Gerhardt）将从另一种植物绣线菊中提炼出来的水杨酸与醋酐合成了乙酰水杨酸，解决了水杨酸对食管和胃部有强烈的腐蚀副作用问题。

1897 年德国拜尔实验室的化学家费利克斯·霍夫曼（Felix Hoffmann）又合成出了乙酰水杨酸，并为他父亲治疗风湿关节炎，疗效极好。1899 年由德莱塞（Dreser）介绍到临床，并取名阿司匹林（Aspirin）。其中 A 代表了乙酰 acetyl 的首字母，spir 是绣线菊 spiraea 的前四个字母，in 则是为拜耳公司所特有的在一种药名上加的后缀。

阿司匹林一经问世就风靡世界，成为最常用的药物之一，目前全世界每年要消耗 45 000 吨阿司匹林。除最基本的药理作用解热镇痛外，它还是抗炎、抗风湿，以及治疗风湿热、风湿性关节炎的首选药物。

课程思政　从阿司匹林发展历程引导学生树立不断探索和坚持不懈的科学精神；一百多年来，阿司匹林一直保持老药新用的活力，联系传统中药在防治新冠肺炎时的作用，引导学生形成文化自信，同时又要勇于创新。

2. 青蒿素（artemisinin）及其衍生物

（1）青蒿素研发过程

受东晋名医葛洪《肘后备急方》“青蒿一握，以水二升，渍绞取汁，尽服之”可治“久疟”的启发，屠呦呦有了新的灵感。通过改用低沸点溶剂的提取方法，富集了青蒿的抗疟组分，屠呦呦团队最终于1972年发现了青蒿素。

此后，参与项目研究的云南省药物研究所和山东省中医药研究所的工作人员利用当地植物资源，分别开展分离有效单体研究。北京中药所和上海有机所借助国内大型仪器确定了青蒿素的分子式，通过单晶X射线衍射分析确认其分子结构，1978年通过X射线衍射分析确定青蒿素的绝对构型。青蒿素是一种具有双氧键的倍半萜内酯化合物，分子式为 $C_{15}H_{22}O_5$，无色针状晶体，可溶于乙醇、乙醚，几乎不溶于水。

(2) 屠呦呦与青蒿素

“呦呦鹿鸣，食野之蒿”。青蒿，中国南北方都很常见的一种植物，外表朴实无华却蕴含治病救人的力量。名字出自《诗经》的屠呦呦，正是用这株小草改变了世界。2015年，屠呦呦因发现青蒿素治疗疟疾这一全新的治疗方法而被授予诺贝尔奖，是我国医学界所获得的最高奖项。2017年1月9日授予2016年国家最高科学技术奖。2018年12月18日，党中央、国务院授予屠呦呦同志改革先锋称号，颁授改革先锋奖章。

课程思政　(1)文化自信。屠呦呦团队受东晋名医葛洪《肘后备急方》“青蒿一握，以水二升，渍绞取汁，尽服之”可治“久疟”的启发，而聚焦提取青蒿素的研究，体现传统中医药的博大精深。(2)团队精神。相关项目持续13年，聚集全国60多个科研单位，参加项目的常规工作人员五六百人，包括中途轮换者，参与者总计3 000人左右。(3)创新精神。青蒿素抗疟疾突破了传统观念和传统理论，这一成果打破了既往认为抗疟药物必须具有含氮杂环的传统观念。青蒿素的化学结构与作用方式与以往的抗疟药物完全不同，是一种新型的倍半萜内酯。

讨论：如何将个人理想与国家需求相结合？

(二) 从染料发展而来的化学药物

导入：19世纪末20世纪初出现了一股寻找具有药用价值化学品的热潮，

化学药物在20世纪才发展起来。

教学主要内容：

1. “606”与现代化学疗法的开始

19世纪的德国印染业十分发达，有关染料的研究在全世界遥遥领先。一些从事医学和生物学研究的学者纷纷尝试用各种染料对生物组织和细胞进行染色。德国科学家保罗·埃尔利希（Paul Ehrlich）对染料及染色卓有研究。1904年，保罗·埃尔利希发现了锥虫红对治疗锥体虫所引起的疾病（非洲昏睡病）有特效，但副作用太大。埃尔利希决定改变其化学结构，合成了数千种苯胂化合物，一一在老鼠身上试验。只有两种似乎还有些前途：编号“418”和“606”的衍生物，但是进一步的实验表明后者并没有效果。恰好在这时，梅毒的病原体——密螺旋体被发现了，而且一位年轻的日本细菌学家秦佐八郎找到了用梅毒螺旋体感染兔子的方法。埃尔利希邀请秦佐八郎到其实验室工作，让他试验“418”和“606”是否能用于治疗梅毒。1909年，秦佐八郎发现“418”无效，而“606”能使感染梅毒的兔子康复。随后临床试验结果也表明“606”是第一种能有效地治疗梅毒而毒副作用又较小的药物，很快推向市场。1910年“606”上市，商品名Salvarsan（又称撒尔佛散、胂凡钠明），这是第一个治疗梅毒的有机物（图14-2）。这是第一个通过对先导化合物进行化学修饰，以达到最优化的生物活性的有组织有目的的尝试，保罗·埃尔利希更是开创了化学治疗的先河。

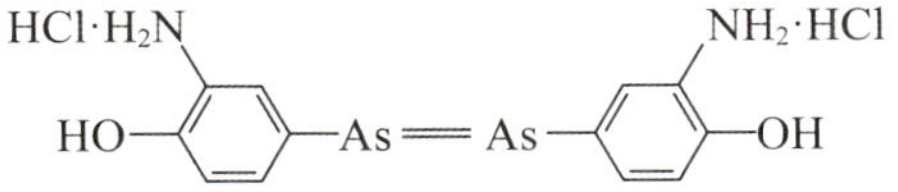

图14-2 “606”药物分子结构式

课程思政　保罗·埃尔利希发现了锥虫红对治疗锥体虫所引起的疾病（非洲昏睡病），偶然发现“606”号染料分子能有效地治疗梅毒而毒副作用又较小，从而开创了化学药物治疗的先河。事实证明，机会总是青睐有准备的人。

2. 磺胺类药物的发明

(1) 多马克与百浪多息

保罗·埃尔利希利用染料治愈梅毒的成功给人们带来了一种极乐观的情绪。认为化学工业可以制造类似的各种化学治疗药剂。19 世纪 20 年代中期,世界上有许多实验室研究人员都在寻找能够更有效地对付细菌感染的染料或者其他化合物。德国科学家多马克(Gerhard Domagk,1895—1964)担任法尔本(I. G. Farben)公司一间实验室的主任,领导一团队致力于研究链球菌。链球菌是一种能引起血液中毒的细菌。多马克用一系列新合成的染料进行各种试验,直到 1932 年,他偶然用到一种叫作百浪多息(Prontosil)的橙红色染料(图 14-3),在实验中治愈了老鼠的链球菌感染。

恰巧的是多马克的小女儿因为被针刺了一下而受到链球菌的感染。在采用多种方法治疗无效后,多马克在绝望中给她注射了大剂量的百浪多息,她很快地恢复了健康。后来百浪多息挽救了美国总统的儿子小富兰克林·罗斯福的生命,治愈了英国首相温斯顿·丘吉尔。

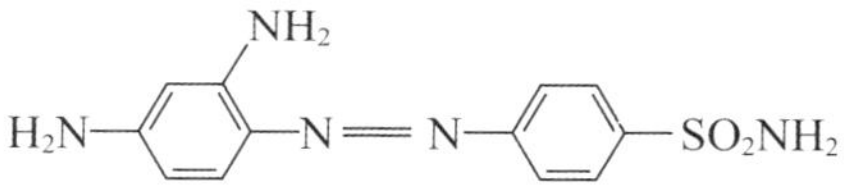

图 14-3 百浪多息分子结构式

(2) 磺胺类药物的发现

令人感到奇怪的是,百浪多息只有在体内才能杀死链球菌,而在试管内则不能。这一现象引起了许多学者的关注。意大利科学家博维特认识到并非所有百浪多息分子都是获得明显抗菌作用所必需的。他和他的同事们实验发现该化合物虽然对试管内的细菌毫无杀伤作用,但在人体组织中却能分解成为对氨基苯磺酰胺(SN)。后经过进一步研究发现,对氨基苯磺酰胺具有与百浪多息相同的效力,该药物很快投入使用。

对氨基苯磺酰胺(SN)的研制成功,引起了人们对其他各种含磺酰胺基的化合物进行合成和检验的热情:1937 年制出"磺胺吡啶"(SASP),1939 年制出"磺胺噻唑"(ST),1941 年制出"磺胺嘧啶"(SD)等。

到 1946 年,药物化学家合成、筛选过的磺胺类化合物已达数千种,但仅发现一小部分化合物具有治疗价值,并且很快就被应用于医疗实践中。磺胺类药物的发明，曾使死亡率很高的细菌性疾病如肺炎、脑膜炎等得到了有效控制，为人类的健康做出了重要贡献。

(3) 磺胺类药物的作用机理

主要利用分子伪装方式。大多数的细菌能自身合成叶酸。它们利用对氨基苯甲酸在酶的作用下来进行叶酸的合成。而对氨基苯磺酰胺，以及以此分子为躯干的磺胺类药物和对氨基苯甲酸分子十分相像。相似到足以愚弄细菌中的叶酸合成酶而混入叶酸合成的酶反应链中，从而切断了必需的叶酸的生物合成，使细菌机体因缺乏维生素而死亡。在人和高等动物体内，对氨基苯甲酸并不是叶酸合成所必需的物质，因此，磺胺药对这一机制没有影响。百浪多息被誉为“第一把弄坏锁的钥匙”。

课程思政　“心存高远，脚踏实地。”理想指引人生方向，信念决定事业成败。实干是前行的动力，青年大学生更应把远大抱负落实到实际行动中，让勤奋学习成为青春飞扬的动力，让增长本领成为青春搏击的能量。从多马克发现百浪多息药物及磺胺类药物的发明过程可以发现，青年人心中要有理想信念，勤奋学习、脚踏实地将远大理想落实在实际行动中。

(三) 从微生物中发展来的药物

导入：抗生素(antibiotics)的发现和发明是20世纪药物化学发展中又一项重大成果，也是人类与细菌战争中谱写的又一曲凯歌。

教学主要内容：

1. 青霉素的发现

1928年的一天，英国细菌学家亚历山大·弗莱明(A. Fleming)在他的一间简陋的实验室里研究导致人体发热的葡萄球菌。由于盖子没有盖好，他发觉培养细菌用的琼脂上附了一层青霉菌。这是从楼上的一位研究青霉菌的学者的窗口飘落进来的。使弗莱明感到惊讶的是：距青霉菌较远的细菌个大、色浓，活力十足；距青霉菌较近的细菌个较小、色较浅，活力较差；而最接近青霉菌的细菌个最小、色发白，显然已经死亡。他把这一奇怪现象记录下来并进行了更广泛的试验和实验性研究，获得了令人振奋的结果。证明青霉菌可以在几小时内将葡萄球菌全部杀死。弗莱明把这一重大发明写成一篇论文发表在1929年的英国皇家《实验病理季刊》上，并把这种由青霉菌产生的物质命名为青霉素。

由于当时保罗·埃尔利希的“606”药正名声大噪，多马克的磺胺药也举世瞩目，加之弗莱明本人缺乏必要的化学知识，青霉素的提纯问题还没有解决，所以他的发现被人们忽略了。

直至1938年，澳大利亚出生的英籍病理学家弗洛里（H. W. Flory）读了弗莱明的论文。这位科学大师立即清醒地意识到，青霉素极有价值而又极难提取，必须合众人之力，方能有所突破。在弗洛里的带领下，几位科学家从1939年开始分工协作，研究工作进展顺利。其中，细菌学家加德纳（Gardner）、生物学家山德士负责青霉菌的培养，德裔英国化学家钱恩（E. B. Chain）负责从滤液中提取青霉素，而细菌学家西德雷则研究测定青霉素含量的方法……到1940年，钱恩和弗洛里终于得到了淡黄色粉末状的青霉素制品。它的杀菌能力是空前的，即使稀释到百万分之一，仍然能有效地抑制葡萄球菌的生长，这是当时的王牌抗感染药磺胺根本无法比拟的。

青霉素以其出色的疗效赢得了崇高的声誉，人们把它同原子弹、雷达并列为二次大战中的三大发明。在战后的1945年底，弗莱明、弗洛里和钱恩三人因此荣获这一年的诺贝尔奖。在授奖的贺词中，青霉素的发明被称为“现代医学上最有价值的贡献”。

2. 青霉素的作用机制

青霉素的抗菌作用与抑制细菌细胞壁的合成有关。细菌细胞壁主要结构成分是胞壁粘肽，它的合成需要一种关键的酶即转肽酶。青霉素作用的部位就是这个转肽酶。现已证明青霉素内酰胺环上的高反应性肽键受到转肽酶活性部位上丝氨酸残基的羟基的亲核进攻形成了共价键，生成青霉素噻唑酰基—酶复合物，从而不可逆地抑制了该酶的催化活性。细胞壁的合成受到抑制，细菌的抗渗透压能力降低，就会引起菌体变形、破裂而死亡。青霉素选择性地作用于细菌并引起溶菌作用，但几乎不损害人和动物的细胞。

3. 青霉素分子结构

实际上，青霉素发酵液中含有6种以上天然青霉素：如青霉素F、G、X、K、V和二氢青霉素F等，其中青霉素G在医疗中用得最多。它们的差别仅在于侧链 R 基团的结构不同，而母体结构都是 6 -氨基青霉素烷酸（6 - APA）。

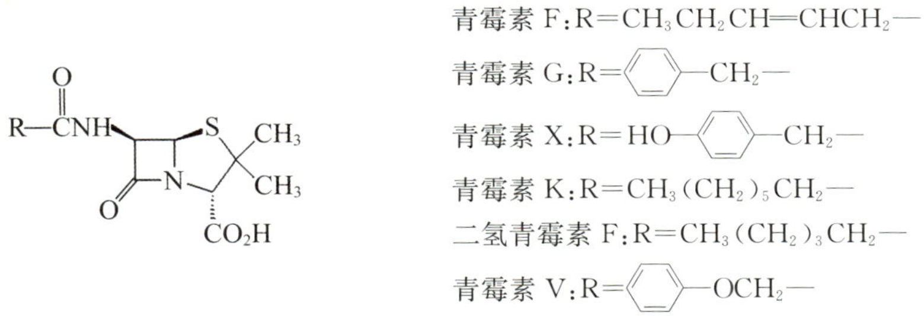

图 14 - 4　青霉素家族分子结构式

4. 系列抗生素的发明

青霉素出现的意义不仅因它是一种崭新的药物，还在于它开创了医药研究的新篇章。从 1940 年起，与青霉素类似的各种细菌、霉菌、真菌、放线菌等的次级代谢产物，诸如放线菌素（1940）、链霉素（1944）、氯霉素（1947）、金霉素（1948）、新霉素（1949）、土霉素（1950）、红霉素（1952）、四环素（1953）、螺旋霉素（1954）……相继被发现，由此构成被称为“抗生素”的一大类药物。

课程思政　弗莱明发现青霉素堪称是 20 世纪医学的伟大发现。青霉素发现史中蕴含辩证唯物主义中事物发展的必然性与偶然性的关系。弗莱明偶然机会发现了青霉素，然而细想一下便可知这与弗莱明本人的刻苦钻研是分不开的，与他一贯认真、细致的工作态度是分不开的。青霉素发现史再次验证了“机遇总是留给有准备的人”和“细节决定成败”哲理。

四、课外思考题

1. 针对典型药物的发明发现过程分析讨论科学家的科学精神，这对我们青年大学生有何启发。

2. 查阅文献总结其他比较具有代表性的药物的发现、发明过程。

五、教学评价

本课程主要采用形成性评价和终结性评价相结合的方式进行教学评价。

形成性评价主要参照在线 MOOC 视频学习频次和时长、作业完成情况、课题讨论等环节。终结性评价主要参考期末考试成绩、小论文撰写等。在形成性评价与终结性评价过程中融合思政元素评价，主要考查学生的讨论、论述是否积极向上、饱含正能量等。

六、教学效果分析

本节课是“现代化学与人类社会”中“化学与健康”章节的主要内容，教学重点是几种经典药物发现、发明过程，了解其作用的基本原理，对学生化学基础要求不高，适合于各个专业的本科生学习。通过学习使学生对阿司匹林、青蒿素、百浪多息、青霉素等典型药物的发现和发明过程及作用机制有了较为详细的了解，同时通过这些药物的发现发明过程让学生认识到科学家们严谨治学、敬业求精、勇于探索和不畏困难的精神，引导学生志存高远，激扬青春力量，把个人远大理想与国家需求、人类需求相结合。

反应快慢皆有道　常数大小循规律

——以“蔗糖水解反应速率常数测定”为例

王秀英

▶ **课程名称**　物理化学实验

▶ **课程性质**　专业必选课程

▶ **专　　业**　化学(师范)

▶ **授课对象**　化学(师范)专业三年级学生

▶ **教师简介**　王秀英,上海师范大学化学与材料科学学院高级实验师,主要从事物理化学实验教学及物理化学实验竞赛指导,曾获“上海大学生化学实验竞赛优秀指导教师”称号。

▶ **课程简介**　“物理化学实验”是物理化学课程体系的重要组成部分,是化学类专业学生的必修基础课,能很好地帮助学生理解和应用物理化学的理论和研究方法。其目的是使学生通过实验课程的学习与实践,了解物理化学的基本研究思想和方法,掌握物理化学的基本实验技能和现代的科学研究技术,加深对物理化学基本原理和基本知识的理解和掌握,培养并不断提高学生分析问题、解决问题的能力和创新能力,为今后从事化学研究或相关领域的科学研究和技术工作打下扎实的基础。

▶ 课程蕴含的思政元素分析

1. 立德树人，培养正确的价值观

“物理化学实验”是一门实验课程，蕴含了大量辩证统一的科学问题，在实验教学过程中，一个老师面对的是十几个学生，实验时间长，师生互动多，在交流过程中便于帮助学生正确理解和树立价值观，培养学生诚实守信、勤奋刻苦等品质。

2. 授之以渔，掌握实验思维方法

本课程教学过程中需要解决实验中所遇到的各种问题；引导学生发现问题、分析问题，培养学生将所学知识融会贯通，最后解决问题的能力。通过一年物理化学实验的教学，使学生慢慢掌握实验思维方法，提高他们解决问题的能力。

3. 培养科学精神，提升探究和创新能力

创新与创业是新时期党和国家对大学教育的殷切寄望，再好的创新想法都需要在实践中体现。本课程在实验教学过程中，培养学生崇尚科学、理性思维、团队协作的精神；当实验出现故障时，以此为契机培养学生批判质疑、勇于探索、不断创新，用不同的方式来解决问题的科学精神。

▶ 教案设计

一、教学目标

（一）知识目标

1. 知道旋光仪的简单结构原理和测定物质旋光度的原理；

2. 了解规范使用旋光仪的方法。

（二）能力目标

1. 能够利用旋光仪测定蔗糖水解反应的速率常数；

2. 能够用相关理论来解释实验中的要求与现象，并解决相关问题。

（三）价值目标

1. 通过引入 ^{14}C 测年法来测定文物年代的科学故事，增强学生的学习兴趣；

2. 在实验操作过程中，培养学生严谨的逻辑思维、求实的实验态度等。

二、教学内容分析

（一）教学重点

1. 圆盘旋光仪的使用；

2. 实验过程温度的控制与使用。

（二）教学难点

通过体系的旋光度测定来准确测定该反应速率常数。

（三）教学中的思政结合点

专业知识点	思政元素	方法
动力学一级反应	^{14}C测年法测定文物年代的讲述，开阔学生视野，培养学生敢于创新，追求真理的科学精神。	讲述法。通过科学故事调动学生学习兴趣。
动力学一级反应	生活中的应用实例：药物释放及用药间隔时间。	案例法。通过某些药物释放为一级反应的用药时间规定，植入“物理化学与生活紧密联系”的观念，调动学生学习兴趣。

三、教学对象分析

对大部分学生来说，在这门实验课中，看不到颜色变化或沉淀生成等明显的实验现象，而且运用到的概念抽象，原理中公式复杂繁琐，课程难度较大。如果缺乏足够的学习动力和目标，将会在一定程度上影响学习效果，并且完成实验后，将难以真正内化为实际应用能力等。在这样一门难度较大的专业基础课程中，正是引导他们学习科学知识、科学方法和科学精神的关键时期。

四、教学手段与方法

本课程是实验课，学生需要在规定时间内完成实验内容。实验采取大循环方式教学，实施小班化教学，老师有足够的时间来进行因材施教，可以针对性地解决学生的差异性困难，并落实物理化学学科中的课程思政教育，以全面有效地实现教学目标。具体方法如下：

实验课前，布置预习任务，学生完成预实验报告，并列出不明白问题清单，让教师课前了解学情，哪些是需要重点讲解的，哪些是可以一掠而过的，教师在上课前做到心中有数，从而可以实现精准教学。

实验课中，根据学情，突破重点难点的讲解，采用问题引导的方式，启发式教学，步步深入，引起学生的好奇心，激发学习兴趣。学生操作过程中，不断巡视，引导学生自己发现问题、分析问题，并解决问题。

实验课后，学生通过小组讨论，以及教师的答疑解惑，完成实验报告，学会学习方法，产生学习兴趣。

五、教学过程

（一）布置预习任务

实验教材：贾能勤、王秀英、黄楚森编，《物理化学实验》，高等教育出版社2017年。

1. 课前预习实验九：蔗糖水解反应速率常数的测定。

2. 课前预习教材第四章《常用测量技术及仪器》第四节《光学测量技术》中“旋光仪”部分。

> 课程思政　学生复习“物理化学理论”课程中学过的动力学一级反应相关内容，自学旋光仪的操作，做到心中有数，提高在实验课上的听课效率。

（二）设计情境，引入新课

创设情境——历史故事：

1952年，我国科学家从辽宁省普兰店东五里处的洼地里，在1～2米深的泥炭层中，挖掘出一种古莲子。令人惊奇的是，它们至今还能发芽开花。这到底是多少年前的东西？怎么来鉴定呢？1960年诺贝尔化学奖颁给了^{14}C测定地质年代的发明者，美国化学家威拉得·法兰克·利比。而他获奖的原因就是这项用来检测文物年代的技术。这个就是一级反应动力学方程的应用。如果我们测得某个反应的速率常数，又测得其中某个物质现在的含量，并知道最初的含量，就能知道它反应的时间。当然，我们也可以知道反应速率常数后，计算浓度达到某个特定的值时所需要的时间。就像药物在我们身体里，注射多久时间后，人体内药物的浓度低于有效浓度，这时我们就需要再次补给这个药物，也就是可以计算出用药的间隔时间。计算这个反应速率常数是很有意思的一个工作。

课程思政　通过考古故事，引入诺贝尔获奖成果 ^{14}C 测年法及反应速率常数在药物用法、用量的应用，引起学生浓厚的兴趣，强化学生学好化学知识，服务人类的社会责任意识。

（三）提出问题，激发讨论

1. 我们今天的实验，为什么可以用旋光法来测量？

2. 测定某个反应的速率常数，用什么方法，主要依据是什么？

课程思政　针对"蔗糖水解反应速率常数测定"这一实验，采取提出问题—学习知识—解决问题的教学策略，形成贯穿课堂的思政教育线，利用化学动力学一级反应规律，解决相关问题，强化学生的科学态度与科学精神。

（四）理论解释，实验探究

教师讲解本实验原理、操作要点及其注意事项。

学生以典型的蔗糖水解反应为例，自己动手通过实验来学习一级反应动力学常数测定。实验中，观察发现学习态度差的学生，以便个别关注，先了解学生，再引导学生，针对性提供方法指导，提出殷切希望。

课程思政　对旋光法测定蔗糖水解反应速率常数的实验原理、操作要点及其注意事项进行阐释，使学生通过实验进一步加深对相关理论的理解。在实验操作过程中，针对学生实际操作情况，进行引导和鼓励，培养学生严谨求实、勤于思考、规范操作的科学态度和实验精神。

（五）应用训练，促进迁移

在动力学反应常数测定实验中，主要是根据体系中某物质浓度变化来测定的，在物理化学实验中，就要根据不同物质具有的某一个物理性质与浓度变化呈线性关系这一特点来做实验，有的是旋光度变化，测其旋光度；有的是颜色变化，测其光密度；有的是电导率变化，测其电导率……也就是相关性质一定要和浓度变化存在一一对应的线性关系。

课程思政　培养学生举一反三、知识迁移、自主学习以及解决类似动力学问题的能力。

（六）课堂总结，布置作业

教师总结实验过程中出现的问题以及解决方案，学生完成实验报告。

课程思政　通过布置实验报告、明确具体要求，加强学生对实验教学过程的整体把握，即再次从背景出发，明确实验原理和方法以及设计实验方案，根据操作获得实验数据，分析、归纳、总结、讨论，得出结论，同时给出体会和改进建议，深入理解实验的设计原理、操作方法及注意事项，从中学习解决问题的一般方法。

六、课外思考题

很多药物释放符合动力学一级反应速率方程，为保证药物的有效浓度，须按要求再次服用，这个间隔时间跟哪些因素有关？为什么？

七、教学评价

本课程使用形成性评价和诊断性评价相结合的评价方式，且将思政元素融入评价各模块中，具体为：预习阶段，包括预习报告和回答问题情况；操作阶段，包括实验操作、实验纪律情况、出勤、学习态度、安全和绿色化学的理念以及原始数据情况；报告，包括报告完整、数据处理正确、诚信意识、图表规范、结果正确及字迹工整；实验素养，包括值日和对实验室公共设备的维护、团队精神和创新精神。总之，思政元素通过多环节融入，多方面渗入，多维度评价，达到以评促学的效果。

八、教学效果分析

本节课是“物理化学实验”实验九的教学内容。教学重点用旋光法测定蔗糖水解反应速率常数。教学过程中，以学生为中心、以目标为导向，从基础理论应用到实验操作，借助启发式问题引导，深入浅出地进行知识点讲解，不断激发学生的兴奋点，引导学生积极参与实验操作、课堂讨论、分析、实验故障解决等教学过程。互动式教学方式提升学生的参与性，增强学生学习的主动性，有效提升了学生用理论来指导实验的能力，用实验加深了对理论的理解，培养了学生的创新意识。本课体现以下两个特点：

1. 教学设计符合大学生的认知规律和知识水平

实验教学中主要攻破重点和难点内容，以提问和师生互动及生生互动讨论等多种教学模式生动展开，寓教于乐，激发学生的学习兴趣，加深学习印象。学生积极投入，教学效果良好，较好地实现了专业知识的教学。

2. 嵌入式思政内容激发学生科学兴趣，同时增强学生探索科学的使命感

以新闻报道引入，以悬念开场，采用嵌入式和隐形渗透式的课程思政方法，通过中国考古发现的古莲子还能发芽开花的新闻，引出“到底是多少年前的古莲子”的问题，将其测定方法和一级反应动力学方程的应用有机结合起来，将反应速率常数和解决问题结合起来，让学生明白知识不是书本上的死知识，而是可以产生有用价值的活知识，在激发学生学习兴趣的同时，培养学生的科学探究精神，实现了关于科学精神的引导与渗透。教学效果良好，较好地完成了课程思政目标。

弘扬工匠精神 实现安全生产

——焊接因素引起的局部腐蚀及机理教学案例

陈 艳

▶ **课程名称** 化工腐蚀与防护

▶ **课程性质** 专业拓展课程

▶ **专　　业** 化学工程与工艺

▶ **授课对象** 化学工程与工艺专业三年级学生

▶ **教师简介** 陈艳，上海师范大学化学与材料科学学院副教授；从事二维限域纳滤膜、气体分离膜和混合导体透氢膜、透氧膜的开发和性能研究；主讲课程有“化工基础”“化工基础实验”“化工腐蚀与防护”“专业外语”“学术规范与论文指导”等；以第一作者或通讯作者发表 SCI 论文 19 篇，包括 *Chem. Eng. J.*、*J. Membr. Sci.*、*Desalination*、*ACS Appl. Mater. Inter.*、*ChemSusChem*、*J. Eur. Ceram. Soc.*、*Sep. Purif. Technol.*等；主持 1 项国家自然科学基金和 1 项上海市自然科学基金；指导本科生参加大学生创新创业计划并获得市级和校级项目。

▶ **课程简介** “化工腐蚀与防护”是化学工程与工艺专业本科生的一门重要的专业拓展课程，课程的主要内容包括金属腐蚀理论、耐蚀金属材料、非金属材料以及防护方法等。腐蚀理论部分主要突出它的应用，其深度以能够分析常见的腐蚀现象和提出正确的防护途径为主；材料部分侧重耐腐蚀的共性和选择原则，其中非金属材料除了分析耐蚀性外，还注重它们的结构设计特点。重点介绍介质、结构、材料三者间的相互影响规律，以便化学工程与工艺专业的学生在今后的化工设计中对结构和材料有一个正确的选择方向。

▶ 课程蕴含的思政元素分析

以习近平新时代中国特色社会主义思想为指导，在完成化工腐蚀与防护课程的过程中，通过介绍腐蚀危害性、代表性人物和事件、工匠精神、趣味实验、化工腐蚀与防护研究进展以及当代大学生的责任和使命等，挖掘腐蚀事故案例，培养学生安全生产意识；通过焊接工艺介绍，认识工匠精神的重要性；引入趣味小实验，培养科技创新思维；介绍我国科技发展现状及对腐蚀防护的影响，激发爱国情怀和理想信念，做到思政进教材、进课堂、进头脑，提高学生的科技创新能力，引导学生成为一个富有爱国情怀、爱岗敬业的栋梁之材。

▶ 教案设计

一、教学目标

（一）知识目标

1. 了解焊接缺陷类型，并掌握焊接缺陷造成的局部腐蚀类型及原因；

2. 掌握晶间腐蚀基本原理，并了解预防晶间腐蚀的几种常规途径。

（二）能力目标

要求学生熟悉焊接因素引起的局部腐蚀类型及原因，并能够理解和掌握焊接因素造成的热影响区晶间腐蚀的腐蚀特征和机理，能够以该机理为基础确定预防晶间腐蚀的有效方法，熟悉这些方法的处理条件和适用范围。

（三）价值目标

1. 增强化工专业大学生的安全生产意识和对工匠精神的理解，追求卓越，精益求精；

2. 增强大学生科技创新思维，激发爱国情怀和理想信念，树立正确的科学观和价值观。

二、教学内容分析

（一）教学内容

1. 焊接缺陷类型及局部腐蚀形式；

2. 焊接热影响区的晶间腐蚀特征和原理。

（二）教学重点

1. 焊接因素造成的局部腐蚀形式；

2. 晶间腐蚀机理及防护。

（三）教学难点

1. 理解晶间腐蚀的腐蚀机理；

2. 晶间腐蚀防护。

（四）教学中的思政结合点

专业知识点	思政元素	方法
焊接因素引起腐蚀的危害	培养学生安全生产意识。化工行业安全生产重要性，防腐对安全生产意义重大。	案例法。介绍几个化工腐蚀引起的事故案例，让学生更加深切地体会腐蚀的危害性以及防腐的重要意义，从而引入化工行业安全生产的重要性，以确保国家财产和人身安全。
焊接缺陷类型	培养学生工匠精神。认识焊接工艺重要性，要有追求卓越的精神。	举例法。英国航海钟发明者：约翰·哈里森(John Harrison)，用40余年先后造出了五台航海钟，其中以1759年完工的“哈氏4号”最为突出，航行了64天，只慢了5秒，远比法案规定的最小误差(2分钟)少，完美解决了航海经度定位问题。通过实例更深刻地认识工匠精神的重要性。

（续表）

专业知识点	思政元素	方法
焊接因素引起的局部腐蚀形式	科技创新能力和分析解决问题的能力。	实验观察法。在讲授理论课的同时引入相应的趣味小实验，使学生更直观地理解腐蚀过程，激发学生的兴趣去思考微观的腐蚀机理以及行之有效的防腐途径，有助于培养学生的科技创新思维和分析解决问题的能力。例如，在“焊接因素引起的局部腐蚀及其机理”这节中引入趣味小实验，将一块焊接过的铁块置于自来水中，经过不同时间的浸泡，观察生锈情况，让学生更直观地理解焊接因素造成的腐蚀类型。
焊接热影响区的晶间腐蚀危害性	化工接班人的责任与使命，做有担当的化工人。	图例法、讲解法。通过晶间腐蚀图像实例以及相关视频，将理论知识和实际腐蚀情况相结合，做到理论联系实际，使学生更加深刻地认识晶间腐蚀的危害性，清楚认识化工人的责任和使命。
晶间腐蚀基本原理	清楚认识我国现有的材料表征手段及分析方法的现状与不足，激发爱国情怀和理想信念。	举例法、讲解法。随着越来越多的新材料和腐蚀环境产生，对材料表征手段及分析方法等提出了更高的要求和挑战。目前我国的材料表征手段及分析方法难以满足腐蚀与防护要求，仍然需要借助国外先进仪器完成，包括 X 射线衍射仪、透射电子显微镜、原子力显微镜、椭圆偏光仪等，大大增加了成本，又降低了工作效率。通过向学生介绍相关领域技术瓶颈，使他们认识我国的科技发展现状，发愤图强，以强大国家的科技实力为自己的奋斗目标，激发他们的爱国情怀和理想信念，为祖国的繁荣和昌盛奋斗终生。例如，焊接因素造成的晶间腐蚀形式，就需要采用 X 射线衍射仪、扫描电子显微镜和 X 射线光电子能谱仪等分析焊接因素造成热影响区局部腐蚀的原因，从而明确晶间腐蚀机理及腐蚀产物类型等。

三、教学对象分析

"化工腐蚀与防护"是化学工程与工艺专业的一门专业拓展课程，是一门综合性较强的课程，它以金属材料学和物理化学为基础，还涉及冶金、力学、化学工程、机械工程学、生物学和电学等学科。因此，该课程要求学生具备充分的物理和化学理论基础，一般教学对象为大学三年级学生。大三阶段在整个大学过程中，起着承上启下的重要作用，是大学生确定人生方向并为之付出努力的关键时期。大三学生已经掌握了学习方法，具备一定的专业基础，完全适应了大学生活，在人生目标的大方向上也呈现多元化的态势。随着大学时光已走过"中点"并逐步地向"终点"推移，大三学生即将直面决定未来、事关人生前程的大挑战，面临考研和择业等选择。另外，大三学生大多都有了努力的方向，并且他们熟知学校教学规则，因此对课程的开展会产生一定的阻力，使得教师的管理权威受到挑战。

四、教学过程

（一）焊接缺陷类型及局部腐蚀形式

导入：各行各业都或多或少涉及钢铁的焊接，焊接主要用于连接金属构件，是使它们连接成一体的工艺过程。尤其是在化工设备的生产过程中，几乎所有的化工设备都有焊接结构。但是由于焊接工艺不当或者材料选择不好，极易造成焊接处发生局部电化学腐蚀。

教学主要内容：

1. 焊接表面缺陷

焊接缺陷：焊瘤、咬边、飞溅和电弧熔坑等。

多媒体课件展示各种焊接表面缺陷示意图，引导学生仔细观察辨认各种焊接缺陷特点。

提问：各种焊接缺陷产生的根本原因是什么？通过规范化焊接操作和合理选材是否可以避免以上焊接缺陷的产生？

课程思政　焊接缺陷的产生往往是焊接工艺不当造成的，而焊接工艺的好坏与焊条型号、直径、电流、电压、焊接电源种类、极性接法、焊接层数、道数等参数密切相关。由于焊接工艺影响因素众多，焊接工程师必须具备充分的焊接理论基础，同时还要有丰富的焊接实践经验，才能有效减少焊接缺陷的产生。焊接工程师要有追求卓越的精神，并且要做到严格要求自己，时刻以工匠精神鞭策自己。引导学生认识工匠精神的内涵和重要性。

2. 异种金属焊接

多媒体课件展示异种金属焊接常见情形。

提问：异种金属焊接会引起哪些局部腐蚀形式？

讨论：焊接缺陷和异种金属焊接会涉及多少种不同的局部腐蚀？

3. 焊接残余应力

焊接残余应力是在焊接过程中焊件体积变化受阻而产生的力。

高温区金属内部产生残余拉应力，低温区金属内部产生残余压应力。

结合板书，画出金属热胀冷缩的体积变化趋势。并引导学生理解什么是压应力和拉应力以及它们产生的原因。

提问：残余应力会造成什么局部腐蚀？

4. 焊接热影响区

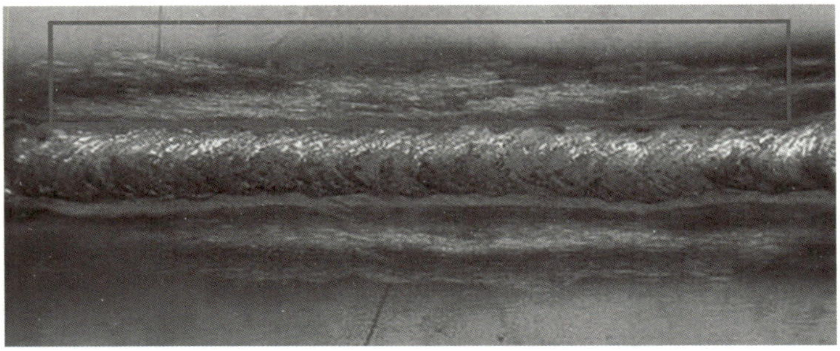

图 16－1　焊接热影响区

以图 16－1 为例，引入焊接热影响区的概念。从图中可以直观知道焊接热影响区即为方框内部分。通过提问和讨论方式，引导学生定义何为焊接热影响区。

讨论：焊接热影响区包含整个焊缝区域吗？焊接热影响区与钢材其他部

位有什么区别?

课程思政　为了更好地理解焊接热影响区，并了解该区域的腐蚀特点，组织学生开展趣味小实验，让学生以组为单位，找一块有焊接痕迹的铁块，将其置于自来水中，以一个月为限，让大家观察焊缝以及周围腐蚀情况变化，并总结实验结果，尝试分析腐蚀发生的原因是什么。通过趣味小实验的开展，能够激发学生的学习兴趣，并有助于提升他们的科技创新能力和分析解决问题的能力。

5. 小结和布置作业

由于焊接工艺不当造成的焊接缺陷以及焊接产生的热影响区是引起钢材局部腐蚀的重要原因，其中焊接热影响区产生的残余应力对腐蚀的影响甚大。

作业安排：观察生活中的焊接结构，看看它们生锈的部位在哪些位置，并结合所学内容一一对应分析原因。

（二）焊接热影响区的晶间腐蚀

导入：前一节讨论了焊接热影响区的概念，那么在焊接热影响区会产生什么样的局部腐蚀？大家可能会认为是应力腐蚀，其实不尽然，一种新的局部腐蚀形式会在这个部位产生。

教学主要内容：

1. 晶间腐蚀特征

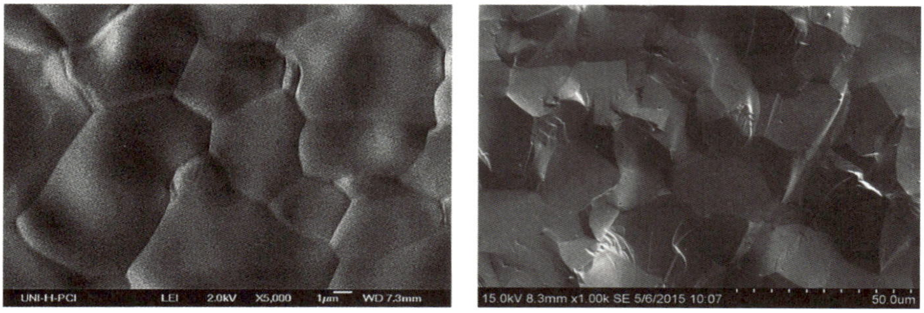

图 16－2　金属多晶结构微观形貌

通过图 16－2 向学生展示金属多晶结构微观形貌，并介绍晶粒区域和晶间区域，从而引入晶间腐蚀的概念。

晶间腐蚀：金属材料在特定的腐蚀介质中沿着材料晶间产生的腐蚀。

讨论：晶间腐蚀是否只发生在焊接热影响区？晶间腐蚀是电化学腐蚀还是化学腐蚀？

课程思政　化工设备一旦发生晶间腐蚀，从设备外表看与未腐蚀的几乎没有差别，但是设备的机械性能已经大大降低，仅轻轻敲击便会导致设备的断裂，极易突然造成严重的化工事故，经济损失严重且人们的人身安全受到很大威胁，危害性强。引入化工行业安全生产的重要性和意义，让学生能够深刻认识安全生产的重要性，并且认识到作为化工行业的接班人肩负的责任和使命。

2. 晶间腐蚀机理

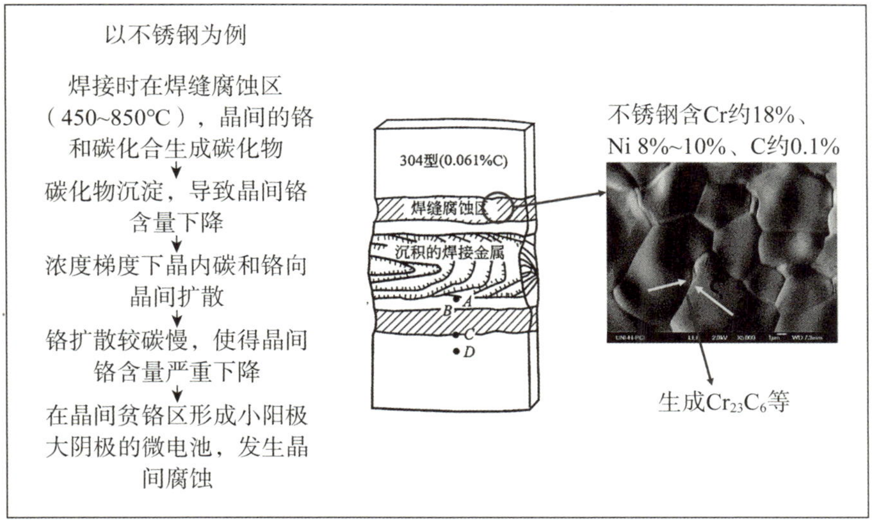

图 16－3　焊接热影响区晶间腐蚀的机理

采用多媒体课件图文相结合，呈现焊接热影响区晶间腐蚀的机理，通过图 16－3，引导学生直观地理解晶间腐蚀发生的根本原因。着重讲述晶间贫铬理论以及电化学腐蚀三个基本环节。

提问：晶间腐蚀机理中涉及的内容是否有据可循？引导学生思考如何分析腐蚀机理，了解当前先进材料分析手段与技术。

课程思政　通过讲解晶间腐蚀机理，在这个过程中引导学生思考腐蚀机理如何得出，从而引入现有的先进材料表征手段和分析技术，并在此强调国内对材料表征的配套仪器与国际水平有一定差距，使他们认识到我国的科技发展现状，发愤图强，以强大国家的科技实力为自己的奋斗目标，激发他们的爱国情怀和理想信念。

3. 晶间腐蚀防护

引导学生从晶间腐蚀的机理出发，思考如何避免这种腐蚀的发生或者如何消除已经发生的晶间腐蚀。

固溶处理、稳定化退火、超低碳法、合金化法、焊缝形成双相组织这几种途径常用于预防晶间腐蚀。

讨论：通过比较以上几种防护方法，总结它们的共性和特性，并与腐蚀机理作相应的联系。

4. 小结和布置作业

介绍了晶间腐蚀的特征和机理，强调晶间腐蚀的主要原因是不锈钢中碳的存在导致晶间贫铬区的发生，可通过热处理和降低含碳量等方法预防晶间腐蚀的危害。

作业安排：晶间腐蚀的根本原因是什么？如何有效预防晶间腐蚀的产生？

五、教学效果分析

焊接因素是化工设备常见的造成局部腐蚀的原因，本节内容从宏观和微观两个方面分析讨论了焊接因素造成的局部腐蚀以及产生腐蚀的根本原因。晶间腐蚀属于微观层面的内容，概念较为抽象，在充分利用多媒体的前提下，引入较多电子图片等素材有助于学生对晶间腐蚀的认识和理解。另外，在课程中通过提问和讨论的方式，增加教师与学生之间的互动，激发学生的主观能动性，培养他们的理论联系实际和分析问题的能力。最后，引入安全生产、工匠精神、爱国情怀、创新思维等思政元素，培养学生追求卓越和创新的精神，树立崇高的人生目标，为祖国的繁荣昌盛贡献自己的力量。

教学效果以常规的课后作业和测试的评价手段来衡量，并且结合过程评价手段辅助评价教学效果。过程评价主要包括：(1)检查课前准备，包括对课程内容的预习以及相关资料的查阅和收集，通过课上开放性问题的提问与交流，计入平时成绩；(2)观察课上学生的参与度以及积极性，记录回答问题学生以及答题次数，并对回答问题的正确性和准确性进行评价，计入平时成绩；(3)课后引导学生对课程思政元素进行思考和回顾，通过学生对课程的认识和领悟效果进行评价，计入平时成绩。

培养爱国情怀　提升创新能力

——以化工设备机械基础典型习题为例

吴建民

▶ **课程名称**　化工设备机械基础

▶ **课程性质**　专业必修课程

▶ **专　　业**　化学工程与工艺

▶ **授课对象**　化学工程与工艺专业三年级学生

▶ **教师简介**　吴建民，上海师范大学化学与材料科学学院高级工程师、化学工程与工艺专业负责人；主讲课程有“化工设备机械基础”“化工设计”“安全工程及化工原理实验”等；2015 年被聘任为上海市水务局节水评估专家；发表论文 10 余篇；已授权的中国发明专利 1 项；主持上海市教委科研项目 1 项，上海市水务局科研项目 2 项；编制工业园区节水规划 10 项；主持编写企业标准 1 项；连续多年指导本科生参加全国大学生化工设计竞赛和全国大学生化工实验大赛，并获得优异成绩。

▶ **课程简介**　“化工设备机械基础”是化学工程与工艺专业必修课程，主要内容包括受力分析、拉伸与压缩、平面弯曲及化工设备材料等有关内容；通过本课程学习，学生可以了解化工设备的基本知识，掌握材料的成分和性能、化工设备的受力分析及典型化工设备的机械设计；培养学生分析问题、解决问题的能力，拓宽学生的视野，培养学生严谨的专业素养，提升学生的综合能力；使学生为今后从事化工生产、化工设计及制造打下良好基础。

▶ 课程蕴含的思政元素分析

以著名科学家的故事、电子天平工作原理及高铁轨道为例，挖掘化工设备机械基础课程中蕴含的思政元素，并运用到教学中，从而培养学生的奉献精神、爱国热情及吃苦耐劳精神，增强学生时代感、使命感及责任感，为中华民族崛起贡献自己微薄之力。

这门课程知识面广，经验数据较多，计算较为烦琐，对大多数学生来讲，如果没有足够的预习，将会在一定程度上影响学习效果，同时难以完成课后作业；通过正确引导，提高学生兴趣，培养学生崇尚科学、理性思维，培养学生勇于探索、不断创新的科学精神。

▶ 教案设计

一、教学目标

（一）知识目标

1. 培养学生了解化工材料的性能；
2. 熟练掌握化工设备的受力分析和典型化工设备的设计要求；
3. 提高化工设计综合能力。

（二）能力目标

1. 培养学生发现问题、分析问题及解决问题的能力；
2. 培养学生崇尚科学、理性思维，培养学生勇于探索、不断创新的科学精神。

（三）价值目标

1. 培养学生爱国情怀，强化使命担当；
2. 增强学生的民族自尊心、自信心和自豪感。

二、教学内容分析

（一）教学内容

1. 零部件受力分析；

2. 拉伸与压缩；

3. 平面弯曲；

4. 化工设备材料。

（二）教学重点

1. 受力分析、平面汇交力系和平面一般力系的计算；

2. 拉伸与压缩内力计算；

3. 直梁弯曲和平面弯曲应力计算；

4. 钢的热处理。

（三）教学难点

1. 本课程实践性较强，经验数据较多，计算较为烦琐；

2. 理论和实际有一定差异，在分析实际问题时需要简化。

（四）教学中的思政结合点

专业知识点	思政元素	方法
零部件受力分析	运用分析法，将复杂问题简单化。	分析法。以梯子摆放位置不同为例，将接触面设定为光滑面，不用考虑接触面的摩擦力，使复杂问题简单化，较为容易画出梯子的受力图，同时能够计算出不同位置的受力；以某液压式汽车为例，分析在什么条件下，起重机吊起的重物 W 为最大起重量 W_{max}，同时掌握起重机的起重操作条件及注意事项。
拉伸与压缩	采用循序渐进方法，提高学生学习兴趣。	举例法。以电子秤的称量为例，熟悉质量和重量的测量方法的区别；以高铁为例，提出为什么高铁比较平稳、噪声小？从而引入温度应变与压应变的问题，加深胡克定律的应用。
平面弯曲	以问题为导向，引导学生注意观察，发现问题，分析问题，解决问题；培养学生将所学知识融会贯通。	举例法。以卧式容器为例，求支座应放在什么位置，使容器受力情况最好？引申到上海建设那么多桥梁，什么类型的桥梁最多？为什么？通过观察古建筑结构，了解古代劳动人民的聪明智慧。

（续表）

专业知识点	思政元素	方法
化工设备材料	了解我国稀土现状及用途，讲述老科学家李熏的故事，提高学生爱国热情。	举例法。以球墨铸铁为例，了解球化剂的种类及稀土球化剂的用途等；以第二次世界大战期间，英国飞机曾发生过突然断裂事故为例，引出老科学家李熏，讲述他顾大家、舍小家的故事，教育学生热爱自己的祖国。

三、教学过程

（一）零部件受力分析

1. 以梯子摆放位置不同为例，激发学生受力分析兴趣

课前：布置学生作业，试画出扶梯的受力图（图 17－1），CD 为绳索，扶梯与墙、地面的接触面都是光滑面。

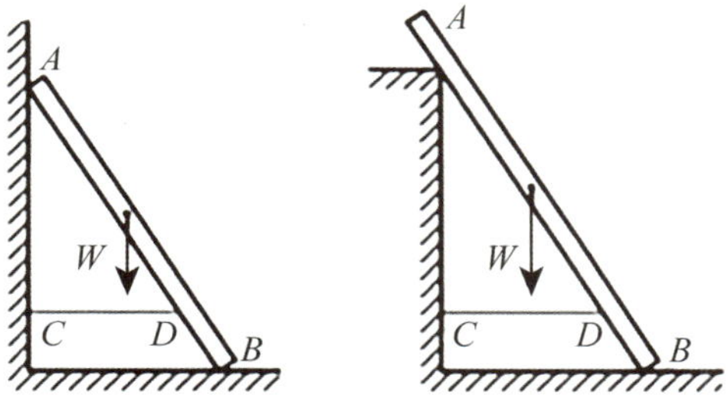

图 17－1　扶梯受力图

提出问题：现实生活中梯子是怎么摆放的？为什么？

收集证据：查阅资料，找出现实和书本的不同之处。

课程思政　将接触面设定为光滑面，不用考虑接触面的摩擦力，使复杂问题简单化，从而根据柔性物体和光滑平面约束反力特点，较为容易画出梯子的受力图，同时能够计算出不同位置的受力。

2. 以某液压式汽车为例，分析问题、解决问题

如图 17－2 所示，某液压式汽车起重机全部固定部分（包括汽车自重）总

重 $W_1=60$ kN,旋转部分重 $W_2=20$ kN,$a=1.4$ m,$b=0.4$ m,$l_1=1.85$ m,$l_2=1.4$ m,试求:

(1) 当起吊臂伸展水平长度 $R=3$ m,吊重 $W=50$ kN 时,支撑腿 A、B 所受地面的约束反力。

(2) 当 $R=5$ m 时,为保证起重机不致倾覆,其最大起重量 W_{max} 为多少?

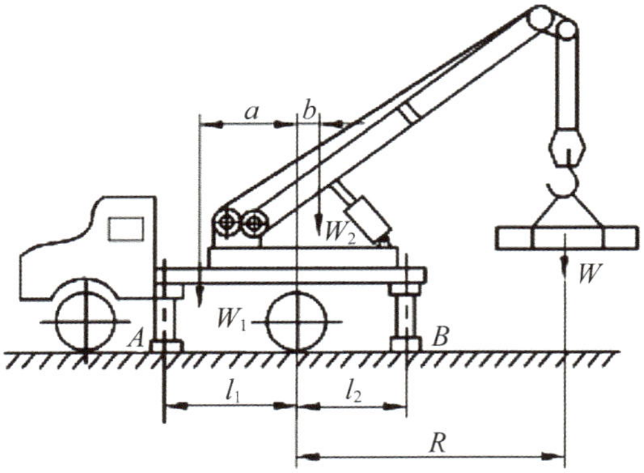

图 17-2 起重机受力图

提出问题:现实汽车起重机形状是什么样子?起重吊装的操作程序是什么?

收集证据:查阅资料,现场观察。

课程思政 看似复杂的起重机,通过平面一般力系平衡条件 $\sum M=0$,求解支撑腿 A、B 所受地面的约束反力,同时让学生了解在支撑腿 A 约束反力为零时,起重机吊起的重物 W 为最大起重量 W_{max};掌握起重机的起重操作条件及注意事项。

(二) 拉伸与压缩

1. 电子秤的传感器是一空心圆筒(图 17-3),工作时受轴向拉伸或压缩,已知此圆筒的外径 $D=80$ mm,筒壁厚 $\delta=9$ mm,弹性模量 $E=2\times10^5$ MPa。在称某一重物时,测得筒壁产生轴向应变 $\varepsilon=-476\times10^{-6}$,问此物体重 W 为多少?

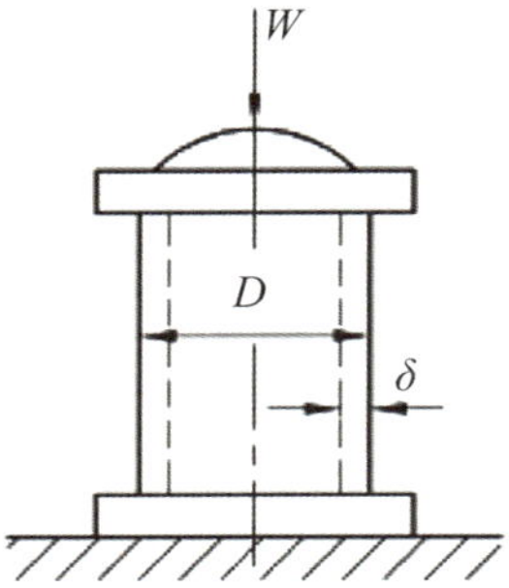

图 17-3 电子秤的传感器

提出问题:超市黄金柜台,称量黄金为什么不用电子天平而用机械天平(图 17－4)?

收集证据:查阅资料,查找电子天平和机械天平的工作原理。

课程思政　质量是物体惯性的量度,它是任何物体都固有的一种属性。重量则反映了物体所受重力的大小,它是受地球的吸引而引起的。质量是一个恒量,重量则随物体所处的纬度和高度的不同而变化。

电子天平工作原理采用的是胡克定律,$\Delta l = \frac{Fl}{EA}$,称量的是重量;机械天平的工作原理是杠杆作用,称量的是质量;让学生掌握质量和重量测量方法的区别。

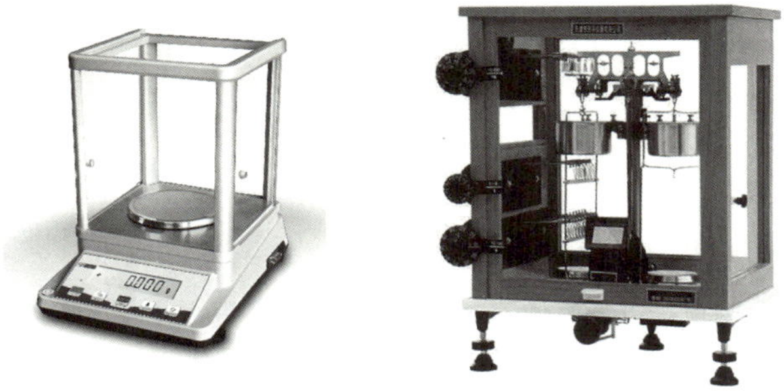

(a) 电子天平　　(b) 机械天平

图 17－4　两种天平

2. 两端固定的钢杆,杆长为 L,横截面面积为 A,材料的弹性模量为 E,线膨胀系数为 α。

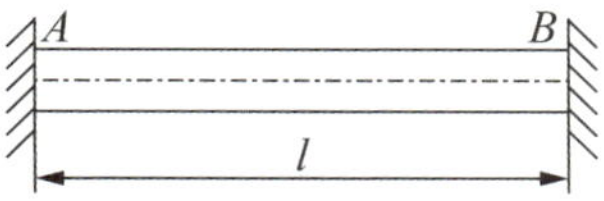

提出问题:试求温度升高 Δt 时杆内的温度应力?

收集证据:由于温度的变化,构件将会发生变形 $\Delta l = \alpha \Delta t l$,而产生的内力称为温度内力;如何将温度变形产生的内力抵消?胡克定律,$\Delta l = \frac{Fl}{EA}$,由此是不是可计算出温度内力?

以高铁轨道为例进行分析讨论。

图 17－5　中国高铁

中国高铁（图 17－5）的建设经历了起步到成熟的过程，高速铁路非常平顺，以保证行车安全和舒适性，高速铁路都是无缝钢轨，而且时速 300 千米以上的高速铁路采用的是无砟轨道（图 17－6），就是没有石子的整体式道床来保证平顺性。第一，通过改变钢材成分，减少温度变形；第二，通过导轨上的弹簧将温度内力抵消，从而减少温度变形。

课程思政　通过典型案例，培养学生崇尚科学、理性思维，培养学生勇于探索、不断创新的科学精神。

（a）有砟轨道　　（b）无砟轨道

图 17－6　两种轨道

（三）平面弯曲

1. 支座应放在使容器受力情况最好的位置

卧式容器可简化为图 17－7 所示的受均布载荷 q 作用的外伸梁。已知此卧式容器的总长度为 L。求支座应放在什么位置，使容器受力情况最好。

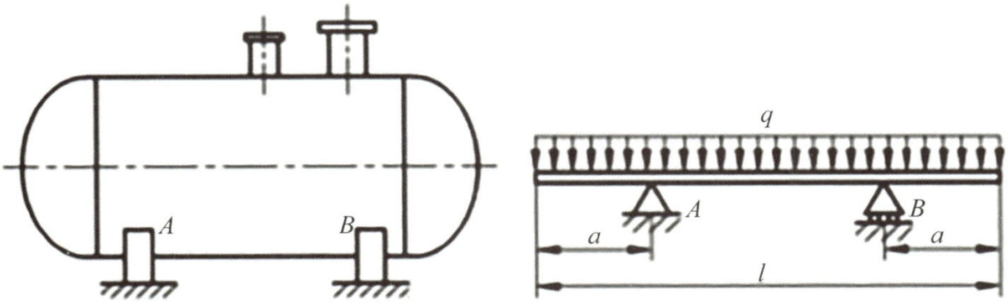

（a）　　（b）

图 17－7　外伸梁

提出问题：支座应放在什么位置，使容器受力情况最好。

收集证据：(1)先求出支座反力 R_A、R_B；(2)列出剪力方程和弯矩方程；(3)作剪力图、弯矩图；$a=\dfrac{l}{2\times(1+\sqrt{2})}=0.207l$；故设计时通常选取外伸梁长度 $a=0.2l$，即卧式容器的支座，应布置在 $a=0.2l$ 处。

引申到上海建设那么多桥梁，什么类型的桥梁最多？为什么？

以悬臂梁、简支梁的剪力和弯矩计算结果为依据，解释上海市斜拉桥(图 17－8)多的原因。

图 17－8　斜拉桥

课程思政　以问题为导向，引导学生注意观察，发现问题、分析问题、解决问题；培养学生将所学知识融会贯通。

2. 合理布置支座和载荷作用位置

(1) 受集中力作用的简支梁，若使载荷尽量靠近左边支座，则梁的最大弯矩值要比载荷作用在跨度中间时小得多(图 17－9)。所以机床变速箱上的传动轴，常使轴上的齿轮尽量靠近轴承(支座)，这样设计的轴，尺寸可相应减小。

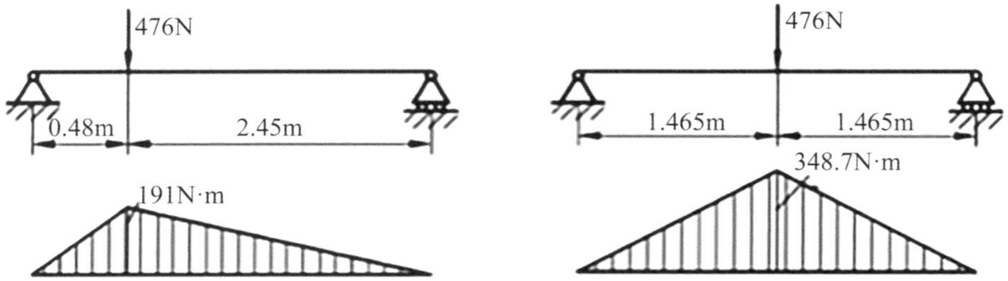

图 17－9　受集中力作用的简支梁

(2) 又如受均布载荷作用的简支梁，$M_{\max}=\frac{1}{8}ql^2=0.125ql^2$。若将两端支座向里移动 $0.2l$，则 $M_{\max}=0.025ql^2$，只为前者的 1/5，因此，梁的截面尺寸也可相应减小(图 17－10)。卧式容器的支承点向中间移一段距离，就是利用此原理以降低 $M_{\max}$，减轻自重，节省材料。

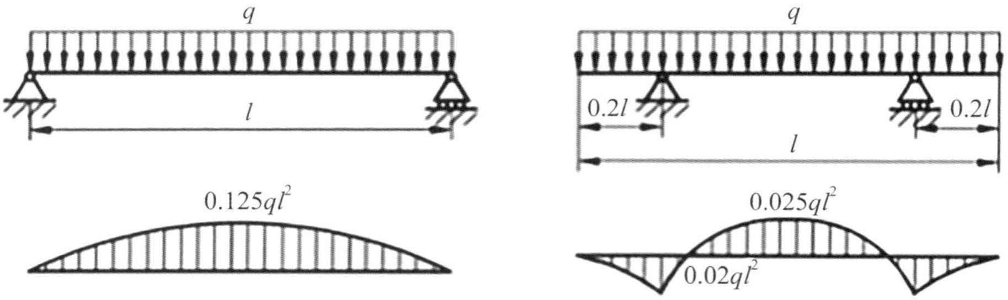

图 17－10　受均布载荷作用的简支梁

(3) 若有一个集中力 F 作用在跨度中间，其最大弯矩为 $M_{\max}=\frac{1}{4}Fl$。如果以均布载荷 $q=\frac{F}{l}$ 作用在整个梁上，则最大弯矩为 $M_{\max}=\frac{1}{8}Fl$，由此计算所得的弯曲正应力是集中载荷作用下的一半；载荷形式下的最大弯矩也为 $M_{\max}=\frac{1}{8}Fl$(图 17－11)。

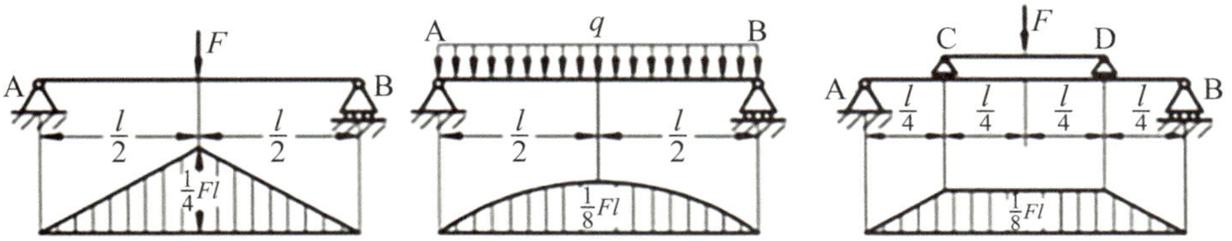

图 17－11　集中力与均布载荷作用在梁上的最大弯矩

提出问题：古建筑屋顶结构(图 17－12)是什么样的？为什么？

图 17－12　古建筑屋顶结构

收集证据：旅游、查阅资料。

课程思政　通过观察古建筑结构，了解古代劳动人民的聪明智慧。

（四）化工设备材料

1. 球墨铸铁在浇铸前往铁水中加入少量球化剂（如 Mg、Ca 和稀土元素等）和石墨化剂（硅铁或硅钙合金），以促进碳以球状石墨结晶存在，称为球墨铸铁。

提出问题：什么是稀土元素？稀土的功能有哪些？

收集证据：查阅资料。

课程思政　稀土元素是 17 种特殊元素的统称，它的得名是因为瑞典科学家在提取稀土元素时应用了稀土化合物。

稀土是历史名称。18 世纪末，稀土开始陆续被发现，当时人们常把不溶于水的固体氧化物称为土。例如，将氧化铝称为“陶土”，氧化钙称为“碱土”等。稀土一般是以氧化物状态分离出来的，当时比较稀少，因而得名为稀土(Rare Earth，简称 RE 或 R)。

稀土元素在节能环保、航空航天、国防事业、电子信息和新能源汽车等领域应用广泛，许多发达国家都将其视为战略资源及高新技术发展的关键资源。目前我国已建成了较为完备的稀土工业体系，不仅基本满足了经济和社会发展的需要，也已成为世界上最大的稀土资源生产、出口和消费国。在全球稀土矿山分布中，中国是稀土矿山储量最大的国家，在全球前三大稀土矿山中就占据了两席，其储量遥遥领先其他国家矿山。

2. 抗氢腐蚀钢

氢在常温下对钢没有明显的腐蚀，但当温度在 200～300℃、压力为 30 MPa时，氢会扩散入钢内，与渗碳体进行化学反应而生成甲烷，使钢脱碳并产生大量的晶界裂纹和鼓泡，从而使钢的韧性和塑性显著降低，并且产生严重的脆化。因此，在高温高压及富氢气体中工作的设备，在选材时首先要考虑氢腐蚀。为防止氢对钢的腐蚀，可以在钢中加入与碳的亲和力较氢强的合金元素，如 Cr、Ti、W、V、Nb、Mo 等，以形成稳定的碳化物，从而把碳固定住，以免生成甲烷。而另一方面则尽量降低钢中碳的含量。如“微碳纯铁”，其含碳量低于或等于 0.01%，它抗 H_2、N_2、NH_3 的腐蚀性都很好，但其强度低，故使用上常受到限制。

提出问题：什么是氢腐蚀？钢铁中氢含量控制在多少？

收集证据：查阅资料。

课程思政　在此引入氢腐蚀的发现及物理冶金学家、科学研究管理专家、中国科学院学部委员——李薰的事迹。20 世纪 40 年代，李薰在雪菲尔德大学安朱教授指导下，从事钢中氢的研究。在第二次世界大战期间，英国飞机曾发生过突然断裂事故，李薰苦心钻研，发现钢中含氢是造成事故的主因，并弄清楚了钢中含氢产生白点需要孕育期和钢中去氢的规律，解决了长期存在的问题。

李熏1940年取得哲学博士学位，随后留校在研究生部负责指导部分研究工作，培养出不少冶金学家。1946年南京国民政府曾授意中央研究院干事萨本栋教授聘请李熏回国就职，他婉言谢绝。1950年，雪菲尔德大学授予李熏冶金学博士学位。中华人民共和国成立后，李德全和周培源率团访英，团员涂长望特邀李熏至伦敦，当面恳请他回国。不久，郭沫若院长又写信，代表中国科学院邀他回国筹建研究所。李熏遂邀集在英的柯俊、张沛霖、张作梅、庄育智、方柄等共商建所事宜；1951年8月，李熏取道香港，回到中国。

1983年初，李熏肺炎初愈，为探讨中国科学院和院属有关研究所面向冶金工业建设的新途径，全面考察中国新建的冶金工业，由宝山钢铁总厂回京不久，即赴攀枝花钢铁公司、长城钢厂、武汉钢铁公司等地考察，在考察中，途经昆明时，于1983年3月20日凌晨去世，时年70岁。

通过老科学家李熏案例，让学生们学习我国老科学家，舍小家为大家，无私奉献报效祖国的崇高精神，同时对科学研究的严谨性，增强民族自信心、民族自豪感，潜移默化地提高学生的爱国主义精神。

四、课外思考题

1. 试编写一份起重机操作规程。
2. 试举出现实生活中典型的热胀冷缩案例及解决方法。
3. 试分析卢浦大桥和南浦大桥的相同点及不同点。
4. 查阅资料，了解稀土材料在化学工业的用途。

五、教学评价

本课程使用形成性评价和诊断性评价相结合的评价方式，且将思政元素融入评价各模块中，具体为：(1)确定各单元的目标和内容，分析其要点和难点；(2)课前预习、课上提问及课后作业，对学生的学习做出诊断；(3)学期结束对所学的重点、要点采用闭卷考试，检验学生掌握程度；(4)将专业知识点与思政元素进一步融合，通过多维度评价，达到以评促学的效果。

六、教学效果分析

本课程是《化工设备机械基础》第1、2、3、7章的内容，涉及面广、内容较多；教学过程中，以学生为中心、以目标为导向，借助典型案例，启发学生以问题引导，从科学发展观角度，深入浅出地进行知识点讲解，激发学生的兴奋点，引导学生参与到课堂教学整个过程中，提升学生的综合能力，为今后从事化工生产、化工设计及制造打下良好基础。

1. 以典型案例为契机，激发学生的学习兴趣

以常见的梯子、汽车起重机及电子秤为例，让学生以查阅文献资料的方式，寻找答案；激发学生学习兴趣和探究事物真理的求知欲，培养学生崇尚科学、理性思维，培养学生勇于探索、不断创新的科学精神。

2. 鼓励学生主动参与，积极交流

让学生主动参与教学活动，使学生成为学习活动的主体。在课堂上，教师要多提问，对积极回答问题的学生及时表扬，让学生在教学活动中主动参与、积极交流。

3. 融入课程思政，激发学生爱国精神

以中国高铁、古建筑屋顶结构及老一辈科学家的故事为例，让学生了解中国古代劳动人民的聪明智慧，学习我国老一辈科学家舍小家为大家，无私奉献、报效祖国的崇高精神，增强民族自信心、民族自豪感，潜移默化地提高学生的爱国主义精神。

希望之光　万能之土

——在 f 区稀土元素教学中培养科学素养的实践探索

刘　洁

▶ **课程名称**　无机化学

▶ **课程性质**　专业主干课程

▶ **专　　业**　化学(师范)

▶ **授课对象**　化学(师范)一年级学生

▶ **教师简介**　刘洁,上海师范大学化学与材料科学学院副教授、硕士生导师;主要从事无机功能材料的设计合成及性能研究;主讲课程有"无机化学""无机化学实验";在 *ACS Appl. Mater. Surface*、*J. Mater. Chem. C* 等 SCI 期刊上发表论文 30 余篇,获授权专利 5 项。

▶ **课程简介**　"无机化学"是上海师范大学化学与材料科学学院化学(师范)专业本科生第一门重要的专业必修课程(学位课)。

课程内容主要包括化学反应原理、物质结构基础和元素化学三大模块。通过本课程学习,使学生掌握热力学、动力学、化学平衡、氧化还原、元素周期律、近代物质结构理论等基本原理以及重要元素、离子、化合物的主要性质、鉴定、结构、用途等;使学生具有对一般无机化学问题进行理论分析和计算的能力;使学生具备科学思维素养。

通过该课程的学习，为今后学习和深化与无机化学有关的知识及相关后续课程打下扎实的基础；能胜任高中无机化学的教学任务；能胜任高校、科研院所和企业单位的教育、科研和应用开发或管理工作。

▶ 课程蕴含的思政元素分析

1. 无机化学中的哲学元素

哲学思想在无机化学中处处可见，学习无机化学也是多角度、更深层次理解和运用哲学的过程。例如，化学热力学、动力学就涉及宏观世界方法论、矛盾的对立与统一、平衡的辩证思想、量变与质变规律等哲学元素。在原子结构、分子结构、晶体结构中，涉及微观世界方法论、认识论、实践是检验真理的标准、否定之否定规律、表象和内在的关联、事物的绝对性和相对性等哲学问题。总之，在无机化学的学习中运用哲学思维理解问题，综合运用各科知识分析问题、解决问题是当代大学生应具备的素质。

2. 以史为师，联系时事，激发学生的学习兴趣和家国情怀

无机化学课程内容较为枯燥、抽象，结构繁杂、理论性强，学生一时难以很好地接受和掌握。在教学中，引入化学史，将理论知识与学科发展史结合起来，可以激发学生的学习兴趣，让枯燥、繁杂的理论学习变得丰富、精彩起来。化学史主要包括化学知识的演变历程和化学家的故事。在原子结构章节中，元素周期律的发现过程展示了化学家们对世界的认识，也展示了他们在寻找科学规律的过程中所进行的思维活动及运用的科学手段。类似的化学知识演变历程还有酸碱理论、氩气的发现等。化学家的故事既能让学生以化学家为榜样，培养严谨的治学精神，更能让学生从我国老一辈科学家的艰难奋斗历程中体会他们的家国情怀。化学家故事的典型案例包括发明了我国自己的制碱法——侯氏联合制碱法的化学家侯德榜、从事稀土研究的徐光宪院士、从事同位素化学研究的张青莲院士、从事无机物合成研究的徐如人院士、从事金属配合物研究的游效曾院士等。为避免老生常谈，课程思政还应与学生关注的热点融合。在氧化还原反应、原电池、电极电势章节教学中，介绍新能源汽车行业的崛起和发展，介绍工业和建筑业中的钢铁腐蚀。在微观粒子的运动特征教学中，可以介绍“墨子号”量子卫星的发射。半导体硅片是芯片制造最重要的材料，是半导体产业的基石，同时也是我国半导体产业

链与国际先进水平差距最大的环节之一。在讲解硅元素时，我们可以抛出这一热点问题，激发学生的创新意识和热情。

总之，深入挖掘具有代表性的思政元素和素材，并融入课程体系，使学生在掌握无机化学相关专业知识的同时，感受科学与哲学的魅力，潜移默化地接受优秀思想的熏陶，从而激发学生的民族自豪感，培养正确的世界观、人生观和价值观。

▶ 教案设计

一、教学目标

（一）知识目标

1. 了解镧系元素的通性和稀土元素的重要化合物；

2. 了解锕系元素的通性、钍和铀的重要化合物。

（二）能力目标

要求学生记忆镧系、锕系元素的通性，掌握稀土元素重要化合物的合成方法、重要反应、性质的递变规律，能够应用所学知识分析稀土元素化合物的应用价值。

（三）价值目标

1. 树立稀土应用的可持续发展观和生态文明观；

2. 增强科技创新意识，追随“大师”的脚步探索科学之路。

二、教学内容分析

（一）教学内容

1. 镧系元素电子构型、氧化态、原子和离子半径、镧系收缩、离子颜色；

2. 镧系金属的通性；

3. 镧系的重要化合物——氧化物、氢氧化物、典型盐类的溶解性、典型反应；

4. 锕系元素电子构型、氧化态、原子和离子半径递变规律；

5. 钍和铀的化合物的合成和基本性质。

（二）教学重点

1. 镧系元素化合物的性质和反应、镧系收缩；

2. 锕系元素的通性和重要化合物的性质。

(三) 教学难点

1. 理解镧系收缩;

2. 镧系化合物的化学性质。

(四) 教学中的思政结合点

专业知识点	思政元素	方法
稀土元素的定义、应用和在中国的研究历程	历经数十载,中国稀土工业的发展在无数科研人员的努力下终于处于世界领先水平。以此激发学生的学习兴趣和学习热情。	线上自学为主。学生分组完成资料查询,如稀土材料应用实例,中国稀土的提纯研究,稀土材料的最新研究进展。教师课上介绍稀土材料在各个领域中的应用;介绍稀土的研究历史,重点介绍中国稀土研究的发展历程。
镧系收缩、镧系元素离子的氧化态	利用马克思主义原理分析共性和个性,一般和个别的关系。	讲解法、讨论法。复习元素周期律同周期元素半径的一般规律,分析由于镧系元素的存在导致部分元素的半径出现异常减小。大多数镧系元素的稳定价态为+3价,少数镧系元素的离子表现出+2或+4氧化态。鼓励学生从f亚层稳定性的角度思考讨论特性存在的原因。
稀土氢氧化物的溶度积	运用辩证唯物主义观点分析问题——现象取决于本质。	讨论法。引导学生回顾影响氢氧化物溶度积的重要内在因素是阳离子的半径和价态。结合实验数据分析讨论镧系元素的半径变化规律与镧系氢氧化物溶度积的渐变规律。
稀土配合物的应用	类比学习;老一辈科学家在稀土分离中的探索历程。	类比法。稀土配合物与过渡金属配合物有很多共性,引导学生通过类比进行学习;介绍沉淀、配位在稀土分离中的应用。徐光宪院士在稀土元素提取中做出了巨大贡献。引入徐光宪院士的科研奋斗经历,使学生真切感受到老一辈科学家强烈的民族责任感和高度的国家使命感。

（续表）

专业知识点	思政元素	方法
锕系元素	培养学生解决问题，自主学习及自我发现知识的能力。	自学。锕系元素与镧系元素性质类似，学习难度相对较低。学生通过慕课在线学习。通过小组讨论提交学习报告和在线测试题评价学习成效。

三、教学过程

（一） 基本概念（10 分钟）

教学目的：提出问题，引起学生兴趣。

教学设计：采用引导启发式。

f 区元素在元素周期表中的位置？日常生活中稀土元素有哪些应用？

教学内容：镧系元素、锕系元素的界定，稀土元素的定义。

课程思政 历经数十载，中国稀土工业的发展在无数科研人员的努力下已处于世界领先水平。以此激发学生的学习兴趣和学习热情。

（二） 镧系元素概述（25 分钟）

教学目的：引导学生掌握镧系元素的基础知识。

教学设计：

1. 从学生熟悉的原子价层电子构型入手，让学生学习 f 区元素的价层电子构型特点，进一步巩固全空、半满、全满的稳定状态。

2. 结合元素周期律，理解镧系元素的离子半径变化的共性规律。基于此，再学习“镧系收缩”这个特殊性质，以及由这个特殊性质带来的变化。提醒学生：此部分是学习重点。

3. 氧化态的学习。共性：+3 氧化态是所有镧系元素的特性；特性：有些镧系元素表现出+2 或+4 氧化态。鼓励学生思考讨论特性存在的原因。

4. 离子的颜色。基于 d 区元素离子颜色的特点，引导学生分析讨论 f 区离子的颜色。得到结论：f 区元素的离子显色是由于 f－f 跃迁而引起的。

课程思政　利用马克思主义原理分析共性和个性、一般和个别的关系。

（三）镧系元素及其重要化合物的性质(30 分钟)

教学目的：掌握镧系单质和镧系氢氧化物的性质、镧系元素盐的溶解性。

教学设计：

1. 与 s 区、d 区元素进行类比学习，镧系元素单质都是很活泼的金属。通过慕课的方式，延伸学习稀土元素的提取、稀土元素的分离。

2. 学习镧系化合物。首先从较为简单的镧系氧化物入手，然后递进学习镧系氢氧化物，最后学习比较复杂的镧系盐类、稀土配合物。教学过程秉承从低级到高级、从简单到复杂的认识过程，循序渐进教学。

3. 在氧化物的学习中，除了讲一般性质，还要引入稀土氧化物的应用，如 Ln_2O_3 用于制造光学玻璃、CeO_2 是制造高级光学仪器的抛光粉、Eu_2O_3 用于制造彩色荧光粉等。介绍应用可增加课堂的丰富性，扩展学生视野，提高学生的学习兴趣。

4. 在稀土氢氧化物和盐类的教学中，溶解性是教学的重点和难点。需要引导学生利用化学原理中学过的溶度积、水解的基础知识进行学习。

5. 稀土配合物与过渡金属配合物有很多共性，在教学中可让学生将两者对比学习。

课程思政　徐光宪院士在稀土元素提取中做出了巨大贡献。引入徐光宪院士的科研奋斗经历，使学生真切感受到老一辈科学家强烈的民族责任感和高度的国家使命感，艰苦奋斗、无私奉献、锐意进取、永攀高峰的科学精神，从而引导学生从现在起将个人成长融入祖国的繁荣昌盛中，树立牢固的民族自豪感与责任担当。

（四）锕系元素(30 分钟)

教学目的：掌握锕系元素单质和化合物的性质。

教学设计：锕系元素与镧系元素性质相似，引导学生自主学习。重点介绍居里夫人及其家人的贡献，介绍锕系元素的放射性。与学生互动讨论生活中的放射性案例。利用慕课延伸讲解核能的利用和方式。

教学内容：锕系元素单质和典型化合物的性质。

课程思政　居里夫人对人类的贡献不仅表现在她所取得的科研成果上，更突出地表现在她所具有的高尚品质上。居里夫人的高尚品质表现在很多方面，可将其概括为三个方面：热爱祖国、忠于人民；献身科学、不畏艰险；造福人类、不图名利。

四、课外思考题

1. 查找有关“稀土材料研究进展”的文献资料并制作成 PPT。

2. 在稀土元素的分离中草酸盐起到的作用？为什么？

3. 锕系元素和镧系元素同是 f 区元素，为什么锕系元素的氧化态种类较锕系元素的多？

五、教学评价

本课教学评价除了常规的课后作业和测试等终结性评价手段外，还引入对学生的过程性评价，主要包括：(1)课前任务，比如稀土材料的研究进展等，根据学生提交上来的 PPT 予以打分，计入平时成绩；(2)对学生的课程参与度、回答问题的积极性(比如回答问题的次数、质量等)等进行记录，纳入平时成绩考核。

六、教学效果分析

本教学单元教授内容为稀土材料的性质与应用。教学设计符合大学生的认知规律和知识水平。在教学过程中，综合运用多种教学手段。以 PPT 讲授为主，辅以多媒体演示、慕课、课堂提问和互动交流等多种教学模式，激发学习兴趣，实现寓教于乐的效果。

在专业知识的教学过程中，融入课程思政元素。介绍稀土研究历史、科学家的科研经历、稀土材料的典型应用，激发学生的学习兴趣和热情。

在"变"与"不变"中寻找平衡

——在氧化还原反应教学中培养科学素养的实践探索

杨　红

▶ **课程名称**　无机化学

▶ **课程性质**　专业主干课

▶ **专　　业**　化学类

▶ **授课对象**　化学类专业一年级学生

▶ **教师简介**　杨红，上海师范大学化学与材料科学学院教授、硕士生导师；主要从事功能配合物的设计合成及应用研究；主讲课程有"无机化学""无机化学实验"；获得上海市自然科学奖三等奖，获评上海师范大学中青年骨干等；发表论文50余篇，授权专利8项。

▶ **课程简介**　"无机化学"是化学类专业的基础课程。课程内容主要包括：化学反应原理、物质结构基础和元素化学三大模块。要求学生掌握化学反应基本原理、近代物质结构理论的基础知识、重要元素及其化合物的主要性质等。通过本课程的学习，学生可以了解无机化学领域的基础知识，掌握元素周期律、近代物质结构理论、化学热力学、化学动力学、化学平衡和氧化还原等基本原理；掌握重要化合物的性质、结构和应用。培养学生良好的学习方法、科学思维能力，拓宽学生的知识视野，培养学生证据推理能力与科学素养。经学习该课程后，学生可以为今后学习、深化与无机化学有关的知识和相关后续课程打下扎实的基础。

▶ 课程蕴含的思政元素分析

无机化学是研究无机物质组成、结构、性质和变化规律的科学，其广泛零散，系统庞杂，在学习过程中要具备科学的思维，才能理解这门课程，否则会让学生认为无机化学的知识点是“描述性”和“记忆性”的。建立科学的思维方法教与学，恰当地将化学史教育引入无机化学的教学过程中，才能将庞杂的知识理顺，培养学生分析问题、解决问题、科学辩证思维能力。例如，在绪论部分，可以通过化学史，体现科学的发展历程和规律，建立科学的发展观，并通过中外科学家尤其是中国科学家在我国无机化学发展中的贡献，培养青年人的家国情怀和责任担当；讨论反应速率、电极电势的影响因素时，要建立抓主要矛盾的思维；讨论化学平衡时，理解化学反应是一个多因素的平衡，建立平衡的辩证观点，发展协同发展的理念；讨论结构部分时，建立微观世界方法论，宏观和微观的区别与联系，绝对和相对性的理解，通过引入结构理论的新发展，展现科学的质疑精神和发展观。总之，无机化学作为一门发展成熟的传统化学学科，在教学过程中，也应与时俱进、精益求精。《荀子·劝学》说道：“不积跬步，无以至千里；不积小流，无以成江海。”创新不是无根之木，一蹴而就，是脱胎于积累。在知识的讲授过程中，将新的知识内容、国家发展和科技进步密切相关的要求、社会关注的热点自然地融入章节内容中，真正体会“学以致用”的含义。例如，在讲授氧化还原平衡这一章节时，引入与人类息息相关的能源和环境问题，进一步介绍我国在这方面的责任担当。我国宣布力争2030年前实现碳达峰、2060年前实现碳中和，这是中国基于推动构建人类命运共同体的责任担当和实现可持续发展的内在要求做出的重大战略决策。党的十九大指出，我们要“转变发展方式、优化经济结构、转换增长动力，建设现代化经济体系”，更要“坚持质量第一，效益优先，推动经济发展质量变革、效率变革、动力变革，提高全要素生产率”。所以坚持创新驱动是可持续发展的根本保证。介绍世界的创新发展，通过2019年诺贝尔化学奖，提出锂离子电池发展的重要性，培养学生“绿色可持续发展”理念，激发学生创建“健康中国、美丽中国”的信心。

▶ 教案设计

一、教学目标

（一）知识目标

1. 掌握原电池的电动势与电极电位以及影响因素，能熟练地配平氧化还原反应方程式；

2. 理解氧化还原反应概念，原电池的构造原理；

3. 了解电池种类、锂电池的工作原理以及电极电势的产生原因。

（二）能力目标

1. 提高学生理解本质和探索未知世界的能力；

2. 以系统的基础知识和基本技能为基础，强化科学思维方式，提升创新理念。

（三）价值目标

让学生通过具体案例的思考和感悟，产生对科学精神和科学道德的敬畏感和严谨理性地认识客观规律。

二、教学内容分析

（一）教学内容

1. 氧化还原的基本概念；

2. 电化学、电池；

3. 电极电势及应用。

（二）教学重点

1. 电极电势的概念和影响因素；

2. 电极电势的应用；

3. Nernst 方程的相关计算。

（三）教学难点

电极电势的影响因素。

（四）教学中的思政结合点

专业知识点	思政元素	方法
氧化值	科学发展的态度接受新的知识。	比较法。通过与中学化合价的概念进行比较，说明引入氧化值的意义；通过课堂回答问题，进一步理解氧化值概念；讲授过程中引入板书；课后引入新的文献讨论。
氧化还原反应方程式的配平	遵循“守恒”这一普遍的自然规律。	引导法、举例法。通过复习氧化数法配平氧化还原反应方程式，引出离子—电子法的优点和步骤；配平步骤讲述中全程板书举例。
电化学、电池	培养学生循序渐进的认识过程、自我学习能力，树立正确的人生目标。	启发法、比较法、推导法、讨论法。通过氧化还原反应具有电子转移的特征，引导学生思考如何利用电子转移，引入原电池的结构；通过水位差，引出电池中电流的产生是由于两极的电势差引起的；板书推导电池反应的 Gibbs 函数（变）与电池电动势的关系；课后教学网上平台发布讨论题。
电极电势及应用	培养学生抓住本质和逻辑推理能力。	启发法、讨论法、讲述法。通过探讨电极电势产生原因的启发，引出电极电势的概念；区分标准电极电势和条件电极电势；强调标准氢电极的条件；引导条件改变时，对电对的电极电势的影响；通过板书引导学生深刻理解，条件改变时如何写出正确的 Nernst 方程。

三、教学过程

（一）课前预习

提前 3 天在课程平台上传预习课件，提醒观看网上课程资源，在课程平台上反馈讨论。

（二）课程回顾与问题导入（5 分钟）

在前面我们讨论了预测酸碱反应、配位反应和沉淀反应的反应方向和限度，系统掌握了这几类反应的标准平衡常数的计算和应用，以及 Gibbs 函数与化学平衡的关系。在我们常见的化学反应中，还有一类有别于上述几类反应的一类反应，那就是氧化还原反应。今天，我们来一起认识和讨论氧化反应的基本概念以及反应的方向和限度。

酸碱反应($K_a^\ominus$和$K_b^\ominus$)、配位反应($K_f^\ominus$和$K_d^\ominus$)和沉淀反应($K_{sp}^\ominus$)

函数与化学平衡:$\Delta_r G_m(T) = \Delta_r G_m^\ominus(T) + RT\ln J$

(三) 氧化还原的基本概念(35 分钟)

1. 氧化值

教学目的:理解氧化值的概念和意义。

教学设计:通过与中学化合价的概念进行比较,说明引入氧化值的意义;通过课堂回答问题,进一步理解氧化值的概念;讲授过程中引入板书;通过课后引入新的文献讨论;课程思政内容。

教学内容:为了描述原子带电荷状态的改变,表明元素被氧化的程度,提出了氧化态的概念,而表示元素氧化态的代数值称为元素的氧化值,又称氧化数。并讲述确定氧化值的规则:(1)单质中,元素的氧化值为零。(2)在单原子离子中,元素的氧化值等于该离子所带的电荷数。(3)在大多数化合物中,氢的氧化值为+1;只有在金属氢化物中氢的氧化值为−1。(4)通常,氧在化合物中的氧化值为−2;但是在过氧化物中,氧的氧化值为−1;在氟的氧化物中,如 OF_2 和 O_2F_2 中,氧的氧化值分别为+2 和+1。(5)在中性分子中,各元素原子的氧化值的代数和为零,复杂离子的电荷等于各元素氧化值的代数和。板书 H_5IO_6、$S_2O_3^{2-}$、$S_4O_6^{2-}$ 的化学式,引导大家回答 I、S 的氧化数。进一步写出 CrO_5 和 $S_2O_8^{2-}$ 的化学式,引导大家讨论 Cr 和 S 的氧化数。讨论完毕,推荐大家阅读文献(Univ. Chem. 2020,35(8),103−106),进一步深刻理解氧化数,并告诉大家会在学习平台上发起讨论题目。有了氧化数的认识之后,进一步引导大家回忆中学的化合价概念,强调化合价的本质:化合价体现了元素间形成化合物时彼此间数值关系的一种性质,是表示一种元素的一个原子能和其他原子相结合的数目,从物质的微观结构出发得到化合价。并适时指出,中学化合价实际是氧化数。通过举例进一步理解氧化数和化合价的区别:MnO_4^- 中 Mn 元素的氧化数为+7,但 Mn 和 O 之间有 4 个共价配键,所以从配位的角度看,Mn 的化合价为 4。

课程思政 我们的知识需要不断更新,以科学发展的态度接受新的知识。

2. 氧化还原反应方程式的配平

教学目的：掌握离子—电子法配平氧化还原反应方程式。

教学设计：通过复习氧化数法配平氧化还原反应方程式，引出离子—电子法的优点和步骤；配平步骤讲述中全程板书举例；课程思政内容。

教学内容：方程式配平必须遵循的两个原则——电荷守恒和质量守恒。通过中学的化合价升降法的导入，复习氧化数法配平方程式。重点介绍离子—电子法，并通过板书介绍详细的步骤。并通过一起配平的过程，引导学生总结出在不同介质中配平氧原子的规律。

离子—电子法（只适用于发生在水溶液中的氧化还原反应）

（1）例1配平步骤（以稀硫酸中 $KMnO_4$ 氧化 Fe^{2+} 为例）

① 用离子式写出主要反应物和产物。（气体、纯液体、固体和弱电解质则写化学式） $MnO_4^- + Fe^{2+} \longrightarrow Mn^{2+} + Fe^{3+}$

② 分别写出氧化剂被还原和还原剂被氧化的半反应。

$$MnO_4^- \longrightarrow Mn^{2+}$$

$$Fe^{2+} \longrightarrow Fe^{3+}$$

③ 分别配平两个半反应方程式。

a. 原子数（关键是O原子数的配平）。

$$MnO_4^- + 8H^+ \longrightarrow Mn^{2+} + 4H_2O$$

$$Fe^{2+} \longrightarrow Fe^{3+}$$

b. 电荷数平衡。

$$MnO_4^- + 8H^+ + 5_e^- \longrightarrow Mn^{2+} + 4H_2O$$

$$Fe^{2+} \longrightarrow Fe^{3+} + e^-$$

④ 分别乘以适当的系数，使得、失电子数目相同。将两式相加，消去电子和重复项，得到了配平的离子方程式。有时根据需要可将其改为化学方程式。

①×1＋②×5 得

$$MnO_4^- + 8H^+ + 5Fe^{2+} \longrightarrow Mn^{2+} + 4H_2O + 5Fe^{3+}$$

（2）例2用离子-电子法配平下列反应式（在碱性介质中）

$$ClO^- + CrO_2 \longrightarrow Cl^- + CrO_4^{2-}$$

① 分别写出氧化剂被还原和还原剂被氧化的半反应。

$$ClO^- \longrightarrow Cl^-$$

$CrO_2 \longrightarrow CrO_4^{2-}$

② 分别配平两个半反应方程式：原子数和电荷数。

$$ClO^- + H_2O + 2e^- \longrightarrow Cl^- + 2OH^-$$

$$CrO_2 + 4OH^- \longrightarrow CrO_4^{2-} + 2H_2O + 2e^-$$

③ 分别乘以适当的系数，使得、失电子数目相同。

$$ClO^- + CrO_2 + 2OH^- \longrightarrow Cl^- + CrO_4^{2-} + H_2O$$

小结：

酸性介质：多 n 个 O，加 $2n$ 个 H^+，另一边加 n 个 H_2O。

碱性介质：多 n 个 O，加 n 个 H_2O，另一边加 $2n$ 个 OH^-。

课程思政　要遵循“守恒”这一普遍的自然规律，通过不同介质中氧元素的配平，指导我们要在众多的现象中善于总结规律。

（四）电化学电池（45 分钟）

教学目的：引导学生掌握原电池构造、原电池电动势、电池反应的 Gibbs 函数（变）与电池电动势的关系。

教学设计：通过氧化还原反应具有电子转移的特征，引导学生考虑如何利用电子转移，引入原电池的结构；通过水位差，引出电池中电流的产生是由于两极的电势差引起的；板书推导电池反应的 Gibbs 函数（变）与电池电动势的关系；课后教学网上平台发布讨论题；课程思政内容。

教学内容：讲述原电池的构造，并引入原电池装置的简单表示方法。

Galvani 电池（伽伐尼电池），意大利生理学家，偶然发现带电的解剖刀可以使青蛙肌肉抽搐。

Volta 电池（伏打电池），意大利物理学家，将锌片和银片用纸片隔开浸泡在盐溶液中，就可以产生电流。

Daniell 电池（锌—铜原电池），将铜片和锌片分别浸入硫酸铜溶液和硫酸锌溶液，用多孔陶瓷将两种溶液隔离，得到电流和电压稳定的电池。

若选择适当的电极，组装为“原电池”，使转移的电子定向运动，产生电流。

原电池是化学能转化为电能的装置。

原电池符号（电池图示）

$(-)Zn \mid Zn^{2+}(1.0\ mol \cdot L^{-1}) \parallel Cu^{2+}(1.0\ mol \cdot L^{-1}) \mid Cu(+)$

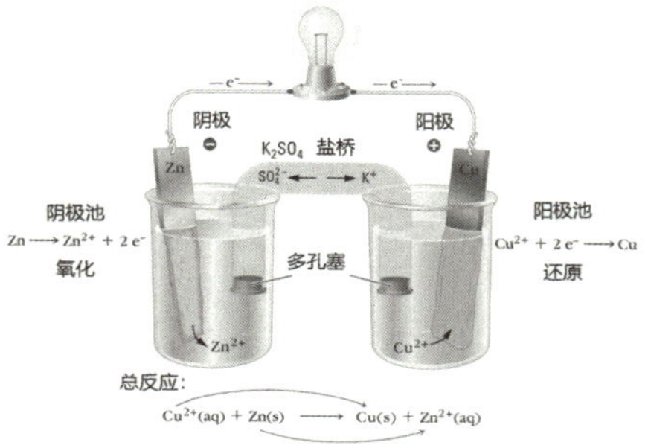

约翰·弗雷德里克·丹尼尔
(1790-1845)

图 19－1

书写原电池符号的规则：

(1) 负极“－”在左边，正极“＋”在右边，盐桥用“‖”表示。

(2) 半电池中两相界面用“|”分开，同相不同物种用“，”分开，溶液、气体要注明 c_B，p_B。

(3) 纯液体、固体和气体写在惰性电极一边，用“，”分开。

在了解原电池构造的基础上，介绍几类常见的原电池，并介绍 2019 年诺贝尔化学奖及其三位科学家。重点介绍其中 97 岁高龄的约翰·古迪纳夫(John Goodenough)。引导大家回忆在热力学中，定温定压下$\Delta G = W_{max}$；板书推导出 Gibbs 函数(变)与电池电动势的关系。

2019年诺贝尔化学奖

约翰·古迪纳夫（John Goodenough），1922年7月25日在美国出生，美国德州大学奥斯汀分校机械工程系教授、固体物理学家，是钴酸锂、锰酸锂和磷酸铁锂正极材料的发明人，锂离子电池的奠基人之一。

图 19－2

课程思政　学习是一个循序渐进、由浅入深的过程，也是一个连续的过程。约翰·古迪纳夫的勤奋事迹也激励我们要不断学习，自我超越。清洁是中国梦的一部分，我们更需积累知识，为实现中国梦而努力。

（五）电极电势及应用(45 分钟)

教学目的：引导学生掌握电极电势的计算及应用。

教学设计：通过探讨电极电势产生的原因的启发，引出电极电势的概念；区分标准电极电势和条件电极电势；强调标准氢电极的条件；引导条件改变时，对电对的电极电势的影响；通过板书引导学生深刻理解，条件改变时如何写出正确的 Nernst 方程；课程思政内容。

教学内容：深入探讨电极电势产生的根源。但电极电势的绝对值无法确定，回顾前面原电池电动势的测定方法，电极电势的值通常是相对于标准氢电极，介绍标准氢电极的构成。由于标准氢电极使用条件苛刻，在实际应用中常用饱和甘汞电极和甘汞电极，介绍这两个电极的构成。

1. 电极电势产生的根源

当金属 M 与其离子 M^{z+} 的溶液接触时，有两种过程可能发生。

（1）金属表面的一些原子受到溶剂水分子的吸引，形成水合离子进入溶液，将电子留在金属上：$M \longrightarrow M^{z+} + ze^-$。

（2）溶液中的离子与金属上的电子结合形成原子，沉积到金属表面上：$M^{z+} + ze^- \longrightarrow M$。

金属越活泼，溶液越稀，则过程(1)进行的程度越大。

双电层之间的电势差就是 Zn - Zn^{2+} 电极的电极电势，用 E 表示，$E = E(M) - E(M^{z+})$。

当 Zn 和 Zn^{2+} 溶液均处于标准态时，这个电极电势称为锌电极的标准电极电势。标准电极电势用 $E^{\ominus}$ 表示。

铜电极的双电层的结构与锌电极的相反，电极电势为正值。

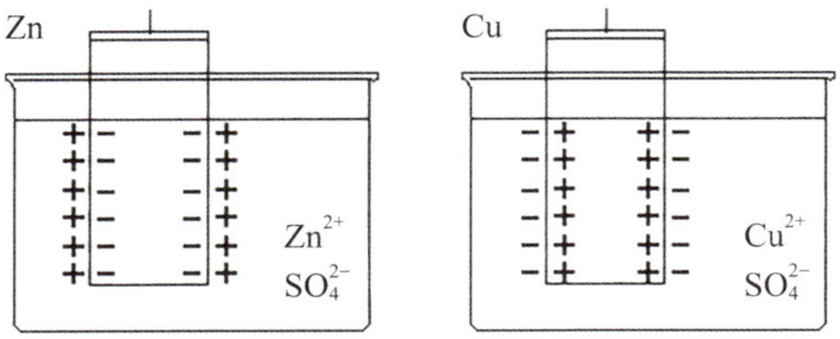

图 19 - 3

2. 标准氢电极和甘汞电极

单个电极的电位绝对值无法测量，只能测定两个电极的电位差——电极电位只能采用相对标准。

(1) 标准氢电极(SHE, standard hydrogen electrode)

IUPAC 规定，以标准氢电极的电位作为电极电位的相对标准：$E^{\ominus}(H^+/H_2)=0\ V$。

写法：$E^{\ominus}$(氧化型/还原型)(电对)，称为“还原电位”；“氧化型/还原型”称为“电对”。例如：H^+/H_2，Cu^{2+}/Cu，Zn^{2+}/Zn。

标准氢电极符号：(Pt)，$H_2(1p^{\ominus})|H^+(1\ mol\cdot dm^{-3})$。

电极反应：$2H^+_{(aq)}+2e^-=H_{2(g)}$。

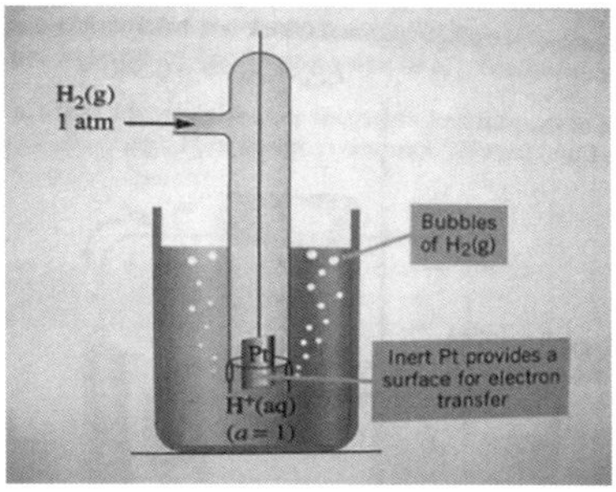

图 19-4

优点：氢电极的电极电势随温度变化很小。

缺点：使用条件要求严格。

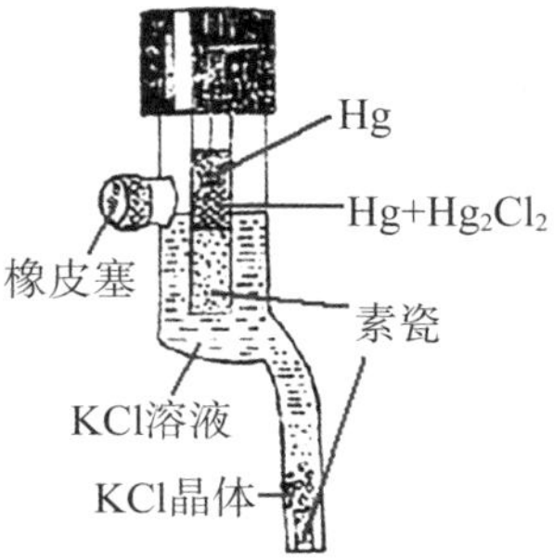

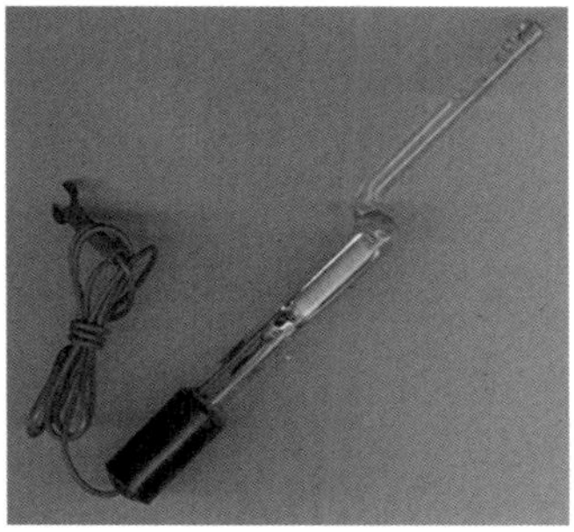

图 19-5

(2) 甘汞电极(CE, calomel electrode)

常用甘汞电极作为“二级标准”。

标准甘汞电极:

$$\phi^{\ominus}(Hg_2Cl_{2(s)}/Hg_{(l)})=+0.280\ \mathrm{V}$$

饱和甘汞电极(SCE, saturated calomel electrode):

$$\phi(Hg_2Cl_{2(s)}/Hg_{(l)},\text{饱和})=+0.241\ \mathrm{V}$$

电极符号:

$$(Pt),Hg_2Cl_{2(s)}|Hg_{(l)}$$

电极反应:

$$Hg_2Cl_{2(s)}+2e^-=Hg_{(l)}+2Cl^-$$

强调标准电极电势的表示方法、条件,并通过板书强调其重要性。引导学生查看附表六,通过学生自己观察附表,总结出标准电极电势表的规律。通过回顾原电池反应中 Gibbs 函数(变)与电池电动势的关系,引导学生推导出 Gibbs 函数(变)与电极电动势的关系。

① 标准电极电势和标准电动势

电对的标准电极电势:$\overset{f}{E}$(电对)

原电池的标准电极电势:$E^{f}_{MF}=E^{f}_{+}-E^{f}_{-}$

② 电极电势的测定

$$(-)Pt,H_2(\overset{f}{p})\,|\,H^+(1.0\ \mathrm{mol\cdot L^{-1}})\ \|\ Cu^{2+}(1.0\ \mathrm{mol\cdot L^{-1}})\,|\,Cu(+)$$

$$Cu^{2+}+H_2\rightleftharpoons Cu+2H^+$$

$E^{f}_{MF}=\overset{f}{E}(Cu^{2+}/Cu)-\overset{f}{E}(H^+/H_2)=0.340\ \mathrm{V}$,则 $\overset{f}{E}(Cu^{2+}/Cu)=0.340\ \mathrm{V}$

③ 标准电极电势表

a. 采用还原电势;$\overset{f}{E}$ 小的电对对应的还原型物质还原性强;$\overset{f}{E}$ 大的电对对应的氧化型物质氧化性强。

b. $\overset{f}{E}$ 与半反应的计量系数无关。

c. 一些电对的 $\overset{f}{E}$ 与介质的酸碱性有关:酸性介质为 E^{f}_{A};碱性介质为 E^{f}_{B}。

d. $\overset{f}{E}$ 与半反应的方向无关。

$$2Cl^-(aq) \rightleftharpoons Cl_2(g) + 2e^-, \overset{f}{E} = 1.36\ V$$

$$Cl_2(g) + 2e^- \rightleftharpoons 2Cl^-(aq), \overset{f}{E} = 1.36\ V$$

e. 标准电极电势是热力学数据，与反应速率无关，不能保证动力学性质与热力学性质不发生矛盾。

f. 教材附表给出的标准电极电势数据是在水溶液体系中测定的，因而只适用于水溶液体系，高温反应、非水溶剂反应均不能用这些数据来说明问题。

④ $\Delta_r G^f$ 与电极电势的关系

$$(+)2Cu^{2+}(aq) + 2e^- \rightleftharpoons Cu(s) \quad \Delta_r G^f_{m(1)}$$

$$(-)2H^+(aq) + 2e^- \rightleftharpoons H_2(g) \quad \Delta_r G^f_{m(2)}$$

电极反应：氧化型$+Ze^- \rightleftharpoons$还原型

电极反应：$\Delta_r G^f_m$(电对)$=-ZF\overset{f}{E}$(电对)

$\Delta_r G_m$(电对)$=-ZFE$(电对)

引导学生复习原电池反应中 Gibbs 函数(变)与电池电动势的关系和等温方程式，并鼓励学生说出这些方程式，老师跟着板书出来。根据板书出来的方程式，老师进一步鼓励学生进行演算推导。在推导出来的电池电动势的 Nernst 方程的基础上，引导学生进一步通过不同电对的电极电势(以标准氢电极为参比电极)组成原电池，再测定其电动势而得到，请学生思考并推导出电极反应的 Nernst 方程，并在学生回答之后进行板书。通过例题，让学生熟悉 Nernst 方程。

电池反应：$\Delta_r G_m = \Delta_r G^f_m + 2.303RT\lg J$

$-ZFE_{MF} = -ZFE^f_{MF} + 2.303RT\lg J$

$E_{MF} = E^f_{MF} - 2.303RT\lg J/ZF$

$T=298K$ 时，将 $R=8.14\ J \cdot mol^{-1} \cdot K^{-1}$，$F=96\ 485\ C \cdot mol^{-1}$代入得：

$E_{MF}(298K) = E^f_{MF}(298K) - 0.059\ 2V/Z\lg J$

对于电极反应：氧化型$+Ze^- \rightleftharpoons$还原型

$E(298K)=\overset{f}{E}(298K)-0.059\ 2V/Z\lg c$(还原型)$/c$(氧化型)

在熟练掌握了电极反应的 Nernst 方程之后，根据电极电势值，介绍其应用：判断氧化剂、还原剂的相对强弱；判断氧化还原反应进行的方向；确定氧化还原反应进行的限度;元素电势图。

课程思政　这一部分涉及的公式推导看似很多,实际上只要抓住热力学和电化学之间的桥梁这个本质,看似复杂的推导脉络就会清楚明了。同时要善于找到逻辑顺序,不要一把抓。

四、课外思考题

1. 学生总结本章内容,做思维导图并分享。

2. 检索查阅已发表的有锂离子电池的研究进展,分组讨论,制作 PPT,分组讲演。

五、教学效果分析

本教学单元教授内容为氧化还原反应。在教学过程中,综合运用 PPT 讲授、板书、网上教学平台、课堂启发互动交流、成立讨论组等多种教学模式,激发了学生的学习兴趣,在专业知识的教学过程中,有机地融入课程思政元素,为大一新生建立正确的学习方法和思维以及人生观具有重要的引领作用。

什么是空气炼金术

——模块法在工业催化课程中融入思政元素的实践探索

张　昉

▶ **课程名称**　工业催化

▶ **课程性质**　专业基础课

▶ **专　　业**　应用化学、化学工程与工艺

▶ **授课对象**　应用化学专业、化学工程与工艺专业三年级学生

▶ **教师简介**　张昉，上海师范大学化学与材料科学学院教授、博士生导师；主要从事绿色催化研究，担任资源化学教育部国际合作联合实验室执行主任，主持国家自然科学基金 5 项，在 *J. Am. Chem. Soc.*等 SCI 期刊上发表论文 40 余篇；主讲课程有“工业催化”，该课程获上海市高校重点课程立项建设。

▶ **课程简介**　人类对催化剂的认识和利用是一个历史过程，对催化剂的利用可追溯到新石器时代，然而人们有意识地研究催化现象、催化剂以及催化机理却是始于 18 世纪。虽然催化化学起步较晚，但它对人类社会发展起到举足轻重的作用。据不完全统计，全球约有 3 万种原料和化学中间体是通过催化剂直接和间接合成的，这些材料除直接关系到人们的衣食住行之外，同时涉及现代高科技领域，如信息传输、网络技术、航空航天、生物工程等。该学科在绿色生产、环境保护和可持续发展等领域中具有至关重要的地位和作

用，是应用化学和化学工程与工艺以及相关专业本科学生的一门重要的专业课程。

课程内容主要包括催化剂基本概念、催化作用特征和多相催化基本原理，各类重要催化剂发展历程、具体性质、催化机理、在化工能源和环境等领域的应用以及新型催化材料设计理念与方法，各类重要工业催化剂的设计、制备与使用及其评价与宏观物性的测试等。

本课程运用模块教学法，围绕特定内容进行讲授，同时兼顾理论和工程概念，结合其他专业课程，强调理论与实践相结合，促进教学透明化与质量有效性。通过本课程学习，学生可以了解催化化学的发展历程，掌握催化剂的基本理论知识、催化过程的本质、催化作用的特征规律、催化剂的设计制备技术，熟悉催化剂的表征评价与性能测试等。同时，本课程注重拓宽学生视野，提高学生求知欲、兴趣点，培养学生自学能力，增强科技强国的使命感。

通过本课程学习，学生能为后续学习催化及其相关课程提供必要的理论知识。本课程为化学化工类专业人才的培养打下坚实的基础，使学生能较好胜任催化领域相关研究工作。同时，将知识传授与价值引领相结合，进一步提高大学生缘事析理、明辨是非的能力，让学生成为德才兼备、全面发展的人才。

▶ 课程蕴含的思政元素分析

本课程充分将专业课教学同思政教学相结合。从催化化学对世界的重要性入手，结合催化发展史、催化剂的基本理论知识、特征规律、设计制备方法、具体表征手段以及宏观性能测试等知识，融入在催化领域中做出巨大贡献的中国化学家的典型事例，发掘其中蕴含的思想政治元素，将其渗透进入课堂教学中。采用模块教学法，运用讲授与启发相结合、历史与现实相结合等教学方法，使用虚拟仿真教学等教学手段，利用多媒体、视频、图像等载体，将家国情怀、专业自信、科技强国使命等思政元素穿插进入各章节内容中，从而培养学生的爱国主义精神，勇于担当民族振兴的强烈社会责任感，刻苦钻研、艰苦卓绝的科学家精神，以及学会辩证地看待、分析问题，树立正确的世界观、人生观、价值观。在课堂教学中引领价值追求，传播科学精神，明确当代青年的使命与担当，培养出大量能在催化化学领域工作的应用型人才。

▶ 教案设计

一、教学目标

（一）知识目标

1. 通过对比分析世界合成氨工业现状，使学生熟悉我国合成氨行业的发展历程及世界地位；

2. 通过对合成氨生产全流程的概述，讲解合成氨催化剂组成及作用等，使学生总体了解合成氨生产工艺过程；

3. 通过对合成氨催化中典型环节的详细教学，使学生理解催化剂组成及作用、催化动力学、催化机理等内容的专业知识。

（二）能力目标

1. 能够结合自身专业知识寻找出合成氨生产流程所涉及的专业问题；

2. 能够主动运用本专业的基础知识解释和解决合成氨生产环节和合成氨催化剂作用机制中的科学意义和难点问题；

3. 能够在学习过程中养成举一反三和辩证看待问题的能力，并提高主动解决问题的自觉意识和能力。

（三）价值目标

1. 激发家国情怀，坚定四个自信；

2. 培养专业自信，规划人生方向；

3. 砥砺科技强国，明确使命担当。

二、教学内容分析

（一）教学内容

1. 合成氨工业发展简史以及我国合成氨工业历史沿革；

2. 合成氨工艺流程；

3. 合成氨催化剂组成及性质；

4. 合成氨催化反应机理；

5. 合成氨未来发展趋势。

（二）教学重点

1. 新中国成立后我国合成氨工业的发展历程及与其他国家对比；

2. 合成氨催化剂组成及作用；

3. 合成氨催化反应机理。

（三）教学难点

1. 学习我国合成氨催化剂研发历程中老一辈科学家的科技成果及其勇于创新、敢于担当的科学精神；

2. 合成氨过程中热力学及动力学分析；

3. 合成氨催化剂活性物种剖析。

（四）教学中的思政结合点

专业知识点	思政元素	方法
我国合成氨工业历史沿革	通过了解世界合成氨催化发展进程，激发学生的家国情怀，坚定新时代中国特色社会主义道路自信。	比较法。将我国合成氨工业过去与现在进行对比，将我国当今合成工业与国际相对比，说明我国合成氨工业持续快速发展，从一穷二白，经历“全盘引进”逐步到“自主创新”，如今成为世界第一的合成氨大国，增强学生的道路自信、理论自信、制度自信、文化自信。
合成氨催化反应机理	了解现代化学工业中所蕴含的本专业科学意义，提高专业自信，明确人生方向。	说明法、讲授法。通过描述合成氨催化剂表面的吸附与活化，进而说明合成氨催化反应机理，在潜移默化中引导学生热爱自己的专业，努力学习专业知识，明确人生方向。
合成氨催化剂活性物种剖析	在课堂互动中，引出辩证统一的科学问题，引导学生运用辩证唯物主义看待和解决问题，树立正确三观。	讲授法。通过教师对合成氨催化剂活性物种进行剖析，引出辩证统一的科学问题。
催化名家——张大煜	回顾学术大师治学风范，让学生学习学术巨擘的治学精神与科技成果。	案例法。选取我国合成氨发展历史中优秀科学家的故事等，它们既贴近实际、贴近生活，又蕴含着专业知识与德育元素。利用其感召学生自觉致敬楷模和学习先进勇于追求、精益求精的奉献精神，把爱国之心化作报国之力。

三、教学过程

课前：关注专业特点、学生兴趣和能力特点的差异性，了解学生的学习习惯与感受的个性化。在共性教育的同时，充分利用教学互动（学生演讲）等实践教学，让学生自行组队准备一个在催化化学领域中感兴趣的话题，通过收集资料，包含但不限于文字材料、图片、影音等，制作幻灯片并向全班进行演讲。在提高学生自主学习能力的同时，增长学生见识。

1. 引入合成氨行业的发展历程及中国合成氨行业世界地位

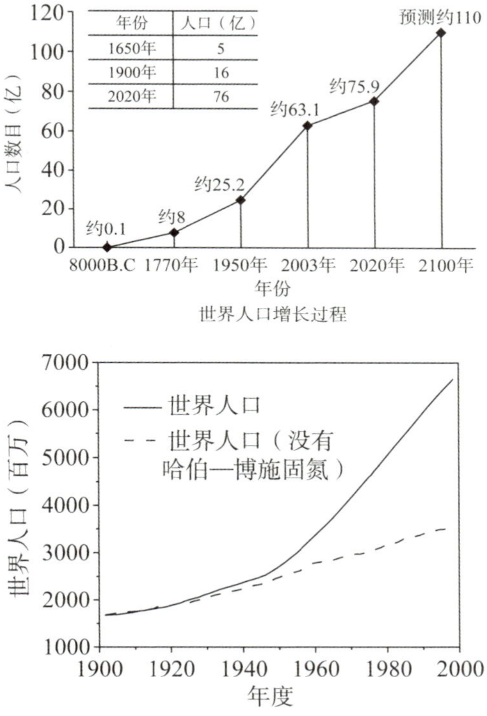

图 20-1

提出问题：通过实际数据、案例引发学生深思，为什么 1900 年以后世界人口大幅度增长呢？为什么 20 世纪世界人口和氮使用量越来越多？

引导思考：进行课堂互动，由学生回答问题，教师点评解释，让学生意识到氨在国民经济中的重要地位。合成氨大多数被用来生产肥料，小部分被用作其他化工产品的原料，合成氨在国民经济中的重要性不言而喻。

2. 合成氨工业发展简史以及我国合成氨工业历史沿革

（1） 合成氨工业发展简史

1754 年，英国化学家普里斯特利用硇砂和石灰共热，第一次制出了氨。

1787 年，法国化学家贝托莱提出氨是由氮和氢元素组成的。

1905 年，德国化学家哈伯第一个提出在高压下实现合成氨工业化。正是这种见解为氨的生产建造实验装置提供了基础，实现了工业史上第一个加压催化过程。这是催化工艺发展史上的一个里程碑。

1908 年，德国化学家哈伯与德国巴登苯胺纯碱公司（BASF）达成协议：哈伯要让他的成果在 BASF 公司得到有效的利用，而 BASF 公司应发展这一过程，达到工业开发的阶段。

1909 年，德国化学家哈伯发现了 Os 对合成氨反应显示出优异性能。

1911 年，德国工业化学家卡尔·博施设计加工了世界上第一台高压合成氨反应器，它是合成氨催化过程历史上的里程碑。

1912 年，德国 BASF 公司的阿尔文·米塔施和卡尔·博施使用 2 500 种不同的催化剂进行了 6 500 次试验，并终于研制成功含有钾、铝氧化物作助催化剂的铁催化剂，这也是现代合成氨工业催化剂成分的雏形。

1913 年，第一个工业装置开工，氨的日产量为 3～5 吨。

从第一次在实验室制取氨到工业化生产氨，整整花了 159 年时间！

教学环境设计：利用时间流程图，讲述第一次在实验室制出氨到第一个工业装置生产氨的发展历程，在这 159 年期间各国化学家做出了不懈努力。

引发思考：从合成氨发展的纵向历史出发，逐步推演至合成氨工业世界上其他各国水平。

（2） 我国合成氨工业历史沿革

1950 年代（早期）：两家合成氨厂，合成氨单系列装置的生产能力最大仅为 4 万吨/年，氨加工产品主要为碳酸氢铵，产量满足不了市场的需求。

1970 年代（中期）：我国建设了一批中型氨肥生产装置，合成氨单系列的生产能力达到 6～12 万吨/年，主要氨加工产品为尿素或硝酸铵。

现代：我国先后引进了 30 套以油、天然气和煤为原料的合成氨装置。我国还自行研究设计制造了以轻油为原料的生产能力为 30 万吨/年的合成氨生产装置。

引导思考：通过了解我国合成氨工业历史沿革，将我国合成氨工业过去与现在进行对比、现在与国际进行对比。

课程思政　将历史与现实相结合，激发学生家国情怀，引领学生坚定四个自信。指出我国已经成为世界合成氨第一大国的辉煌成就。

3. 合成氨工艺流程

（1）合成氨工艺流程

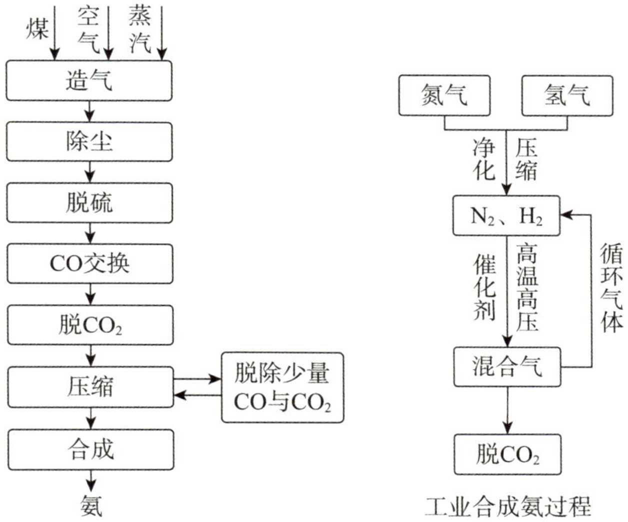

图 20－2

讲解合成氨工艺流程，并说明合成氨工艺流程的特点、优点和缺点。

课程思政　通过对合成氨生产全流程进行概述，使学生总体了解合成氨生产工艺过程，为后续深入的学习打下基础。

（2）我国的合成氨催化剂

福州大学研制的 A201 型和 A202 型氨合成催化剂活性及稳定性适用于中小型厂；成功研制了 B116 型低铬一氧化碳中温变换催化剂和 B121 型无铬一氧化碳高温变换催化剂。

浙江工业大学在弗里茨·哈伯(Fritz Haber)于 20 世纪初发明氨合成熔铁催化剂 70 多年后，突破经典的 Fe_3O_4 体系，发明了新一代 $Fe_{1-x}O$ 基氨合成催化剂。

华南理工大学研究开发成功 HG－1 稀土氨合成催化剂，显著提高了氨合成催化剂的低温活性、耐热性和抗毒性。

上海化工研究院研制的 B301 一氧化碳耐硫宽温变换催化剂，它是我国第一个开发成功并广泛使用的耐硫变换催化剂。

齐鲁石化公司研究院成功开发了适用于从天然气到炼厂气、LPG、石脑油等气态、液态烃蒸气转化制氢和合成气的系列化催化剂及相关应用技术；分别开发了 QCS－01 和 QCS－04 耐硫变换催化剂。

举例说明我国自主研发设计的不同种类的合成氨催化剂。

课程思政　从专业角度讲解和剖析我国是如何成为合成氨大国，提高专业自信，激发专业热爱情感，提高专业学习动力。

4. 合成氨催化剂组成及性质

现状：目前，工业催化剂的催化效率在高温下(因压力而异)已达 90%以上，已接近平衡氨浓度。例如，在 15 MPa、475℃下，A301 催化剂的催化效率接近 100%。

组成：合成氨工业中普遍使用的主要是以铁为主体的多成分催化剂，又称铁触媒。

主催化剂：Fe_3O_4($Fe^{2+}/Fe^{3+}\approx0.5$)。

助催化剂：K_2O，CaO，MgO，Al_2O_3，SiO_2。

性质：氨合成熔铁催化剂有氧化态和还原态之分。由磁铁矿和少量助催化剂经过混合、熔炼、冷却、成型或破碎所制得的催化剂呈氧化态，对氨合成反应没有活性；而将氧化态催化剂用氢气或氮氢混合气还原，使其中的主要成分 Fe_3O_4 转化为金属铁，便成为还原态催化剂，对氨合成反应才有活性。

合成氨催化剂分为氧化态与还原态，不同形态有不同的性质。在讲解过程中强调催化剂的组成和性质十分重要。

课程思政　主动学习和运用本专业的基础知识解释和解决合成氨生产环节和合成氨催化剂作用机制中的科学意义和难点问题。

5. 合成氨催化反应机理

(1) 合成氨催化反应机理

首先是氮分子在铁催化剂表面上进行化学吸附，使氮原子间的化学键减弱。接着是化学吸附的氢原子不断地跟表面上的氮分子作用，在催化剂表面上逐步生成 NH、NH_2 和 NH_3，最后氨分子在表面上脱吸而生成气态的氨。

氮气、氢气在催化剂表面反应机理，可表示为：

$$N_2(g)+\text{催化剂}\longrightarrow 2N(\text{催化剂})$$

$$H_2(g)+\text{催化剂}\longrightarrow 2H(\text{催化剂})$$

$$N(\text{催化剂})+H(\text{催化剂})\longrightarrow NH(\text{催化剂})$$

$$NH(\text{催化剂})+H(\text{催化剂})\longrightarrow NH_2(\text{催化剂})$$

$$NH_2(\text{催化剂})+H(\text{催化剂})\longrightarrow NH_3(\text{催化剂})$$

$$\boxed{NH_3(\text{催化剂})\longrightarrow NH_3(g)+\text{催化剂}}$$

实验结果证明，N_2 活性吸附是最慢的一步，即为表面反应过程的控制步骤。

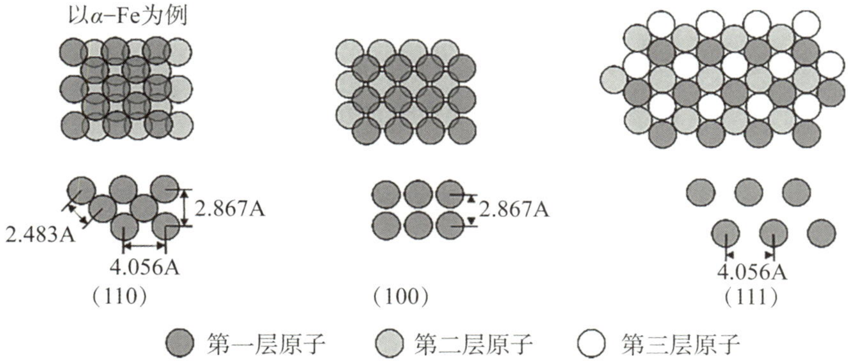

图 20 - 3

第一层的排布，以[110]面最密，只有第一层 Fe 原子露出，其他的 Fe 原子正好落在其下面，这种排布能量最低，稳定性最高；而[111]面排布最松，能量最高，稳定性最低。

最高表面能的[111]面，对合成氨催化活性最高。NH_3 在[111]面上合成速率为[110]面的 430 倍。当催化剂烧结时，[111]面转变成[110]面，催化活性丧失。

通过讲解氢气、氮气的吸附与活化，说明其在催化剂表面的反应机理。

课程思政　学生在理解合成氨催化剂基本原理的过程中，理解蕴含在其中的人生哲理，使学生潜移默化地思考和感悟人生，理解新时代青年的使命与担当。

(2) 合成氨催化剂活性物种剖析

合成氨催化剂活性物种剖析——以 Fe_3O_4 基传统熔铁催化剂为代表。

反应的活性组成是金属铁，所以使用前要将催化剂还原。

借助现代分析工具研究了立方结构的 Fe 五种晶面上的高压合成氨，发现[111]面的催化活性比紧密堆积的[110]面高约 430 倍，[100]面的活性亦比[110]面高约 32 倍。

课程思政　通过对合成氨活性物种的剖析反映唯物辩证法中辩证统一的关系，通过辩证地看待问题，引导学生树立正确的世界观、人生观、价值观。

(3) 氨合成过程动力学分析

氨合成是气固相反应，其宏观动力学过程包括以下几个步骤：

氮氢气体从气流主体扩散到催化剂颗粒的外表面(外扩散)；

反应物从外表面向催化剂的孔道内部扩散(内扩散)；

反应物被催化剂吸附(吸附)；

在催化剂内部孔道内组成的内表面上进行催化反应(化学反应)；

产物从催化剂表面脱附(脱附)；

产物从催化剂内表面扩散到外表面(内扩散)；

产物从外表面扩散到气流主体(外扩散)。

氨合成为气固相催化反应，根据反应机理说明其宏观动力学过程主要包含外扩散、内扩散、吸附、化学反应、脱附、内扩散、外扩散。

（4）催化名家——张大煜

张大煜是我国工业化学的先驱、催化科学的泰斗。中国科学院大连化学物理研究所、兰州化学物理研究所，山西煤炭化学研究所创始人。张大煜1906年1月生于江苏省江阴县，1929年以优异成绩从清华大学化学系毕业，同年考取公费留德，在德累斯顿大学主攻胶体与表面化学，获工学博士。1933年回国任清华大学化工系主任，曾任西南联大、上海交通大学教授，兼“中央研究院”化学研究所研究员等职。

张大煜为我国科学事业、教育事业和催化科学的创建与发展倾注了全部心血，建立了不可磨灭的功绩。他在组织和发展我国的人造石油、石油炼制、催化科学、化学工程、色谱、激光、“两弹一星”国防科研和相应的理论研究等方面都有卓越的贡献。

张大煜在胶体化学、吸附和催化作用、催化剂研究、水煤气合成、表面化学研究等方面发表过学术论文40余篇。1955年张大煜当选为中国科学院首批学部委员（院士），1963年当选中国化学会副理事长。

20世纪60年代初，国外开始采用催化净化新流程生产合成氨原料气，它被誉为合成氨工业的一次革命。新流程的关键是采用了低温变换、脱硫及甲烷化三种高效催化剂，国外对此严格保密。应化工部的重托，张大煜毅然承诺把三个催化剂的攻关任务接了下来，随后由化物所和化工部有关研究院、设计院等共同组成三结合攻关组，由张大煜任领导小组组长。张大煜在研究催化剂的关键技术上发挥了重要的指导作用，经过研究所和化工设计、生产部门的大力协作，用了不到一年的时间，研制成功三个高效催化剂并在工业上迅速获得推广应用，使我国的合成氨工业水平得到了大幅提升，为我国合成氨工业的现代化做出了重大贡献，被国家经委、科委誉为协作攻关成功的典范。

选取张大煜先生作为我国合成氨发展历史中的化学家代表，为学生讲述其成就。

课程思政　利用讲授与启发相结合的教学手段，回顾学术大师张大煜治学风范，了解我国合成氨工业发展过程中攻坚克难的科学技术人员榜样的典型事迹，让学生学习学术巨擘的治学精神，了解他们的科技成果，使学生自觉致敬楷模、学习先进，爱国报国。

6. 合成氨未来发展趋势

合成氨的未来：常温常压合成氨。

常温常压合成氨一直是人类不懈追求的目标，但这是一个极具挑战的前沿研究领域。目前，电催化剂的研发是该领域的一个主流方向，其面对的挑战主要有：

理论与实验相结合。通过吸附活化能及反应热力学能垒的计算，揭示催化机理，指导催化剂的开发。

抑制析氢反应。析氢反应的竞争使得大部分电催化氮还原反应催化剂都存在选择性较差的问题，因此提高氨产率，克服电催化氮还原过程法拉第效率低的问题是今后的研究重点之一。

合理设计高活性、高选择性以及高稳定性的催化剂。

采用常温常压的反应条件合成氨是人类不懈追求的目标。

课程思政　根据现有资料引导学生合理分析、讨论合成氨未来发展趋势，活跃学生思路，培养其独立思考的能力。

7. 小结与拓展思考

预习和复习的过程中可以查阅相关文献辅助。

总结本次课程所学习到的内容，同时布置课后作业，提出预习内容，通过设问来引导学生对下节课要解决的问题进行思考。

四、课外思考题

1. 请结合自身专业知识寻找出合成氨生产流程所涉及的专业问题。

2. 请运用本专业的基础知识解释和解决合成氨生产环节、合成氨催化剂作用机制中的科学意义和难点问题。

五、教学评价

除了通过期末考试成绩来对学生进行课程评价之外，本课程采取专题嵌入、正面教育与纪律约束相结合的教学方法，对学生进行过程性评价。在课上，嵌入专题环节对学生进行正面教育，利用影音视频等载体或课前演讲等方式与学生进行互动交流，并通过其表现为学生设置平时成绩附加分；在课外，对学生进行要求和约束，规定学生须自我查阅学习。通过正面教育与纪律约束相结合，对学生进行综合评价。

后记

习近平总书记在全国高校思想政治工作会议上指出：“其他各门课都要守好一段渠、种好责任田，使各类课程与思想政治理论课同向同行，形成协同效应。”构建课程思政与思政课程相得益彰、协同前行的育人大格局，这正成为破解当前高等教育中专业教育和思政教育“两张皮”困境的重要举措。教育部出台了《高等学校课程思政建设指导纲要》，明确要求所有高校、所有学科专业全面推进课程思政建设，深入挖掘各类课程和教学方式中蕴含的思想政治教育资源，寓价值观引导于知识传授和能力培养之中，帮助学生塑造正确的世界观、人生观、价值观。

上海师范大学化学与材料科学学院是一个年轻的学院，是在国家重视基础学科建设、学校对接经济社会发展需要进行学科调整的大背景下成立的。学院学科实力雄厚，拥有光化学能源材料学科创新引智基地（“111 计划”）、教育部资源化学重点实验室、教育部国际合作联合实验室、上海市稀土功能材料重点实验室、上海绿色能源化工工程技术研究中心、上海市仿生催化前沿科学研究基地等科研平台。现有国家级高层次人才计划入选者 9 人次，省部级人才计划入选者 70 余人次。学院教师在 *Nature*、*Science* 等学术期刊上发表高水平论文。

另一方面，学院党委高度重视党建工作，以党建引领师德师风建设，充分发挥基层党组织的战斗堡垒作用，获批教育部全国党建工作样板支部、上海市教卫系统基层党建示范点、上海市教卫工作党委先进基层党组织等称号。学院科研团队求实创新，彰显新时代教师风范，获得上海市工人先锋号、上海市青年五四奖章集体、上海市教育先锋号、上海市教育系统劳模创新工作室等荣誉。

如何把学院的党建优势、学科优势转化为育人优势，培养能担当民族复兴重任的时代新人，答案就是要大力推动课程思政建设。早在 2015 年，学院博士生导师吴俊明教授在《化学教学》分两期连载《科学知识观刍议》，强调更新知识观，重视知识的隐性因素，变革课程范式，改进知识的教学。其后，他又发表《挖掘，创新，更好地发挥化学课程的育人功能》《科学的多元价值与科学价值观养育》《初中化学的育人功能与观念渗透》《背景知识与学科教学立德树人》等多篇论文，探讨如何强化课程的育人功能。2020 年，张雷副院长发表在《实验室研究与探索》的论文《大学教师隐形课程资源在探究性化学实验教学中的应用》，强调大学教师的隐性教育资源对培养学生的主观能动性、科学精神、可持续发展能力及情感、态度、价值观的养成等方面都具有重要作用。学院还获批校教改项目"基于协同育人的化学类课程思政探索与实践""师范生课程思政体系建设研究"等。

而在实践领域，学院开展了更为积极的行动。学院党委顶层设计，出台课程思政实施方案，开展"学研编讲评"课程思政行动，将课程思政要求落实到教师课堂教学，贯穿于课堂授课、教学研讨、实验实训等环节。学院教师课程思政课程获批上海市课程思政示范课程、上海市一流课程、上海高校市级重点课程等，被新华网新华思政—全国高校课程思政教学资源服务平台转载，在中国大学 MOOC（慕课）平台上线开课。贾能勤教授入选上海课程思政教学名师，学院教师在上海高校青年教师课程思政教学案例展演活动中获得一等奖、三等奖等。上海基层党建网相继以"创新开展课程思政，提高人才培养质量""推进学研编讲课程思政行动，落实立德树人任务"等为题，报道学院课程思政工作。

本案例集得以与大家见面，首先要感谢参与编写案例的各位老师。尽管老师们在实际教学中已经融入课程思政的理念，但要形诸文字又大致统一体例格式势必要更为精心地设计和打磨。在几次与老师们的研讨交流中，大家都认为这是一项极有意义的工作，是对理工科尤其是化学化工学科如何开展课程思政的尝试回答，理应支持，必须做好。其次要感谢学校林在勇书记、袁雯校长、葛卫华副书记、裴小倩副书记、李晔副校长一直以来对学院课程思政建设的重视和关心，李晔副校长还欣然为本书作序也是对我们的莫大鼓励；还有学校组织部、宣传部、教务处、学工部、研究生院对学院课程思政建设的指导和支持，学校领导和相关职能部门的鼓励和鞭策让我们更加深刻地认识到这项工作的意义，立足于理工科学科特点来推进课程思政育人，上海师大同样可以做得出彩。再次，还要感谢上海教育出版社参与本书出版工作的各位老师，他们认真负责的工作态度给我们留下了深刻的印象。

本案例集由学院党委策划推动，以教育部全国党建工作样板支部化一支部联合化二、化三支部开展征选，以党员教授为主体，国家级人才、长期从事教法研究的教师、其他教师共同参与完成，旨在先行探索，为化学化工类课程思政建设积累经验。课程思政建设是一项长期的任务，此案例集的出版也是对学院前期课程思政探索历程的一个记录。因为编者水平有限，难免有疏误之处，也竭诚欢迎大家批评指正。

编者
2023 年 2 月

图书在版编目（CIP）数据

高校课程思政教学设计案例精选：化学化工类 / 盛况，杨仕平主编. — 上海：上海教育出版社，2023.2
ISBN 978-7-5720-1876-3

Ⅰ. ①高… Ⅱ. ①盛… ②杨… Ⅲ. ①思想政治教育－教学设计－教案(教育)－高等学校 Ⅳ. ①G641

中国国家版本馆CIP数据核字(2023)第016581号

责任编辑 储德天
装帧设计 卢 卉

高校课程思政教学设计案例精选：化学化工类
盛 况 杨仕平 主编

出版发行 上海教育出版社有限公司
官 网 www.seph.com.cn
地 址 上海市闵行区号景路159弄C座
邮 编 201101
印 刷 上海颛辉印刷厂有限公司
开 本 700×1000 1/16 印张 16.5
字 数 254 千字
版 次 2023年3月第1版
印 次 2023年3月第1次印刷
书 号 ISBN 978-7-5720-1876-3/G·1680
定 价 98.00 元

如发现质量问题，读者可向本社调换 电话：021-64373213